AF360756

ARRÊT
DE LA COUR DE PARLEMENT,

Qui ordonne qu'un Imprimé in-4°. *intitulé* : Mémoire justificatif, *pour trois hommes condamnés à la roue*; à *Paris, de l'Imprimerie de Philippe-Denys Pierres, 1786, commençant par ces mots* : Le 11 Août 1785, *une* Sentence du Bailliage de Chaumont, & *finissant par ceux-ci* : & sont innocens comme eux. Vous êtes Roi; *soufcrit d'une croix pour tenir lieu de la* fignature de Lardoife, & *figné* J. B. Simare & Charles Bradier ; & *la Confultation étant à la fuite dudit Imprimé , commençant par ces mots* : Le Confeil fouffigné qui a vu le Mémoire ci-deffus, & *finissant par ceux-ci* : combien il aime à épargner les pleurs & le fang des hommes. Délibéré à Paris le 14 Février 1786. Signé Legrand de Laleu, *feront lacérés & brûlés en la cour du Palais , au pied du grand efcalier d'icelui , par l'Exécuteur de la Haute-Justice, comme contenant un expofé faux des faits & un extrait infidele de la procédure , des textes de Loix auffi fauffement rapportés que fauffement appliqués , calomnieux dans tous les reproches hafardés contre tous les Tribunaux , injurieux aux Magiftrats , tendant à dénaturer les principes les plus facrés , deftructifs de toute confiance dans la légiflation & dans les Magiftrats qui en font les gardiens & les dépofitaires , tendant à foulever les Peuples contre les Ordonnances du Royaume , & comme attentatoires à l'autorité & à la Majefté Royale.*

Du 11 Août 1786.

A PARIS,

DE L'IMPRIMERIE DE P. G. SIMON ET N. H. NYON,
Imprimeurs du Parlement, *rue Mignon.*

M·DCC·LXXXVI·

ARRÊT
DE LA COUR DE PARLEMENT,

QUI ordonne qu'un Imprimé in-4°. *intitulé :* MÉMOIRE JUSTIFICATIF, *pour* trois hommes condamnés à la roue ; *à Paris, de l'Imprimerie de Philippe-Denys Pierres, 1786, commençant par ces mots :* Le 11 Août 1785, une Sentence du Bailliage de Chaumont, *& finissant par ceux-ci :* & font innocens comme eux. Vous êtes Roi ; *foufcrit d'une croix pour tenir lieu de la fignature de* Lardoife *, & figné* J. B. Simare & Charles Bradier ; *& la Confultation étant à la fuite dudit Imprimé , commençant par ces mots :* Le Confeil fouffigné qui a vu le Mémoire ci-deffus, *& finiffant par ceux-ci :* combien il aime à épargner les pleurs & le fang des hommes. Délibéré à Paris le 14 Février 1786. Signé Legrand de Laleu *, feront lacérés & brûlés en la cour du Palais, au pied du grand efcalier d'icelui , par l'Exécuteur de la Haute-Juftice , comme contenant un expofé faux des faits & un extrait infidele de la procédure , des textes de Loix auffi fauffement rapportés que fauffement appliqués , calomnieux dans tous les reproches hafardés contre tous les Tribunaux , injurieux aux Magiftrats , tendant à dénaturer les principes les plus facrés , deftructifs de toute confiance dans la légiflation & dans les Magiftrats qui en font les gardiens & les dépofitaires , tendant à foulever les Peuples contre les Ordonnances du Royaume, & comme attentatoires à l'autorité & à la Majefté Royale.*

EXTRAIT DES REGISTRES DU PARLEMENT.

Du onze Août mil fept cent quatre-vingt-fix.

CE jour, à l'iffue de la feconde Audience, toutes les Chambres affemblées, les Gens du Roi font entrés ; &, après les avoir entendus les 7 & 8 de ce mois, & aujourd'hui 11 Me Antoine-Louis Seguier, Avocat dudit Seigneur Roi, portant la parole, lefquels ont dit :

MESSIEURS,

LES Jugemens de condamnation étoient appellés par les Romains, *Triftes Sententiæ.* Le Magiftrat fe dépouilloit de fa robe

A

de pourpre en figne de deuil ; & il avoit coutume de fe dire à lui-même : « J'entrerai dans le Tribunal, non en furieux, non en » ennemi, mais avec un extérieur doux & tranquille, & je pronon- » cerai ces paroles folemnelles d'un ton plus grave que véhément , » plutôt avec févérité qu'avec colere» (1). Nous nous fommes tenu le même langage avant de paroître dans le Sanctuaire de la Juftice : & fi jamais notre Miniftere a eu befoin de toute fa modération, c'eft dans le compte que nous allons avoir l'honneur de rendre de l'Ouvrage confié à notre Cenfure.

Dans l'affemblée des deux Chambres, du fept Mars dernier, la Cour a arrêté qu'un Imprimé , intitulé : *MÉMOIRE JUSTIFICATIF pour trois hommes condamnés à la roue* , fuivi d'une Confultation , fignée LEGRAND DE LALEU , feroit remis entre nos mains , pour en rendre compte & y donner nos Conclufions. La Cour nous a chargés en même-temps de prendre communication du Procès-verbal fur lequel cet Arrêté eft intervenu ; &, par une délibération poftérieure, prife toutes les Chambres affemblées , il a été de même arrêté que nous prendrions connoiffance du Procès-verbal du cinq Mai, comme relatif à celui du fept Mars précédent.

Le Mémoire, la Confultation & les deux Procès-verbaux nous ont été communiqués ; & pour fatisfaire, autant qu'il eft en nous, à notre Miniftere , nous venons en ce moment préfenter à la Cour les réflexions que l'examen de cet Imprimé a fait naître dans nos efprits. Mais , nous ne craindrons pas de l'avouer, le travail que nous avons été forcés de faire a befoin de votre indulgence ; & fi jamais la Cenfure publique nous a paru difficile à exercer, c'eft dans une circonftance où il s'agit de repouffer un préjugé établi , & de lutter, pour ainfi dire , contre la violence du Fanatifme & le torrent de l'opinion.

Nous ne pouvons que nous applaudir de trouver tous les Membres de la Cour réunis. En effet , n'eft-ce pas à tous les

____

(1) Procedam in Tribunal non furens, non infeftus, fed vultu leni, & illa folemnia verba fevera magis gravique quam rabidâ voce concipiam *Senec, lib.* 1°. *de irâ.*

Magiſtrats que nous devons le réſultat de nos obſervations ; puiſque ce *Mémoire* prétendu *juſtificatif* ayant été compoſé à deſſein d'attaquer un Arrêt rendu en temps de Vacations, on n'a pu vouloir inculper cette portion du Parlement, qui repréſente alors la totalité de ſes Membres, ſans accuſer en quelque ſorte le Corps entier.

Quelques réflexions préliminaires vont ſervir à préparer les Concluſions que nous aurons l'honneur de vous propoſer ; & nous les ſoumettons à la ſageſſe de Magiſtrats impaſſibles comme la Loi, trop integres pour croire leur honneur compromis, & trop modérés pour chercher à venger l'injure qu'on a voulu faire à leur intégrité.

Le *Mémoire* prétendu *juſtificatif*, ſur lequel nous avons à nous expliquer, s'eſt répandu avec profuſion dans la Capitale, dans toute la France, dans toute l'Europe. On a affecté de le faire vendre au profit des trois Condamnés, pour intéreſſer davantage la commiſération publique. La plupart des lecteurs, en ſatisfaiſant leur curioſité, avoient encore à ſe féliciter d'avoir fait une bonne œuvre, en procurant des ſoulagemens à l'innocence qu'on leur préſentoit comme opprimée. Cette diſtribution vénale, juſqu'à préſent inuſitée, a produit la fermentation la plus vive. La cauſe des trois Criminels eſt devenue la cauſe de preſque tous les citoyens. On a rapproché l'origine de cette triſte procédure de la maniere dont elle a été inſtruite : on a comparé les détails de l'inſtruction avec l'événement de la condamnation. Les ames ſe ſont ouvertes à la compaſſion : les cœurs ſe ſont abandonnés au ſentiment naturel de la pitié : la bienfaiſance a prodigué ſes largeſſes. . . . . . . Nous ſommes bien éloignés de déſapprouver l'excès des dons que la charité aime à répandre ſur les infortunés, lors même qu'ils ſont coupables. Mais, nous le diſons à regret, le crime a trouvé des reſſources qui ne s'offrent preſque jamais à la vertu abandonnée ou à l'innocence réduite au dernier déſeſpoir. Quel que puiſſe être le motif de ces pieufes libéralités, elles n'en font pas moins refpeétables; & fi elles prouvent que les ames ne font pas encore tout-à-fait defféchées par l'intérêt perfonnel, elles montrent auffi avec quelle facilité les impreffions fe communiquent, & jufqu'à quel degré on peut enflammer les cœurs naturellement fenfibles.

Les partifans de cette produétion fameufe fe font multipliés en raifon de la diverfité des caraéteres, de la nature des opinions, de l'étendue des connoiffances. Cependant l'enthoufiafme n'a point été univerfel. Un petit nombre d'efprits, plus lents à fe décider, plus accoutumés à réfléchir, n'a point cédé à l'impulfion du moment : ils ont commencé par douter; & après s'être bien confultés, les uns ont craint l'exagération des reproches, les autres le défaut de fincérité dans l'expofition des faits. Ceux-ci n'ont point été frappés des prétendues nullités de la procédure; ceux-là fe font défiés de l'art avec lequel on cherchoit à faire difparoître les preuves, en décompofant les dépofitions & les interrogatoires : enfin il n'eft aucun efprit raifonnable qui n'ait été indigné de la violence des inveétives lancées contre les premiers Juges, & contre les Magiftrats qui ont prononcé fur l'appel; non-feulement contre cette portion de la Magiftrature qui eft accufée de prévarication, mais encore contre toute la Magiftrature du Royaume, contre les Loix, contre les Ordonnances, & contre le Souverain lui-même.

L'avis du petit nombre n'eft jamais celui qui détermine l'opinion générale. Le *Mémoire* a paru, & la majeure partie du Public a cru fur la foi de fon Rédaéteur. Tout ce que l'Auteur a eu le courage d'avancer a été adopté fans examen : nullités, contradiétions, défaut de procès-verbaux, défaut de confrontation, variations dans les témoins, variations dans les interrogatoires, refus d'admettre les faits juftificatifs, défaut de preuve du crime, preuve au contraire de l'innocence, rien n'a été omis. La multitude a pris l'exagération pour la vérité, le fanatifme pour le zèle, l'audace pour l'énergie, les fauffes lueurs de la Réthorique pour le flambeau de la raifon.

Dans ce moment d'effervefcence, un cri général s'eft élevé contre l'Ordonnance Criminelle. On ne l'a plus envifagée que comme un refte de l'ancienne barbarie : les écrits des plus fameux Jurifconfultes, les monumens de la plus antique Jurifprudence, & les décifions des plus fages Légiflateurs, tout a été profcrit. Les plus indifférens ont applaudi à l'intrépidité d'un Défenfeur affez préfomptueux pour entreprendre de déchirer le voile épais dont il prétend que la Loi eft obfcurcie. On a rendu un hommage public à l'homme courageux qui, fe plaçant entre le Trône & la Magiftrature, n'avoit pas craint de *déclarer la guerre*, en préfence du Souverain, aux erreurs des principes, & qui fe propofoit de réconcilier l'humanité avec la Légiflation.

La hardieffe d'une telle entreprife, la rapidité du ftyle de l'Ecrivain, la vivacité de fes images, la véhémence de fes mou- Procès-verbal
du 7 Mars
1786. vemens, & jufqu'à la témérité de fes affertions, tout devoit produire la fenfation fubite que cet ouvrage a excitée. Mais après avoir rendu juftice à l'imagination & à la fécondité de l'Auteur, comme fon but, pour nous fervir des propres termes du Procès-verbal qui nous a été communiqué, eft de *perfuader que la plus grande partialité a régné dans la Sentence & dans l'Arrêt ; que les Accufés ont été condamnés, non-feulement fans preuves, mais même contre la preuve de leur innocence ; que les témoins font des calomniateurs, & tous les Juges des prévaricateurs ;* c'eft à notre Miniftère qu'il eft réfervé d'éclairer un Public prévenu, de ra-mener les efprits prêts à s'égarer, de pofer les vrais principes, ignorés de la plus grande partie des citoyens de tous les ordres & de tous les rangs, de juftifier la légiflation, de fixer le véri-table fens de la Loi, de rétablir l'autorité de la Jurifprudence ; & en oppofant le flegme de la réflexion aux fougues de l'imagi-nation, l'intérêt général au vain defir de la célébrité, de faire connoître à la Nation, à toutes les Nations de l'Europe, que la manie de la réformation a feule conduit la plume de cet Ecrivain ; qu'il n'a entrepris de juftifier des coupables que pour calomnier les Magiſtrats ; & que l'excès de précaution qu'il introduit pour prévenir la condamnation de l'innocent , devient un moyen efficace d'aſſurer l'impunité aux ſcélérats.

Nous ne nous occuperons point à découvrir quel eſt cet Auteur ſi digne de toute la ſévérité de notre miniſtere. Nous ne chercherons pas même à déchirer le voile ſous lequel il ſe croit à l'abri de la Cenſure publique ; nous nous renfermerons dans la miſſion qui nous a été donnée , & ce travail eſt déjà peut-être au-deſſus de nos forces. Pour répondre dignement aux intentions de la Cour, & ne pas tromper l'attente du Public, il faudroit réunir le ſavoir & les lumieres, l'expérience & la profondeur, le diſcernement & la juſteſſe, du Chancelier de l'Hôpital, du Premier Préſident de Lamoignon , de l'immortel d'Agueſſeau , & de tant de grands hommes qui ont travaillé ſucceſſivement à former ou à rétablir l'édifice de la Légiſlation françoiſe. A peine pouvons-nous eſpérer de marcher, même de très-loin, ſur les traces de ces génies illuſtres : le zèle ſeul pourra ſuppléer à la foibleſſe des talens ; & ſans autre mérite que celui d'expoſer la vérité , nous trouverons aſſez d'éloquence dans l'amour du bien public qui nous anime, & dans le véritable intérêt de la ſociété qui eſt le premier mobile de toutes nos fonctions.

Nous nous propoſons d'examiner le Mémoire qui nous a été remis, ſous trois points de vue différens.

En premier lieu , relativement à la forme dans laquelle il a été diſtribué.

En ſecond lieu , relativement aux nullités dont on prétend que toute la procédure eſt infectée.

Troiſiememement enfin, relativement aux reproches honteux faits à notre Légiſlation. Et nous examinerons en même-temps dans cette troiſieme Partie , s'il eſt de la dignité de la Cour de s'occuper des injures groſſieres que l'Auteur a prodiguées à la Magiſtrature pour la juſtification de ſes Cliens.

Entrons dans l'examen des trois points de vue que nous avons eu l'honneur de vous annoncer.

PREMIERE PARTIE.

A la premiere infpection d'un Mémoire auffi extraordinaire dans l'ordre de la Juftice, le Magiftrat, attaché à la confervation des regles, parce que c'eft par la regle que l'harmonie fubfifte & s'entretient dans la fociété, le Miniftre de la Loi fe demande à lui-même ce que font devenues les Formes, & fi les Régle-mens font entierement anéantis. Il ne peut concevoir comment il eft poffible qu'on ait répandu dans le Public une déclamation indécente contre tous les Tribunaux, & en particulier contre le premier Parlement du Royaume, un affemblage monftrueux d'hommages & de farcafmes, de louanges & d'invectives contre toute la Magiftrature, une critique auffi amere que déplacée, auffi fauffe qu'injufte des Légiflateurs & des Loix, enfin un mélange inoui d'éloges juftement mérités par tous nos Souverains, & de reproches injurieux à la majefté du Trône, ainfi qu'à la Puiffance Royale, qui peut feule interpréter & renouveller, abroger ou changer les Loix du Royaume. On fe demande comment cet Imprimé a pu fe fouftraire à la cenfure, & par quelle induftrie il a échappé aux fages précautions établies pour prévenir la publication des ouvrages propres à troubler l'ordre public, & à porter la défiance ou l'allarme dans le cœur des citoyens.

Iʳᵉ PARTIE. Le Mémoire confidéré rela-tivement à fa forme & à fa publication.

Le feul Frontifpice de cette production volumineufe, porte avec lui le caractere de fa réprobation : elle eft intitulée, *Mémoire juftificatif pour trois hommes condamnés à la roue.* Mais qu'eft-ce que la juftification d'un criminel déja condamné ? A qui eft-elle adreffée, & que peut-on efpérer de la forme dans laquelle elle eft publiée?

On a vu diftribuer des Mémoires dans des conteftations prêtes à s'élever, & qui n'étoient point encore portées dans les Tribu-naux. L'expofition des faits & l'avis de Jurifconfultes éclairés, peuvent faciliter un accommodement : fouvent les Parties, mieux inftruites de leurs droits, des titres de leurs Adverfaires, des moyens qu'on doit leur oppofer, fe rendent juftice à elles-mêmes, & abandonnent des prétentions qu'elles avoient hafardées avec trop de précipitation, ou qu'elles ne foutenoient que par humeur & par opiniâtreté.

On diftribue tous les jours des Mémoires dans les affaires qui fe difcutent devant les Magiftrats, & qui font fur le point de recevoir leur décifion. Le Juge, avant de prononcer, balance de fang froid dans le filence de fon cabinet les moyens qui lui ont été préfentés à l'audience, revêtus des couleurs de l'éloquence & animés du mouvement de la parole. Il éclaire fa religion, diffipe fes doutes, fe pénetre de vrais principes, & monte fur le Tribunal armé de l'autorité de la Loi, dont il va bientôt être l'organe & l'interprete. Dans ces différentes occafions, un Mémoire eft utile, néceffaire, fouvent même indifpenfable : il eft toujours inftruétif, & pour le Public, & pour le Barreau, & pour les Magiftrats eux-mêmes. Mais quand une fois le procès eft terminé, quand la condamnation eft prononcée, à quoi fert un Mémoire de juftification ? Depuis quand eft-il permis de faire imprimer une Satyre contre un Arrêt, & de dénoncer les Magiftrats au Tribunal du Public ? Quel fera le Juge en état de prononcer fur une dénonciation auffi extraordinaire ?

Il eft des accufations qui deviennent graves par la qualité même de l'Accufateur. Le poids, l'état, l'autorité de celui qui dénonce, ajoute à la nature des faits & des circonftances. Ici le dénonciateur eft inconnu. Mais ce *Citoyen obfcur*, (puifqu'il fe plaît à fe qualifier ainfi lui-même) qui retrace aux Magiftrats leurs devoirs en termes auffi énergiques, qui les cite avec tant de fafte au Tribunal de la Nation, qui leur prête avec complaifance des motifs contraires à leur opinion, qui les accufe enfin avec tant d'audace, & les condamne avec encore plus de folemnité, ce délateur zélé de la tranfgreffion & de la barbarie des Loix,

ce

Mémoire, page 161.

ce réformateur du Code & de la Légiſlation, (nous ſommes forcés de le dire) ſemble ignorer les différens degrés qu'il faut parcourir pour remonter du premier Juge juſqu'au pied du Trône, où la Juſtice eſt dans toute ſa plénitude.

La hiérarchie des Tribunaux eſt compoſée de telle maniere, que la compétence du Juge eſt déterminée, en matiere civile par la nature de la conteſtation, en matiere criminelle, par la nature du délit. Excepté dans certains cas prévus par les Ordonnances, le premier Juge prononce toujours à la charge de l'appel.

Mais toutes les fois qu'il y a eu une inſtruction, ſoit criminelle, ſoit civile, toute procédure eſt définitivement terminée lorſqu'il eſt intervenu un Jugement en dernier reſſort. Il étoit d'une néceſſité abſolue de fixer un terme qui fût, en quelque ſorte, le *nec plus ultrà* de la procédure : autrement il eût fallu créer des Tribunaux à l'infini ; & la cupidité n'auroit jamais manqué de motifs pour épuiſer tous les degrés.

Mais en déconcertant les entrepriſes de la mauvaiſe foi, le Légiſlateur n'a pas oublié que la dignité de la Magiſtrature ne mettoit pas le Magiſtrat à l'abri des ſurpriſes & des foibleſſes attachées à la nature. Il a reconnu, peut-être par ſa propre expérience, que l'erreur étoit le partage de l'humanité, & que l'homme même le plus attentif étoit capable de ſe tromper, ſans pouvoir être accuſé de partialité ou de prévarication. La Loi, garante des regles qu'elle a fixées, jalouſe des formes qu'elle a conſacrées, & auxquelles ſeules elle reconnoît ſon ouvrage ; la Loi, par un excès de précaution, a cru devoir permettre, malgré l'épuiſement de tous les degrés de Juriſdiction, de recourir encore au Souverain lui-même, dans le cas où l'on auroit jugé contre la diſpoſition des Ordonnances, & dans tous ceux où les formes preſcrites n'auroient pas été exactement obſervées. Tout homme condamné a donc une voie pour échapper à ſa condamnation. En matiere civile, l'Arrêt que l'on attaque n'en reçoit pas moins ſon exécution : mais en matiere criminelle, le remede extraordinaire du recours au Souverain doit être précédé d'une furféance à l'exécution du Jugement, parce qu'il n'eft pas au pouvoir des Magiftrats de fufpendre la condamnation qu'ils ont prononcée.

Dans l'affaire qui a donné lieu au *Mémoire juftificatif* qui nous occupe en ce moment, ce retard apporté à l'exercice de la vindicte publique, cet empêchement à l'exécution de l'Arrêt, cette premiere grace avoit été accordée. Le Roi avoit furfis; l'exécution étoit fufpendue. M. le Procureur Général s'étoit hâté d'envoyer un exprès, avec ordre de réintégrer dans les prifons de la Conciergerie les trois condamnés.

Nous avons dit que ce furfis, obtenu de la bonté du Roi, étoit une premiere grace; car c'en eft une de retarder la punition du crime. Le motif qui fait prononcer le furfis, eft de faire examiner la régularité de la procédure & la nature des preuves qui ont décidé le Jugement. Cette grace eft d'autant plus précieufe, que ce retardement interrompt le cours ordinaire de la Juftice : & que cette faveur accordée au criminel, pourroit peut-être élever une forte de fufpicion fur la validité de l'Arrêt qui l'a condamnée.

Ces réflexions, Meffieurs, ne tendent ni à gêner l'étendue, ni à reftraindre l'exercice de la Puiffance Royale, ni à fermer le cœur du Prince à la compaffion, ni à oppofer la rigueur du devoir à l'humanité du Monarque. Nous le répétons avec une douce fatisfaction & d'après le cri général de tous les fiecles, le plus bel attribut de la Souveraineté, eft le droit de faire grace: c'eft par la clémence que les Rois font les images les plus parfaites de la Divinité. Mais la bonté du Souverain, lors même qu'elle pourra *préférer miféricorde à juftice*, peut avoir des conféquences dangereufes : & des furfis trop multipliés, accordés fur la fimple expofition, fouvent même fur la fauffe expofition des accufés jugés coupables, femblent former autour du Tribunal une vapeur légere, dont l'effet feroit capable d'altérer la confiance que les Peuples doivent avoir dans l'intégrité des Miniſtres de la Loi ; confiance néanmoins juſte & néceſſaire, que le Souverain lui-même eſt intéreſſé à ſoutenir, pour le maintien de ſ.n autorité autant que pour le bonheur & la tranquillité de ſes Sujets.

L'intention du Roi, en ordonnant ainſi de ſurſeoir à l'exécution du Jugement, eſt toujours de ſe faire rendre compte de la force des dépoſitions, de la nature des autres preuves, & de connoître l'enſemble de la procédure ſur laquelle eſt intervenue la condamnation.

Que dans cet intervalle un accuſé ſe laiſſe perſuader qu'il a été injuſtement condamné, ou jugé avec trop de précipitation ſans avoir pu ſe défendre, ou que l'on n'a point obſervé les formalités preſcrites ; que, flatté de cette eſpérance, il uſe des moyens autoriſés par les Ordonnances du Royaume ; ce recours au Souverain eſt une voie de droit : elle eſt ouverte à tous les citoyens : & le Criminel, quoique condamné, jouit encore du droit de Cité & du bénéfice de la Loi. Mais cette ſorte de réclamation, portée au pied du Trône, a ſes regles & ſes formalités : elle eſt adreſſée au Roi lui-même, & c'eſt dans ſon ſein paternel que le Suppliant dépoſe ſes plaintes & ſes eſpérances. C'eſt au Roi ſeul qu'il confie les reproches qu'il ſe croit en état de faire à la procédure : & comme ce reproche, ne fut-il que d'une ſimple nullité, paroît préſenter au moins une négligence de la part des Juges, ce ſeul motif démontre qu'une demande de cette importance n'eſt pas de nature à être rendue publique par la voie de l'impreſſion.

Telle eſt la marche ordinaire dans de pareils événemens : mais cette maniere de procéder étoit trop ſimple, trop concentrée, trop ſilencieuſe, dans une affaire où la publicité étoit le premier motif de la réclamation. Remarquez en effet l'état de la procédure avant & après l'Arrêt du 20 Octobre 1785. Il n'exiſtoit ni dénonciateur ni dénonciation : point de Partie civile : les Parties intéreſſées, après leur déclaration du fait tel qu'il s'étoit paſſé, ſans aucune réſerve pour reſtitution ou pour dommages & intérêts, n'avoient nommé perſonne qu'elles puſſent ſoupçonner. Elles s'étoient contentées de déſigner les coupables par la couleur de leurs vêtemens, la grandeur de leur taille, la couleur de leurs cheveux, ou par le ſignalement de leur figure : enfin elles ne s'é-toient pas même portées pour accuſateurs. Le Subſtitut de M. le Procureur Général, inſtruit par la déclaration inſerée dans le Rapport de la Maréchauſſée, avoit ſeul rendu plainte : c'eſt avec lui que la procédure criminelle a été inſtruite devant les premiers Juges ; c'eſt avec lui que la Sentence a été rendue. M. le Procureur Général étoit ſeul Partie ſur l'appel, qui eſt de droit lorſque la Sentence prononce une peine afflictive. Dans cette poſition, il étoit difficile de faire naître la plus légere difcuſſion entre les condamnés & la Partie publique. Le miniſtere de M. le Procureur Général étoit rempli ; il n'avoit plus d'autres fonctions à exercer, que de donner les ordres néceſſaires pour avancer ou ſuſpendre l'exécu-tion de l'Arrêt. Toutes les reſſources que les criminels peuvent employer après la ſignature de l'Arrêt, pour échapper à la con-damnation ou en retarder l'effet, ſont étrangeres au Miniſtere public : il voit en ſilence les mouvemens des malheureux qui implorent la clémence de l'autorité royale : il ne s'oppoſe jamais à l'obtention de la grace : il ne s'oppoſe point à l'entérinement, à moins qu'il n'y ait dans la Supplique une ſurpriſe évidente faite à la religion du Prince. En un mot, juſqu'à ce que le Roi ait accordé ou rejetté la demande, le Miniſtere public eſt muet ; toute ſon activité eſt ſuſpendue : le coupable condamné ne peut, ni l'attaquer, ni ſe plaindre de ſon inaction.

On vouloit néanmoins de l'éclat. Et comment occaſionner une grande exploſion dans une procédure nouvelle & totalement éloignée de la ſphere des Tribunaux ? Les difficultés ont été bientôt vaincues : & dédaignant la forme tracée par les Ordon-nances, on a eſſayé de ſe frayer une route nouvelle. Ce n'étoit point aſſez de calomnier les Juges, d'altérer la confiance publique,

& de répandre la terreur, on s'eſt promis d'enlever le ſuffrage de la multitude, qui ne ſe doute pas de ſa profonde ignorance en matiere de Légiſlation, d'exciter les murmures & les cris de ces citoyens, étrangers dans leur patrie, qui n'admirent que la Légiſlation des Etats voiſins de la France, ou de ces réformateurs uniquement occupés à renverſer nos Loix, ſous prétexte de les rapprocher du Code de la nature ; comme ſi les Loix pénales, quelques ſéveres qu'elles paroiſſent, n'étoient pas établies en faveur de l'humanité.

Ce projet, véritablement répréhenſible, a été fidelement mis à exécution. Mais comment a-t-il été exécuté ? On a fait paroître une juſtification volumineuſe, ſuivie d'une Conſultation très-abrégée, renfermée dans une page d'impreſſion ; & l'Avocat conſulté adopte exactement toutes les nullités propoſées dans le Mémoire. Il atteſte *qu'il n'exiſte au procès aucune preuve que les accuſés ſoient coupables* : il oſe mettre en fait, *qu'il eſt démontré que les accuſés ſont légalement & moralement innocens des délits dont ils ſont prévenus.* Il en donne une double raiſon. D'un côté, *les ſeuls témoins ſont les dénonciateurs, eſſentiellement reprochables, & abſolument indignes de foi, par les contradictions, les variations, les impoſtures manifeſtes dans leſquelles ils ſont tombés.* D'un autre côté, *on ne trouve aucun indice des vols imputés aux accuſés, ni ſur eux ni autour d'eux ; & même leur rencontre imprévue le lendemain du délit, exclut tout crime & toute complicité de leur part.* Et la concluſion eſt, *qu'il n'eſt pas douteux qu'en définitif ils ne ſoient déchargés de toute accuſation, avec dépens, dommages & intérêts contre leurs dénonciateurs, & qu'ils ne puiſſent même avoir recours contre les premiers Juges.*

Conſultation, page 250.

Des aſſertions auſſi poſitives pourroient faire préſumer que le Conſultant a eu une connoiſſance entiere des charges & informations : mais en les rapprochant de la procédure, ces aſſertions ſont bientôt anéanties. Perſonne n'ignore, & les Juriſconſultes eux-mêmes en conviennent, qu'un Mémoire, en matiere crimi-

nelle, n'eſt qu'un aſſemblage de faits & de circonſtances admi-
niſtrés par les accuſés. Les défenſeurs ſont preſque toujours dans
la triſte impoſſibilité d'en vérifier l'exaƈtitude : ils ſont obligés
de s'en rapporter à la déclaration de leurs Parties. Ces détails
ne ſont pas toujours conformes à la vérité; le plus ſouvent ils
ſont contredits par la procédure. L'accuſé, qui croit avoir intérêt de déguiſer la nature des faits, la force des interrogatoires,
la foibleſſe de ſes réponſes & l'importance de ſes aveux, ſe
trompe lui-même, & trompe ſon Conſeil, qui, ſe fiant aux diſ-
cours d'un homme intéreſſé à ne lui rien cacher, le croit innocent, parce que l'accuſé fait tout ce qui eſt en lui pour le paroître,
& cherche à le juſtifier, parce que l'accuſé lui a perſuadé qu'il
étoit véritablement innocent. Si ce reproche reçoit une application direƈte au *Mémoire* prétendu *juſtificatif*, il n'eſt pas moins
ſenſible qu'il peut s'appliquer également à la Conſultation, puiſqu'elle n'eſt que le réſultat du Mémoire.

Mᵉ LEGRAND DE LALEU, qui a ſigné cette Conſultation,
devoit au moins s'aſſurer de la ſincérité des faits énoncés dans le
Mémoire. Mais, par une inconſidération ſans exemple, il a tout
adopté ; les aſſertions les plus ſuſpeƈtes & les moyens les plus
équivoques, les inveƈtives contre les Juriſconſultes les plus accrédités & le mépris de la Juriſprudence la plus antique, les
outrages contre la Loi & les injures contre les Magiſtrats, rien
n'a pu balancer le deſir de ſe faire une renommée.

C'eſt ainſi qu'un Avocat, inſcrit depuis trois ans ſeulement
ſur le Tableau, n'a pas craint d'avancer & de préconiſer les
principes les plus faux, les plus contraires à l'ordre judiciaire ;
qu'à peine inſtruit des devoirs de cette profeſſion ſi noble & ſi
délicate, il s'éleve contre la Juriſprudence & les Arrêts. Il décide
qu'il n'y a pas de preuve dans une procédure qu'il n'a pas
vue : il prononce que les accuſés peuvent obtenir des dépens,
quoiqu'il n'y en ait jamais contre la Partie publique : & ignorant
juſqu'aux premiers élémens de la procédure criminelle, il prête

fa plume à la calomnie la plus cruelle ; il concourt à la diftribution d'un Mémoire (qui n'eft pas même un Mémoire à confulter) par une Confultation qu'il n'a fignée que pour en autorifer
l'impreffion , en forte que le nom de l'Avocat eft devenu le
paffeport & le véhicule de la diffamation.

Oublions en ce moment la complaifance du Jurifconfulte : mais
comment caractérifer cette nouvelle efpece de juftification?

Dira-t-on que ce font des faits juftificatifs ? il falloit les propofer avant le jugement : il falloit une Requête fpéciale : il
falloit qu'elle fût fignée d'un Procureur , répondue d'une Ordonnance , & admife après la vifite du procès.

Ce Mémoire n'eft donc point une Requête contenant des Faits
juftificatifs ; & quand il auroit ce caractere, cette demande tardive
ne pourroit plus être accueillie. On ne peut l'envifager que
comme un affemblage de griefs propofés contre l'Arrêt : & cette
maniere inufitée d'attaquer un Jugement , eft inadmiffible dans
l'ordre judiciaire.

C'eft trop nous arrêter à difcuter la forme dans laquelle ce
Mémoire a été diftribué. Nous le regarderons, fi l'on veut,
comme un expofé des faits & des circonftances, deftiné à être
annexé à la Requête que les accufés devoient préfenter au
Roi , pour faire réformer l'Arrêt qui les avoit condamnés.

Nous fuppoferons même encore que c'eft un fimple Mémoire
à confulter, & que l'intérêt de l'innocence doit l'emporter fur
la régularité de la forme.

Dans cette hypothefe , ne faudroit-il pas que cette forte de
juftification anticipée ne préfentât aucun inconvénient & ne contînt
aucune diffamation ? Mais , d'après les obfervations que nous venons d'avoir l'honneur de mettre fous vos yeux , il eft évident
que cet ouvrage a été compofé, moins pour établir un plan de
juftification, que pour produire un corps de fyftême auffi dangereux en lui-même que propre à exciter le trouble. L'Auteur a
très-bien fenti qu'il obtiendroit difficilement la permiffion de le

faire imprimer; il a déguifé fon projet fous le voile de la défenfe de trois accufés; enfin il n'a obtenu la Confultation qui termine cet Imprimé, & en eft pour ainfi dire l'approbation, qu'en exaltant une ame jeune & fenfible, un efprit peu familiarifé avec les Loix Criminelles, en lui perfuadant qu'il alloit contribuer à la réformation du Code pénal, & arracher l'innocence à la barbarie de notre Légiflation.

Paffons à la feconde Partie, & examinons les nullités dont on prétend que la procédure eft infectée.

SECONDE PARTIE.

IIe. PARTIE.

Le Mémoire confideré relativement aux nullités de la procédure.

TOUT accufé doit avoir la faculté de prouver qu'il n'eft pas coupable; & s'il exifte des nullités dans la procédure fur laquelle la condamnation eft intervenue, le condamné peut ufer du droit naturel, ou de faire anéantir l'Arrêt, ou de fe difculper, foit aux yeux du Souverain, foit aux yeux de fes concitoyens.

Voyons donc quelle eft la force de la juftification que renferme le Mémoire prétendu juftificatif.

La feule lecture de la premiere page de ce Mémoire, démontre invinciblement que ce ne font point les accufés qui réclament & ofent implorer le fecours de la Loi ou la bonté du Prince.

Il eft vrai que le Mémoire paroît figné des trois condamnés, même d'un d'entr'eux qui ne fait pas écrire.

On y voit une croix;   † Signature de LARDOISE,

Enfuite on lit :   JEAN-BAPTISTE SIMARE, CHARLES BRADIER.

C'eft ainfi que les noms font difpofés, & ce font ceux des trois condamnés.

On dira fans doute qu'ils ont adopté le Mémoire, puifqu'on y trouve leurs fignatures, ou ce qui repréfente leur fignature.

Mais

Mais c'eſt un inconnu qui prend leur défenſe, qui parle en ſon propre nom, qui ſe charge de les juſtifier, qui enfin, pour diſpoſer les eſprits à donner croyance à cette juſtification ſingu-liere, commence ſon apologie par l'invective la plus atroce & le ſarcaſme le plus indécent. Les anciens Orateurs Grecs & Romains, quelques véhémens qu'ils fuſſent dans leurs accuſations, ne nous ont point laiſſé d'exemple d'une apoſtrophe auſſi ſéditieuſe.

Prenons le Mémoire & liſons.

Le 11 Août 1785, une Sentence du Bailliage de Chaumont, a déclaré trois accuſés convaincus de vols nocturnes avec violences & effractions, & les a condamnés aux Galeres perpétuelles.*

Le 20 Octobre ſuivant, un Arrét du Parlement, en infirmant la Sentence, les a condamnés, pour les cas réſultans du Procès; à expirer ſur la roue.

Ils étoient innocens!

Que les cœurs ſenſibles ſe raſſurent : ces trois innocens reſpirent.

A juger du corps de l'Ouvrage par un exorde auſſi peu ré-fléchi, ce début annonce l'audace bien plus que l'énergie, & fait aiſément preſſentir tout ce qu'on peut attendre d'un Ecrivain qui ne connoît ni la bienſéance ni la modération.

Un emportement auſſi déplacé fait au moins ſoupçonner l'aveu-glement de la paſſion. Eſt-ce donc là le langage de criminels, dévoués à la mort ſi la bonté du Roi ne vient à leur ſecours? C'eſt contre un Corps de Magiſtrature, contre le premier Parle-ment du Royaume, que ces reproches odieux ſont dirigés. Où eſt le reſpect dû aux Miniſtres de la Loi, aux organes du Sou-verain, aux Gardiens des Ordonnances & de la ſûreté publique? Sera-t-il donc permis de les inculper avec tant d'audace, quand même ils ſe feroient trompés dans le Jugement? L'innocence condamnée peut-elle ſe permettre ce ton d'arrogance? Eſt-il rien de plus inſultant que de dire affirmativement à la Nation : l'innocence a été condamnée; l'innocence a été envoyée au ſupplice : Cœurs ſenſibles raſſurez-vous, l'innocence reſpire en-

---

Mémoire, page 1.

* C'eſt une inattention : il falloit dire le 12 Août, parce que la Senten-ce du Bailliage de Chaumont eſt du 11.

core? Ne pouvons-nous pas dire à l'Auteur du Mémoire : défendez ces trois malheureux, puifque vous les croyez innocens : mais affirmer d'avance qu'ils ne font pas coupables, c'eft mettre en fait ce qui eft en queftion ; c'eft donner votre conviction perfonnelle pour regle de l'opinion générale. Les accufés étoient-ils criminels? voilà le fait. Les Juges ont prononcé d'une voix prefque unanime, qu'ils étoient coupables ; voilà la décifion. Du haut de votre Tribunal, vous les déclarez innocens ! vous jugez le contraire de ce qui a été décidé ! Le préjugé devroit au moins être en faveur de l'Arrêt. Non : le rédacteur du Mémoire a prononcé que le Jugement eft un myftere d'iniquité. Faut-il le croire? N'y auroit-il pas plus que de l'imprudence à fe déterminer d'après cette affertion ? Cet Ecrivain téméraire va plus loin encore : il ne fe contente pas de vouloir être cru fur fa parole : & comme fi l'affirmative de fa propofition n'étoit pas déja une injure affez grave, il y ajoute un nouveau degré d'atrocité, en comparant le Jugement du Bailliage de Chaumont avec le prononcé de l'Arrêt de la Cour. *Une Sentence*, dit-il, *a déclaré trois accufés convaincus de vols nocturnes avec violences & effractions, & les a condamnés aux Galeres à perpétuité.*

Mémoire ,
page 1.

Un Arrêt, au contraire, *en infirmant la Sentence, les condamne, pour les cas réfultans du procès, à expirer fur la roue.*

On a eu grande attention de faire imprimer en lettres italiques ces termes, *pour les cas réfultans du procès*, pour les faire faillir davantage, & les mettre en oppofition avec ceux *d'atteints & convaincus*, inférés dans la Sentence. L'Auteur a voulu parler aux yeux dans ce changement de caracteres ; &, par cet artifice, il fembleroit donner à entendre, que la Cour a voulu diffimuler le motif de l'augmentation de la peine fous des expreffions vagues & indéterminées, comme fi cette forme de prononciation n'étoit pas d'un ufage immémorial dans prefque toutes les Cours fouveraines du Royaume.

Ne pourrions-nous pas foupçonner de mauvaife foi cette af-

fectation de la part d'un Auteur qui fait gloire d'être Jurifconfulte, qui pefe l'opinion de chaque Légiflateur, qui interroge la
Loi elle-même, & qui par conféquent devroit connoître les ufages
antiques, & le motif des plus anciens Réglemens? Mais fi cette
critique eft le réfultat prétendu des recherches les plus profondes,
il faut convenir qu'elle prend fa fource dans l'ignorance la moins
pardonnable du Style dont on fe fert en matiere criminelle. Et
pour qu'il ne fubfifte déformais aucune équivoque à cet égard,
nous établirons ici, comment & pourquoi cette façon de prononcer,
pour les cas réfultans du procès, s'eft confervée dans la rédaction
des Arrêts de la Cour.

Perfonne n'ignore qu'anciennement les premiers Juges
employoient cette formule, *pour les cas réfultans du procès*,
tandis que les Cours feules prononçoient par *atteint & convaincu*.
Les Parlemens ont cru long-temps que cette forme de prononciation étoit le figne de la plénitude de la puiffance qu'ils exer-
çoient au nom du Souverain. Il faut encore fe rappeller, que dans
ces temps reculés, les Seigneurs Jufticiers d'abord, & enfuite les
premiers Juges, étoient tenus de venir rendre compte au Parlement des motifs de leur Sentence, & d'en foutenir le bien jugé.
Alors les Juges des Seigneurs, & les Baillifs & Sénéchaux eux-
mêmes, fe contentoient d'inférer dans leurs Jugemens la formule,
pour les cas réfultans du procès, parce que fur l'appel ils expli-
quoient de vive voix les raifons qui les avoient déterminés à
condamner : & la Cour, en jugeant cet appel, faifoit ufage de
l'expreffion affirmative *atteint & convaincu*, parce qu'elle faifoit
un acte de fupériorité. Cet ufage a changé infenfiblement, fans
qu'on puiffe en fixer l'époque certaine, ni en donner d'autre raifon,
fi ce n'eft que les premiers Juges ayant été difpenfés de venir
en la Cour rendre compte des motifs de leurs Jugemens, il ne
leur a plus été permis d'inférer dans les Sentences, *pour les cas
réfultans du procès :* il leur a été enjoint de fpécifier la nature
des crimes dont ils prononçoient la réparation, & cette énon-

Ancienneté & origine de la Formule pour les cas réful- tans du Procès.

ciation a fuccédé au compte qu'ils devoient des motifs de la condamnation.

Nos anciens Jurifconfultes François dépofent de cette efpece d'échange dans la rédaction des Jugemens ou des Arrêts, & entr'autres, Imbert l'attefte dans fa *Pratique. Liv. 3 , Chap. 20.*

« Convient entendre , dit-il, qu'en matiere criminelle il faut » fpécialement déclarer pour quel crime on condamne l'accufé , » & qu'ainfi l'obferve la Cour de Parlement de Paris. Toutesfois » les Juges royaux ne le gardent pas, ains mettent par leurs » Sentences, *pour la punition des cas dont il eft trouvé atteint & » convaincu par le procès.* »

Cette nouvelle maniere de prononcer étoit déja un pas vers la réforme, mais elle n'étoit pas complette. Les premiers Juges ne prononçoient plus *pour les cas réfultans ;* ils avoient ajouté, *pour les cas dont les accufés font trouvés atteints & convaincus.* Des deux prononciations ils en formoient une nouvelle, mais qui ne préfentoit point encore l'énonciation claire & précife du crime qui avoit fervi de motif à la condamnation.

Il a fallu de nouveaux Réglemens pour établir une maniere de prononcer uniforme , & la Cour a rendu un grand nombre d'Arrêts, pour contraindre les premiers Juges à inférer tout au long dans leurs Jugemens les faits & les circonftances du crime dont les accufés feroient déclarés *atteints & convaincus.*

C'eft depuis ces différens Réglemens que la Cour s'eft contentée de mettre dans fes Arrêts, *pour les cas réfultans du procès :* & cette formule, confervée jufqu'à nos jours , doit encore aujourd'hui paroître fuffifante, parce que les Arrêts , en matiere criminelle , étant toujours rendus publics par l'impreffion & l'affiche , le Vû de l'Arrêt contient mot à mot le difpofitif de la Sentence, avec le détail des faits & des circonftances , même la fpécification des chofes volées. Tous les citoyens font par conféquent à portée de connoître la nature du crime & l'objet de la réparation.

Ces différens Réglemens intervenus dans une longue fuite d'années, & fur-tout ceux de 1640 & 1656, n'étoient point oubliés lors de la nouvelle Ordonnance de 1670. Cependant cette Ordonnance les a, pour ainfi dire, confacrés. L'Article 3 du Titre 24 porte: *les Conclufions feront données par écrit, cachetées, & ne contiendront les raifons fur lefquelles elles font fondées.* La même prohibition n'eft point prononcée à l'égard des premiers Juges : d'où il eft naturel de conclure que le Légiflateur a voulu laiffer fubfifter les Réglemens qui les affujettiffoient à motiver leurs Jugemens. D'après cette explication, la formule adoptée depuis un temps immémorial dans les Cours fouveraines, eft intelligible & n'a plus rien d'extraordinaire.

La prévention ou l'injuftice, l'aveuglement ou la mauvaife foi, peuvent feuls foupçonner ou faire foupçonner un ufage dont il eft vifiblement impoffible qu'il puiffe réfulter aucun abus. Car il ne pourra jamais y en avoir, que le Corps entier ne foit d'intelligence pour commettre une prévarication. En un mot, c'eft un principe reconnu que les Cours fouveraines ne font point obligées d'exprimer dans leurs Arrêts les motifs de leur décifion. Aucune Loi ne les aftreint à cette formalité, foit au civil, foit au criminel, foit dans le cas de condamnation, foit dans le cas d'abfolution, & principalement en matiere de délit. La raifon en eft fenfible. La Cour ne peut que confirmer ou infirmer la Sentence dont eft appel. Or, toutes les fois qu'il y a dans la Sentence peine afflictive, l'appel eft de droit. La procédure eft envoyée au Greffe du Parlement, & l'accufé transféré dans les prifons de la Conciergerie. La Cour juge de nouveau, parce que la vie ou l'honneur d'un citoyen font des biens auxquels il ne peut renoncer volontairement. Il ne peut en être privé que par un acte de la toute-puiffance de l'autorité. Lorfque la Sentence eft confirmée, elle renferme & préfente le motif de la condamnation ; *l'atteint & convaincu* eft compris dans le Vû de l'Arrêt. Lorfque la Sentence eft infirmée,

& que la Cour prononce une augmentation ou diminution de peine, & très-fouvent même la décharge ou le renvoi de l'accufation, *l'atteint & convaincu* n'en fubfifte pas moins, parce que la Sentence eft de même inférée dans le Vû de l'Arrêt. Ainfi, dans tous les cas, il eft évident, par le texte même de la formule ufitée dans la rédaction des Arrêts, que la Cour, en infirmant, ne prononce autre chofe, finon que les premiers Juges ne fe font pas conformés aux difpofitions de l'Ordonnance, & qu'ils ont été plus loin, ou moins loin, qu'elle ne l'avoit prefcrit, relativement à la nature du crime, ou enfin qu'elle n'a pas trouvé la preuve fuffifante pour opérer la condamnation.

Ainfi, fous quelque point de vue qu'on envifage la forme de la prononciation des Cours fouveraines, elle eft à l'abri des reproches du critique le plus foupçonneux ; & c'eft fans fondement que l'auteur du Mémoire s'éleve indifcretement contre une formule qui exifte de toute ancienneté.

Cette juftification de la forme du difpofitif des Arrêts de la Cour en matiere criminelle, paroîtra peut-être trop étendue. Il étoit cependant bien difficile de ne pas entrer dans une difcuffion raifonnée à cet égard, ne fut-ce que pour diffiper les inquiétudes que la tournure infidieufe du Mémoire a pu faire naître dans l'efprit des Peuples, prompts à s'alarmer.

Il étoit de notre Miniftere de raffermir cette confiance univerfelle, que la fageffe du premier Sénat de la France lui a toujours méritée, & que les rufes de l'artifice ne pourront jamais lui enlever.

Livrons-nous actuellement à l'examen des nullités propofées contre toute la procédure & contre tous les Tribunaux.

Mémoire, page 5,

La premiere partie du Mémoire eft qualifiée par l'Auteur lui-même. C'eft, dit-il, *l'Hiftoire du procès*. Et nous conviendrons avec lui que c'eft véritablement une *Hiftoire* qu'il a donnée au Public. Ce font des faits arrangés avec art, tranfpofés à deffein, rapprochés avec adreffe, entremêlés de réflexions fouvent étrangeres au procès, quelquefois déplacées, & toujours ameres ou injurieuſes aux Juges contre leſquels' elles ſont dirigées. Nous pouvons même dire qu'il y en a de ſi abſurdes, qu'on a de la peine à concevoir comment elles ont échappé à un critique auſſi difficultueux.

Nous pourrions citer un grand nombre de ces réflexions; nous nous contenterons de relever ici les plus ſenſibles.

Les Officiers de la Maréchauſſée de Champagne, au Département de Troyes, ayant été inſtruits qu'il avoit été commis un vol nocturne dans le village de Vinet, après avoir reçu la déclaration des perſonnes qui ſe prétendoient volées, ſe ſont tranſportés dans les environs, & ont cherché à découvrir les coupables. La Maréchauſſée, dans cette recherche, rempliſſoit des fonctions auxquelles elle ne peut ſe refuſer. L'Ordonnance de 1566 leur en fait une obligation, ſous des peines très-graves.

L'article 45 porte :

« Qu'ils ne pourront prétendre aucun ſalaire pour raiſon de ces ſortes de » perquiſitions ; & dans le cas où ils feroient négligens, après la requiſition » & ſommation de nos Sujets, de monter à cheval, informer & aller là par » où les crimes auront été commis, ou les délinquans retirés, (Voulons) » qu'ils ſoient condamnés en tous les dépens, dommages & intérêts des » Parties, & privés de leur état ».

Ordonnance
de 1566.

La Maréchauſſée s'arrête au village de Salon ; elle s'informe & demande s'il n'y a pas dans le lieu des gens ſuſpects. Que répondent les Syndic & principaux Habitans ? *Que la veille après-midi, quatre particuliers aſſez mal vétus, portant une figure ſiniſtre, ont paſſé l'après-midi à boire chez le nommé Dubois ; qu'enſuite ils ont été chez le nommé Linceux, à Champfleury, où ils ont encore bu juſqu'à l'heure de minuit, & s'en ſont allés ſans payer.* Telle a été la déclaration des principaux Habitans de Salon ; & l'Officier de la Maréchauſſée l'a inſérée dans ſon Procès-verbal. Cet acte eſt juridique, & la foi lui eſt due. Vous voyez que ce ſont les principaux habitans qui parlent ; & l'au-

Procès-verbal
du 31 Janvier
1783 & jours
ſuivans.

teur du Mémoire, en altérant le texte du procès-verbal, dit qu'il n'eſt pas vrai *que ces quatre particuliers fuſſent des inconnus, comme le fait entendre le Brigadier.* Nous devons vous obſerver que le procès-verbal ne porte pas *que ces particuliers fuſſent inconnus.* C'eſt une ſuppoſition gratuite. Et quand le procès-verbal contiendroit cette aſſertion, elle ſeroit encore véritable, parce que les Syndic & Habitans auroient pu faire cette déclaration, ſans qu'on pût accuſer l'Officier de Maréchauſſée d'avoir avancé un fait faux. C'eſt donc l'Auteur du Mémoire qui fait dire au Procès-verbal ce qu'il ne dit pas. Nous ne ſavons comment caractériſer cette inculpation; mais ce qui eſt abſurde, c'eſt la propoſition qui ſuit immédiatement.

Mémoire, page 17.

L'Auteur vient de dire *qu'il n'eſt pas vrai que ces quatre particuliers fuſſent inconnus, puiſque deux de ces particuliers étoient Simare & Bradier, domiciliés depuis long-tems près de Salon, néceſſairement connus, ſur-tout des Cabaretiers;* & il ajoute : *Ce qui n'eſt pas plus vrai, c'eſt que ces quatre particuliers euſſent une figure ſiniſtre.* En voici la preuve. *Celle de Bradier, entr'autres,* (*nous l'avons vue*) dit l'Auteur, *elle eſt heureuſe, elle eſt un des témoins de ſon innocence.*

Mémoire, page 17.

Ce genre de preuve eſt tout-à-fait nouveau : elle n'avoit encore été propoſée par aucun Légiſlateur. La figure *heureuſe* d'un accuſé ſera déſormais *un des témoins de ſon innocence.*

L'expérience apprend néanmoins que ſouvent une ame honnête eſt cachée ſous une phiſionomie ſiniſtre, tandis que la phiſionomie la plus noble, la plus ouverte, ſert d'enveloppe à l'ame d'un grand ſcélérat (1).

Tous les âges dépoſeroient de cette triſte vérité : & nous en concluerons que s'il eſt ridicule de critiquer un acte juridique ſur une énonciation qui n'eſt pas du fait de celui qui a rédigé

____

(1) Sæpe ſceleſtum animum ſignat frons impia, ſæpe
Frons pia larvati criminis umbra fuit.

le

le procès-verbal, il eſt encore plus ridicule de vouloir qu'un Brigadier de Maréchauſſée diſcerne les coupables, ſur le plus ou moins de nobleſſe de la figure des particuliers qu'il eſt chargé de pourſuivre & d'arrêter.

Nous pouvons taxer encore au moins d'injuſtice le reproche que l'on fait à la Maréchauſſée, d'avoir arrêté deux des accuſés, l'un parce *qu'il avoit une veſte rouge, l'autre parce qu'il portoit un habit gris.* *Mémoire, page 56.*

Ainſi, dit l'Auteur du Mémoire, *c'eſt ſur la couleur des habits que ces gens là* (la Maréchauſſée) *jettent les hommes dans les cachots.* Comment lire de ſens froid une pareille inculpation? Elle n'eſt pas de bonne foi. L'Auteur, qui paroît avoir eu connoiſſance de la procédure, auroit dû y voir qu'ils n'ont point été arrêtés ſous ce prétexte.

Que porte le Procès-verbal de capture ? Que l'un *a dit ſe nommer Nicolas Lardoiſe, mendiant ſans paſſeport ni certificat; & l'avons arrêté comme ſuſpeẟ, & ſoupçonné deſdits vols.* *Procès-verbal du 31 Janvier 1783, & jours ſuivans.*

L'autre, arrêté d'abord par les gens de Vinet, comme ſoupçonné d'avoir volé chez ledit Thomaſſin, chez lequel il avoit couché antécédemment pluſieurs fois, *a dit ſe nommer Pierre Guyot, natif d'Hérouville, Dioceſe de Toul, près Bar-le-Duc, Rémouleur de ſa profeſſion, & mendiant ordinairement, porteur d'un certificat du Curé dudit lieu d'Hérouville, qui conſtate qu'il a quitté ſon pays pour mendier, ledit certificat en date du 11 Décembre précédent; pourquoi l'avons arrêté pour le conſtituer priſonnier.* *Même Procès-verbal.*

Nous croyons devoir ici vous faire une obſervation. Vous venez de voir dans ce Procès-verbal que Pierre Guyot a dit qu'il étoit Rémouleur de profeſſion, & mendiant ordinairement. Nous trouvons en marge de ce procès-verbal une note au crayon ainſi conçue : *Ces deux états ſont contraires l'un à l'autre ; l'un eſt un travail honnête, l'autre en eſt excluſif.* Il ſemble qu'on ait voulu trouver de la contradiction dans cette déclaration, &

l'imputer à celui qui a rédigé le Procès-verbal. Mais toute contradiction cesse , si l'on consulte l'Interrogatoire que l'accusé a subi après avoir été constitué prisonnier. Il y dit *qu'il est mendiant sans domicile depuis quinze jours ; qu'autrefois il traînoit une brouette de Rémouleur , dont il faisoit l'état , & qu'il mendie aujourd'hui , parce que le mal dont il est attaqué le met hors d'état de rouler sa brouette.*

Interrog. de Guyot du 4 Février 1783.

Cette remarque mise à la marge du Procès-verbal, annonce dans quel esprit cette piece a été examinée & travestie dans le Mémoire.

Quoi qu'il en soit, ce Procès-verbal constate que ces deux particuliers n'ont point été arrêtés, uniquement *parce que l'un avoit une veste rouge , & l'autre un habit gris ;* mais parce que c'étoient des gens sans aveu, des vagabonds, des mendians, qui n'ont pu rendre compte de leur conduite, & dont les vêtemens se sont trouvés parfaitement semblables au signalement des habits de ceux qui avoient été indiqués comme coupables, & que la Maréchauffée suivoit en quelque sorte à la trace.

La Jurisdiction des Prévôts des Maréchaux est d'une utilité évidente : la sûreté publique est l'objet de son institution. Au nombre des cas qui lui sont attribués, nous voyons qu'ils sont chargés spécialement par les Ordonnances de veiller sur les grands chemins, & de constituer prisonniers tous gens suspects, vagabonds & mendians, qui n'ont point de domicile fixe , qui vont en troupe rançonner les Laboureurs ou les Fermiers, & leur demander une retraite & du pain ; à plus forte raison doivent-ils arrêter les gens de cette espece, lorsqu'ils sont malheureusement vêtus d'habillemens conformes aux signalemens que la Maréchauffée a reçus. La réticence que le Rédacteur du Mémoire a fait des motifs de la capture de ces deux particuliers, rend suspecte sa véracité. Il n'a déguisé cette vérité importante que pour s'abandonner à l'impétuosité de son caractere, & pouvoir s'écrier :

Mém. pag. 57.

J'entends la réponse du Prévôt & de beaucoup d'autres. Elle est

courte. On a eu foin de l'imprimer en gros caracteres. La voici...
DES MISÉRABLES.

Des miférables ? reprend auffi-tôt l'Orateur. *Ces miférables font des citoyens ; ils font au moins des hommes. Ah ! quand tout homme n'eft plus un citoyen , aucun citoyen n'eft bientôt plus un homme.*

Eh ! qui peut en douter ? Un miférable eft un citoyen, un miférable eft un homme, un malheureux eft un être facré : *Res eft facra mifer.* Mais quand un citoyen n'a ni feu ni lieu , quand un homme eft un vagabond, quand l'homme & le citoyen font le métier de mendians & de fainéans, quand ils ne peuvent rendre compte de leur conduite , quand ils font fignalés , foit par leur figure, foit par leurs vêtemens, comme coupables de vols, l'intérêt de la fociété exige qu'on s'affure de leur perfonne. Ce n'eft pas le moment de dire qu'un mendiant qu'on arrête n'eft plus un citoyen; ce n'eft pas le cas de faire appréhender qu'aucun citoyen ne foit bientôt plus un homme. Ce fanatifme d'humanité eft plus propre à exciter la fédition, qu'à défendre les vrais principes de la liberté.

Ne pouvons-nous pas trouver un excès de rigidité dans le reproche odieux de la longueur du tems que les trois premiers Juges ont employé à la confection de la procédure ? Nous ne faifons pas tomber l'abfurdité fur le reproche en lui-même, mais fur la maniere dont il eft conçu.

Le Mémoire s'exprime ainfi : *On eft étonné d'abord que cette procédure dure depuis trois ans. De quels actes a-t-on pu la remplir?... Vous le voyez.... des iniquités des trois premiers Juges , & des fouffrances de trois hommes.* Mémoire ; page 59.

Quoi! trois années entieres d'iniquités, trois années de fouffrances? Oui , trois années. Telle eft l'affertion du *Mémoire juftificatif.* On va fans doute prouver que la Maréchauffée de Troyes , que le Juge feigneurial de Vinet , que le Bailliage royal de Chaumont, fe font laiffé féduire; qu'ils ont été corrompus ; que l'animoſité ou la vengeance ont égaré leur eſprit ; enfin, pour nous ſervir des termes de la Loi, qu'ils ont agi, *dolo malo, per inimicitias aut ſordes.* Pas un ſeul fait articulé à cet égard. Et cependant on ne craint pas d'affirmer que ces trois années de procédure n'ont été remplies que des iniquités des trois premiers Juges. Mais enfin quelle imputation leur a-t-on fait ? de quoi ſont-ils coupables ? On leur reproche beaucoup de négligence, de la lenteur, & des nullités. Voilà cependant cette longue ſuite d'iniquités qui rempliſſent l'intervalle de trois années. Nous ne prétendons point diſſimuler la lenteur qui a été miſe dans cette inſtruction ; mais il faut faire attention que la procédure a été inſtruite dans trois Tribunaux différens. Il a fallu juger deux fois la compétence, avant de juger le fond de l'accuſation. L'Auteur ignore, ou plutôt il feint d'ignorer que les queſtions de compétence entraînent néceſſairement de longs délais.

C'eſt un grand malheur pour un citoyen, innocent ou coupable, mais accuſé d'un crime qui mérite peine afflictive ou infâmante, d'être long-tems placé entre la vie & la mort, entre l'honneur ou l'infamie.

On ne peut mettre trop de promptitude à abſoudre. L'innocence ſouffre du plus léger retardement. L'incertitude de ſa poſition eſt déja un ſupplice cruel, quoique momentané. Si le témoignage de ſa conſcience calme ſes terreurs, la longueur de la procédure ajoute à ſon épouvante : la juſtification la plus complette ne la dédommage jamais des horreurs de la captivité & des angoiſſes que renouvelle ſans ceſſe l'appareil de l'inſtruction.

Il n'en eſt pas de même à l'égard d'un criminel. Peut-on reprocher la lenteur lorſqu'il s'agit de condamner ? Tous les délais ne ſont-ils pas en faveur de l'accuſé ? Chaque jour de retard eſt un bénéfice pour lui : il fait qu'il eſt coupable, & ne preſſe pas le Jugement ; il ne craint que la célérité, & ne deſire que d'être oublié dans les cachots. Si le coupable ne délibere jamais pour commettre un attentat, le Juge tremble toujours de condamner un innocent, il regarde, ainfi que le dit M. Bourdin, Procureur Général, *la précipitation comme marâtre de la Juflice*, & ne croit jamais délibérer trop longuement lorfqu'il eft queftion de la vie d'un homme.

Nulla unquam de morte hominis cunctatio longa eft. Juvenal, Satyre 6.

dit avec énergie le Satyrique Romain. Il oppofe ce principe à l'emportement d'une Mégere qui veut faire périr un efclave. Si, de fon tems, on eût connu à Rome les conflits des Tribunaux, les délais pour juger la compétence, la diftinction des cas Royaux & des cas Prévôtaux, le renvoi d'un Tribunal à un autre Tribunal ; enfin, la néceffité des Arrêts qui commettent un autre Juge pour achever une procédure mal commencée par celui qui en a fait les premiers actes ; jamais il ne fe fût permis de transformer la lenteur de l'inftruction en une longue iniquité, jamais il n'en eût fait un crime aux différens Juges prépofés pour préparer l'Arrêt qui devoit ftatuer en définitif fur le fort des accufés.

Encore une preuve d'ignorance dans l'expofé de *l'Hifloire du procès*, & nous pafferons les autres fous filence.

Il s'agit du premier interrogatoire qu'on a fait fubir à deux des accufés conftitués prifonniers. Ce font les nommés Nicolas Lardoife & Pierre Guyot.

L'Affeffeur de la Maréchauffée, en procédant à cet interrogatoire, leur a déclaré, en commençant, qu'il alloit les juger *prévôtalement & en dernier reffort* ; & il leur a demandé, en finiffant, s'ils vouloient s'en rapporter aux dépofitions des témoins.

Sur cette double interrogation, l'Auteur du Mémoire dit expreffément *qu'en les interrogeant, le Prévôt* (il a voulu dire l'Affeffeur) *les abufe, les trompe, les allarme ; qu'il fuppofe une plainte admife ; qu'il fuppofe une information ordonnée ; qu'il fuppofe des témoins entendus.* Et il s'écrie : *Quels abus, même dans un Prévôt !* Exclamation auffi abfurde qu'elle eft injufte. Mémoire page 57.

L'Auteur néanmoins veut bien convenir que l'*Ordonnance qui reçoit la plainte & permet d'informer, quoique poſtérieure à cet interrogatoire, a peut-être été réguliere.* Cet aveu, quoiqu'entremêlé d'un doute injurieux, n'en eſt pas moins une reconnoiſſance de la régularité de cet acte. Nous l'adoptons, quelqu'inſuffiſant qu'il ſoit ; mais nous ne pouvons nous diſpenſer de répondre aux ſuppoſitions dont on fait un crime aux Officiers de la Maréchauſſée ; & la réponſe eſt écrite dans l'Ordonnance.

Mémoire,
page 57.

Ordonnance de 1670 , Titre 2. Art. 12.

« Les accuſés ſeront interrogés par le Prévôt en la préſence de l'Aſſeſſeur,
» dans les vingt-quatre heures de la capture, à peine de 200 livres d'a-
» mende envers nous; pourra néanmoins les interroger ſans l'Aſſeſſeur au
» moment de la capture ».

Les deux particuliers ont été conſtitués priſonniers dans les priſons de Troyes le 3 Février 1783. Ils ont été interrogés le lendemain 4 Février ; le vœu de l'Ordonnance a donc été littéralement rempli.

L'Ordonnance ajoute au même Titre, Art. 13.

« Enjoignons aux Prévôts des Maréchaux de déclarer à l'accuſé , au com-
» mencement du premier interrogatoire, & d'en faire mention, qu'ils en-
» tendent le juger prévôtalement, à peine de nullité de la procédure, &
» de tous dépens, dommages & intérêts ».

Interrogatoi-
res du 4 Fé-
vrier 1783.

Ce premier interrogatoire des deux accuſés contient la déclaration faite par l'Aſſeſſeur en commençant, *qu'il entendoit les juger prévôtalement & en dernier reſſort.* L'Aſſeſſeur s'eſt donc encore conformé à la diſpoſition littérale de l'Ordonnance.

Interr. *idem.*

Il eſt vrai que la derniere queſtion qui a été faite à ces priſonniers, porte qu'on leur a demandé *s'ils vouloient s'en rapporter aux témoins,* & qu'ils ont répondu, *oui, s'ils diſent la vérité.* Cette queſtion eſt de ſtyle dans tous les premiers interrogatoires. Il n'en eſt aucun où elle ne ſe trouve. Elle ne ſuppoſe ni plainte rendue, ni information ordonnée, ni témoins entendus. Elle ne peut *ni abufer, ni tromper, ni allarmer* les prifonniers.

S'il y avoit une information, les accufés n'auroient pu être arrêtés qu'en vertu d'un décret: on ne leur en a point fignifié. Ils n'ont donc été conftitués prifonniers que comme mendians & foupçonnés de vol. Ils n'étoient détenus que depuis la veille. Il étoit donc impoffible qu'il y eût plainte, information & décret. Cette prétendue fupercherie employée par le Juge pour intimider les prifonniers, n'eft donc qu'une pure illufion. L'artifice eft tout entier dans le Mémoire : car l'Affeffeur venoit de déclarer aux deux particuliers détenus, qu'il entendoit les juger prévôtalement. Le procès n'étoit donc pas commencé ; il ne pouvoit pas l'être. Où donc eft l'abus? Ne pouvons-nous pas, à notre tour, demander où eft la bonne foi, d'accufer de rufe & de tromperie un Officier qui s'eft renfermé dans la regle du devoir qui lui étoit prefcrit, à peine d'amende & des dommages & intérêts des Parties?

C'eft nous arrêter trop long-tems à difcuter & à détruire des objeftions, minutieufes en comparaifon des grands objets qui nous attendent. Nous avons à examiner cette foule de nullités qu'on a raffemblées, comme pour en former une maffe capable d'en impofer, par la difficulté d'en faire l'analyfe, à ceux qui connoiffent les difpofitions de l'Ordonnance, & par la multiplicité, à ceux qui ne les connoiffent pas.

Effayons de la décompofer, & affignons à chacune de ces allégations fa jufte valeur.

L'Auteur examine, *l'Ordonnance à la main, la procédure, la Sentence & l'Arrêt. Et l'Ordonnance lui dit* que la procédure renferme vingt-trois nullités. Nous ne nous propofons pas de difcuter ces vingt-trois nullités l'une après l'autre. L'Auteur avoue luimême, qu'elles *n'ont pas la même influence. Les unes anéantiffent la portion de procédure où elles fe trouvent. Les autres la portion de procédure qui les fuit. Mais une feule fuffit pour faire tomber la Sentence & l'Arrêt définitif.*

Mémoire ; page 68.

Idem, pages 69 & 70.

Nous voyons dans le Mémoire, qu'elles font rangées dans cinq claffes.

La premiere renferme les nullités qui *réfultent de l'omiffion des Verbaux ou de la forme des Verbaux.* C'eft une expreffion d'uf..ge dans les Provinces éloignées. L'Auteur veut parler des différens Procès-verbaux.

Mémoire, page 70.

La feconde contient *les nullités qui fe trouvent dans les dépo- fitions de Thomaffin, de fa femme & de fon fils.*

La troifieme préfente la *nullité du renvoi du Juge de Vinet.*

La quatrieme réunit *les nullités de la procédure du Bailliage de Chaumont.*

Idem.

Et la derniere enfin embraffe *les trois nullités particulieres à l'Arrêt* de la Cour.

Nous fuivrons le plan que l'Auteur s'eft tracé lui-même ; & nous répondrons à chacune de fes objeétions, après avoir établi les principes de la matiere.

Arguer une procédure de nullité, c'eft prétendre que les formalités requifes par la Loi, n'ont point été remplies. Ainfi une nullité eft l'omiffion d'une formalité indifpenfable. Tout eft de rigueur en matiere criminelle ; & les formes établies par la Loi font fi effentielles, qu'elles font, pour ainfi dire, la fubftance de la procédure. Elles doivent être fi exaétement obfervées, que l'oubli & la négligence d'une feule peut anéantir toute l'in- ftruétion, en forte qu'il n'y a plus de procédure, & qu'il ne peut y avoir de Jugement.

De-là plufieurs conféquences immédiates.

La premiere, c'eft qu'une nullité n'eft qu'un vice de forme. La Loi n'admet que des aétes conçus en forme probante, c'eft- à-dire, munis & revêtus de tous les fignes qu'elle a exigés pour en affurer la validité. Tout ce qui ne porte pas le caraétere de la Loi eft nul, & ne peut fervir de bafe à fes opérations.

La feconde, c'eft qu'il n'y a que la Loi qui puiffe créer une nullité. La Loi feule a pu fpécifier des formes, impofer des con-

ditions,

ditions, établir des regles fixes & immuables pour la validité des procédures, prefcrire les termes & les expreffions dans lef-quels les aêtes feroient conçus, déterminer le moment & le lieu où ils feroient rédigés, & indiquer jufqu'aux perfonnes qui pour-roient concourir à la régularité de l'inftruêtion. Ces formalités font fi précieufes, que les Juges font obligés, par toutes les Or-donnances, de s'y conformer, à peine de répondre de la procé-dure en leur nom. Mais, de même qu'il n'y a que la Loi qui puiffe créer une nullité, il eft également inconteftable qu'il ne peut y avoir de nullités que celles qui font littéralement prononcées par les Ordonnances : & par conféquent on ne peut attaquer fous ce prétexte aucun aête d'une procédure quelconque, à moins que la Loi n'ait exigé pour fa validité telle ou telle formalité, *à peine de nullité.*

Nous n'avons befoin que de ces principes pour faper par les fondemens, & renverfer de fond en comble l'édifice immenfe, que la prévention ou la mauvaife foi ont élevé avec les matériaux les plus magnifiques.

§. Ier.

Entrons dans la diftribution du plan de l'Auteur.

Il a fait réfulter les nullités indiquées dans fa premiere claffe, de l'omiffion & de la forme des Procès-verbaux. Nullités de la 1ere Claffe.

Quatre nullités, felon lui, dans cette partie de la procédure.

Iere Nullité; défaut de rapport de Chirurgien, & de procès-verbal des violences & bleffures.

IIe Nullité; vices du procès-verbal d'effraêtion.

IIIe Nullité; défaut de procès-verbal de l'état de la croix d'ar-gent qui a fervi à la conviêtion, & de dépôt de cette croix au Greffe.

IVe Nullité; Défaut de procès-verbal des ligatures annexées au récolement de Thomaffin.

Il en conclut que le corps du délit n'ayant point été conftaté, la condamnation eft nulle.

E

Ire. Défaut de Rapport de Chirurgien & de Procès-verbal des violences & blessures.

Chacune de ces nullités mérite une discussion particuliere.

La Premiere est fondée sur le défaut de rapport de Chirurgien, & de Procès-verbal de violences, & blessures de la femme Thomassin & de son mari.

L'Auteur du Mémoire cherche à se faire illusion à lui-même, lorsqu'il présente les violences, & les blessures de Thomassin & de sa femme, comme le véritable corps du délit. L'objet de la plainte du Procureur du Roi en la Maréchauffée de Troyes, est le vol fait nuitamment en la maison de Thomassin au Village de Vinet. Voilà le corps du délit. Les violences & blessures dont ces particuliers auroient pu rendre plainte eux-mêmes, ne sont que les accessoires du vol. Ce sont des circonstances qui peuvent l'aggraver, mais non le prouver; parce que le vol pourroit exister indépendamment des violences exercées pour y parvenir.

Supposons néanmoins que ces circonstances sont tellement inhérentes au vol nocturne, qu'elles fassent partie du corps de délit. Voyons ce que dit l'Ordonnance à ce sujet.

L'Auteur rapporte une Ordonnance de François Ier, de 1536, chap. 2, & cette Ordonnance s'explique ainsi:

Voyez la Conférence des Ordonnances de P. Guenois, p. 739.

« Quand il y aura excès, battures & navrures (& *non pas, hachures,* » comme il est écrit dans le Mémoire) sera incontinent après icelles adve- » nues (& *non pas, avérées*), soit que mort s'en soit suivie ou non, fait » visitation desdits excès, battures & navrures par Barbiers, Chirurgiens & » gens expérimentés, qui en feront bon, loyal (& *non pas, légal*) & entier » rapport par serment (*l'on a oublié ces mots, par serment*) pour être mis » par devers la Justice, & y avoir tel égard que se devra pour la vérifi- » cation (& *non, pour la continuation*) & justification desdits cas ».

Nous observerons qu'il n'est pas dit que cette visite par Experts sera faite par Ordonnance du Juge, & dans un procès de grand Criminel.

Il en résulte au contraire qu'il ne s'agit, dans cet article, que d'une simple querelle arrivée entre particuliers, ce qui ne donne pas lieu à une procédure extraordinaire; & ce qui le prouve, c'eſt que ce même article de cette Ordonnance de 1 5 3 6 , ajoute dans le même contexte :

« Et pourra le Juge ordonner proviſion pour alimens , médicamens & V. Gueſnois, » traitemens du bleſſé, & ſera exécuté par maniere de proviſion , tant pour *ibidem.*
» les Juſtices de Nous , qu'autres Juſtices inférieures dont les Seigneurs &
» poſſeſſeurs ſeront tenus faire bonne & brieve juſtice des cas & crimes
» commis au-dedans de leurs Juſtices , mêmement par leurs ſujets & demeu-
» rans au-dedans d'icelles Juſtices, ſur peine de s'en prendre à eux, s'ils y
» étoient trouvés en notable négligence , & d'être procédé à l'encontre
» d'eux par mulctes & condamnation d'amendes , ſuſpenſion & privation
» de leurs Juſtices, ſelon l'exigence des cas, & les qualités & conſidération
» de leur négligence , dont les Juges Royaux auront puiſſance ſur les Juriſ-
» dictions inférieures ».

Nous avons été obligés de rétablir le texte en entier de la Loi de François Ier. Elle eſt rapportée par Gueſnois, au Liv. 9, Tit. 1 de ſa Conférence , §. 2 9. Il dit qu'elle n'a été faite que pour la Bretagne, & il cite l'article 6 , tel que nous venons de vous le préſenter. Veut-on cependant qu'elle ſoit une regle générale pour tout le Royaume ? Il eſt évident qu'il ne s'agit que d'une ſimple rixe.

Lorſqu'il y a des violences, telles qu'il s'en eſt enſuivi mort d'homme ou danger de mort imminent; alors le Juge doit faire conſtater l'état des bleſſures arrivées dans la rixe, ſoit que mort s'en ſoit ſuivie ou non. Hors du flagrant délit, les bleſſés peuvent également ſe faire viſiter, & le Juge leur accorder proviſion , ſuivant la nature des ſévices qu'ils ont éprouvés. Mais il n'eſt pas dit que ce procès-verbal de viſite ſera dreſſé ſur le champ, *à peine de nullité* , parce que les bleſſures peuvent être avérées par toute autre voie que celle du rapport d'un Chirurgien. La viſite n'eſt un préalable néceſſaire , que pour celui qui veut obtenir une proviſion.

Ce cas a été prévu par l'Article 1 du Titre 5 de l'Ordonnance de 1 6 7 0 , qui s'exécute dans tout le Royaume. Il y eſt dit :

Ordonnance
de 1670, Tit.
V.

« Art. 1. Les perfonnes bleffées *pourront* fe faire vifiter par Médecins & Chi-
» rurgiens qui affirmeront leur rapport véritable ; ce qui aura lieu à l'égard
» des perfonnes qui agiront pour ceux qui feront décédés, & fera le rap-
» port joint au procès ».

Ainfi le rapport des Chirurgiens & Médecins n'eft pas de rigueur, il eft de pure faculté : *Pourront les perfonnes bleffées fe faire
vifiter.*

Le défaut de Procès-verbal n'eft donc pas une nullité : &
même il eft défendu de dreffer un Procès-verbal.

Il eft vrai que l'Ordonnance prévoit le cas où le Juge ne feroit
pas fuffifamment inftruit, & le cas où la guérifon auroit traîné
en longueur ; & alors elle permet une feconde vifite, de l'Ordonnance du Juge.

« Art. 2 : Pourront néanmoins les Juges ordonner une feconde vifite par
» Médecins ou Chirurgiens, nommés d'office, lefquels prêteront le ferment
» dont fera expédié acte ; & après leur vifite, en drefferont & figneront
» leur rapport pour être remis au Greffe & joint au procès ; fans qu'il puiffe
» être dreffé aucun procès-verbal, à peine de cent livres d'amende contre
» les Juges, moitié vers Nous, moitié vers la Partie ».

Ainfi l'Ordonnance de 1670, qui eft le réfultat de toutes les
Loix anciennes pour la validité de la procédure criminelle, non-
feulement n'ordonne pas qu'il fera dreffé un procès-verbal de l'état
des bleffures, mais elle défend même qu'il foit dreffé aucun procès-
verbal à peine d'amende. Elle n'autorife qu'un double rapport ;
l'un à la requête de la Partie ; l'autre fur l'Ordonnance du Juge :
encore n'eft-ce qu'une fimple faculté, puifqu'il eft dit dans les
deux articles : *Pourront les perfonnes bleffées fe faire vifiter, & pourront les Juges ordonner une feconde vifite.* Et l'un & l'autre rapport doit être joint au procès, quand les Parties l'ont requis, ou
que le Juge a cru devoir l'ordonner.

Ce feroit induire la Cour en erreur, que de lui diffimuler que
le Titre de l'Ordonnance, qui précede celui que nous venons de
citer, ordonne néanmoins qu'il fera dreffé procès-verbal de l'état

des bleſſés ou du cadavre. Mais dans quelles circonſtances or-donne-t-elle ce procès-verbal ?

La ſimple leſture du Titre 4 fait voir qu'il ne s'agit que du fla-grant délit, & du cas qui néceſſite le tranſport du Juge ſur le lieu du délit.

L'Ordonnance s'exprime ainſi, Titre 4, Art. 1 :

« Les Juges dreſſeront ſur le champ & ſans déplacer.....»

Il faut donc que le Juge ſoit ſur la place même où le crime a été commis; ſoit que les bleſſures ſoient ſi conſidérables, qu'il y ait danger de mort pour le bleſſé, ſoit qu'il y ait eu mort d'homme, de quelque maniere qu'elle ſoit arrivée, il doit conſtater le fait ſans déplacer :

« Les Juges dreſſeront ſur le champ & ſans déplacer procès-verbal de » l'état auquel ſeront trouvées les perſonnes bleſſées ou le corps mort, » enſemble du lieu où le délit aura été commis, & de tout ce qui peut » ſervir pour la décharge ou conviſtion. ».

Ordonnance de 1670, Tit. IV.

Le ſens naturel de cet article peut-il être douteux? Un Citoyen quelconque eſt dangereuſement bleſſé : il reſte ſur la place prêt à expirer, ou même il expire dans l'endroit où il a été bleſſé. Le Juge averti ſe tranſporte. Alors à la ſeule inſpeſtion du délit, le Juge doit dreſſer ſon procès-verbal de l'état des bleſſures de celui qui vit encore, & de l'état du cadavre dont la Juſtice doit s'emparer. Il eſt indiſpenſable de dreſſer procès-verbal des traces qui exiſtent de cet événement; 1°. parce que le cadavre ne peut être inhumé que par l'Ordonnance du Juge, & qu'après ſon in-humation on ne pourroit affirmer l'état où il s'eſt trouvé au mo-ment du délit. 2°. parce que la perſonne décédée peut être morte naturellement & ſubitement. Il faut donc conſtater juridiquement l'état du cadavre, pour juger ſi ſa mort eſt naturelle. Si la perſonne a été véritablement aſſaſſinée, il faut encore conſtater le genre de ſa mort, parce que le cadavre, qui démontre alors le corps du délit, ne peut ſe conſerver ſans être nuiſible à la ſanté des vivans : & le procès-verbal repréfente alors le corps mort qu'il faut inhumer. Non-feulement le Juge dreffe procès-verbal de l'état du cadavre ; mais l'Ordonnance ajoute : *enfemble du lieu où le délit aura été commis*. Et il faut faire attention à cette expreffion, *enfemble du lieu où le délit aura été commis*. Si le procès-verbal de l'état des lieux étoit diftinct & féparé du procès-verbal de l'état du cadavre, & du procès-verbal de l'état de la perfonne bleffée, l'Ordonnance auroit prévu trois cas où il auroit fallu un procès-verbal : celui où il y auroit une perfonne bleffée ; celui où il y auroit une perfonne morte ; & celui où, fans bleffure & fans mort d'homme, il auroit fallu conftater l'état des lieux, comme dans le cas d'effraction. Mais l'Ordonnance a voulu qu'il n'y eût procès-verbal de l'état des lieux, que lorfque le Juge fe feroit tranfporté fur le lieu même, foit qu'il ait été requis, foit qu'il y ait été d'office : & elle ordonne qu'il fera dreffé procès-verbal, fur le champ & fans déplacer, de l'état de la perfonne bleffée, *de l'état du cadavre, enfemble de l'état des lieux ;* ce qui eft relatif à l'homicide dans le cas où la perfonne bleffée refpire encore, comme dans le cas où la perfonne eft morte des bleffures qu'elle a reçues. Et pourquoi cet état des lieux dans l'un & dans l'autre cas ? C'eft qu'il exifte des indices de la maniere dont le crime a été commis. On doit trouver des traces de fang dans le lit, fur les vêtemens, fur le carreau ou fur la terre dans l'endroit du délit ; & ces veftiges fervent de plus en plus à caractérifer le genre & la nature de l'affaffinat.

Il eft en effet des fignes caractériftiques qui peuvent faire préfumer un délit fans en offrir la preuve. Par exemple, un cadavre percé d'un coup de couteau fait foupçonner qu'il y a un affaffin, & ne le prouve point. L'homme dont on repréfente le cadavre, a pu fe donner la mort à lui-même. Ainfi le cadavre n'eft point encore une preuve d'affaffinat. Mais, à la feule infpection, on peut fuppofer & conclure qu'il y a un délit réel, parce que le fuicide lui-même eft véritablement un délit. Toute fuppofition au con-

traire s'évanouit, & le doute fe change en certitude, fi le cadavre
eft frappé de bleffures mortelles, placées les unes dans la poi-
trine, les autres dans la partie oppofée. Comme il eft impoffible
qu'un homme fe porte à lui-même des coups en fens contraires,
alors le délit eft conftant, la Juftice voit évidemment qu'il y a
un coupable. Le délit exifte déja par lui-même, & indépendamment de la connoiffance de fon auteur : il ne s'agit donc plus
que de découvrir le meurtrier ; & auffi-tôt que ce coupable eft
convaincu d'avoir porté les coups qui ont occafionné la mort,
le délit eft prouvé ; le cadavre en démontre la certitude. C'eft
dans ce fens qu'on dit tous les jours, que le cadavre eft le corps
du délit ; qu'il faut dreffer procès-verbal de l'état où il a été trouvé:
expreffion impropre, parce que le délit a été commis fur la perfonne affaffinée ; mais le cadavre n'eft point, à proprement parler,
le véritable corps de délit.

Il eft indifpenfable de dreffer procès-verbal de l'état de ce
cadavre pour conferver la preuve qui en réfulte : cette defcription eft jointe à la procédure pour tenir lieu d'un corps inanimé,
dont la préfence feroit horreur, & dont l'infection deviendroit
préjudiciable. Le procès-verbal n'eft donc que repréfentatif. Il
conftate que l'homme a été affaffiné, il rend le délit conftant.
Ainfi le cadavre & le procès-verbal ne font point le corps du
délit, parce qu'il peut y avoir un affaffinat fans qu'on puiffe repréfenter le corps de la perfonne qui a été réellement affaffinée.
On nous demande en ce moment, quel eft donc le corps du délit?
Nous répondons avec M. le Chancelier d'Agueffeau : « Le corps
» du délit n'eft autre chofe que le délit même ». C'eft le fuicide,
fi l'homme s'eft détruit lui-même ; c'eft l'affaffinat, fi l'homme a
été tué par un malfaiteur.

Nous ajouterons avec ce grand Magiftrat : « Ne tombons point
» dans l'erreur de ceux qui confondent le cadavre du mort avec
» le corps du délit, & ne réduifons pas la Juftice à l'impoffibilité
» de punir un crime énorme, parce qu'on n'aura pas trouvé le
» corps de celui qu'on prétend affaffiné. »

M. d'Aguef-
feau, tome IV,
page 456.

M. d'Aguef-
feau, tome V,
p. 456. Plai-
doyer de la
Pivardiere.

Quand les Loix Romaines établiſſent pour principe qu'il faut, avant toutes choſes, que le corps du crime ſoit aſſuré : *Prius conſtare debet de delicto* : elles ne diſent pas qu'il faut néceſſairement repréſenter à la Juſtice le cadavre du mort ; elles demandent ſeulement qu'il ſoit certain qu'il y a eu un homme tué : *Liquere debet hominem eſſe interemptum*. Et « ſoit que l'inſpection du corps » publie hautement la vérité du crime, ſoit que des témoins » dignes de foi aſſurent qu'ils ont été ſpectateurs de l'aſſaſſinat, » le crime eſt toujours prouvé, au moins par rapport à la né- » ceſſité de l'inſtruction. »

Comment ſe refuſer à l'évidence de principes établis avec tant de ſolidité ? Nous n'y ajouterons qu'une derniere réflexion. C'eſt que l'Ordonnance n'a jamais exigé qu'il fut dreſſé un procès-verbal, *à peine de nullité*. Nous irons même plus loin. S'il eût été indiſpenſable de dreſſer le procès-verbal avant de commencer l'inſtruction, il eût été abſurde de prononcer dans ce cas une nullité ; car, ſur quoi cette nullité ſeroit-elle tombée ? Sur la procédure qui auroit été faite ? Il n'en exiſte point encore. Et il s'en ſuivroit que, ſi un aſſaſſinat eût été commis, ſans qu'il fût poſſible de dreſſer procès-verbal de l'état du cadavre, il ne pourroit jamais y avoir lieu à pourſuivre l'aſſaſſin, faute d'avoir pu conſtater l'aſſaſſinat préalablement à toute procédure, par l'inſ-pection & la deſcription de l'état du cadavre non repréſenté.

Il doit donc demeurer pour conſtant que le défaut de procès-verbal antérieur à l'information n'eſt pas une nullité ; qu'aux termes de l'Ordonnance, le Juge n'eſt tenu de dreſſer ſon procès-verbal, que lorſqu'il s'eſt tranſporté ſur le lieu au moment du délit ; & alors il doit le faire *ſur le champ & ſans déplacer*. Nous irons même juſqu'à dire que cette formalité n'eſt pas preſcrite, *à peine de nullité*. Dans l'eſpece particuliere dont il s'agit, ce n'étoit pas un flagrant délit : on n'a pas requis le tranſport du Juge ſur les lieux. Il n'y a eu que de ſimples violences, un coup de couteau, qui n'étoit pas mortel ; des coups de bâton & des

infamies

infamies exercées fur la femme , pour favoir fi elle n'avoit pas caché fon argent dans les parties les plus fecrettes de fon corps. Thomaffin & fa femme n'ont pas rendu plainte de ce fait. Ils pouvoient fe faire vifiter : ils en avoient la faculté. Ils ne l'ont pas voulu, parce qu'il auroit été indifpenfable de fe rendre parties pour obtenir une provifion, ou des dommages & intérêts. Contre qui en auroient-ils demandé , puifqu'ils n'accufoient que des Quidams ? Ce défaut de vifite ne peut entraîner la nullité de la procédure.

En fera-t-il de même du défaut de procès-verbal d'effraaction ? C'eft la feconde nullité propofée dans le Mémoire.

Ce que M. d'Agueffeau difoit avec tant d'énergie, à l'occafion du corps de délit relatif à un affaffinat, ne pouvons-nous pas le dire avec autant de vérité à l'égard d'une effraction ? Les mêmes principes doivent s'appliquer à des faits qui font de même nature. Une effraction peut être un délit, & peut avoir été faite fans délit. Elle ne prouve rien par elle-même, finon qu'il y a eu une effraction. Le vol a pu fe commettre fans effraction ; & l'effraction a pu être faite par celui qui fe plaint d'avoir été volé, pour pouvoir dire qu'il a été volé. L'effraction n'eft donc, tout au plus, qu'une circonftance du vol dont la Juftice cherche la preuve. Il faut donc conftater par qui elle a été faite. L'effraction ne devient preuve, que quand celui qui en eft l'auteur eft convaincu d'en être véritablement l'auteur. Peut-on difconvenir qu'elle ne puiffe être auffi juridiquement conftatée par la dépofition de témoins dignes de foi, que par un procès-verbal qui ne dépofe que du fait, fans attefter quel a pu être le délinquant.

La Juftice Criminelle, répond l'auteur du Mémoire, *s'impofe une loi bien fage à l'égard de ces délits ; c'eft de n'écouter les témoins fur leurs auteurs que lorfque ces délits font bien conftatés, qu'elle eft bien fûre qu'ils exiftent.*

Nous n'admettrons jamais une maxime auffi barbare , auffi contraire à la tranquillité publique. Animés des mêmes fentimens

IIe Vices du Procès-verbal d'effraction.

Mémoire, page 73.

M. d'Aguef-
feau, tome IV,
page 456.

que M. d'Aguesseau, nous dirons avec lui : « à Dieu ne plaise » que le Public puisse nous reprocher de donner aux Criminels une » espérance d'impunité, en reconnoissant qu'il est impossible de » les condamner lorsque leur cruelle industrie aura été assez » heureuse pour dérober aux yeux de la Justice les misérables » restes de celui qu'ils ont immolé. »

Le principe, qu'*avant tout* le délit doit être constant, est un principe vrai en lui-même; mais c'est *avant tout Jugement* sur la personne prévenue d'un crime quelconque. N'est-il donc pas des délits qui ne peuvent être constatés que par la déposition des témoins? Et parce qu'il n'y aura rien de constant au moment de la plainte, il ne faudra pas commencer l'instruction! Il faudra attendre que la certitude du délit soit assurée par un Procès-verbal, lorsqu'elle ne peut l'être que par l'information! A-t-on jamais avancé une proposition plus dangereuse? Pour en montrer le ridicule, formons une hypothese. Par exemple : un voleur s'introduit dans une Eglife, pénetre dans la Sacriftie, enleve les vafes facrés. Grande rumeur : plainte auffi-tôt. Rien ne dépofe encore de cet enlevement que la plainte. Point d'effraction ; aucun indice , nulle préfomption ; rien que le feul fait que les vafes facrés ont été enlevés, fait attefté par le dépofitaire, qui peut, comme un autre, être coupable du vol dont il fe plaint. Quoi ! la Juftice reftera dans l'inaction , parce qu'il n'y a pas de commencement de preuve ! Il ne faudra point avoir recours à la preuve teftimoniale, parce qu'il eft douteux qu'il y ait un délit ! On ne pourra pas informer, parce qu'il n'eft pas fûr qu'il exifte un délit ! & le délit n'exifte pas, parce qu'il ne peut y avoir de procès-verbal qui conftate un bris de ferrure, une effraction aux portes. Que feroit-ce fi le vol avoit été fait avec de fauffes clefs , qui ne laiffent aucune trace de la maniere dont le vol a été commis ? Quoi ! parce qu'il n'y a rien de certain , puifque la plainte ne prouve rien , le Juge dira : *prius conftare debet de delicto!* Prouvez-moi le vol, & je vous admettrai à prouver par qui il a été commis.

Peut-on fe permettre un raifonnement auffi déplorable ? Le véritable Magiftrat penfe bien autrement : non-feulement il fera
informer fur la plainte , mais il fera hâter l'information ; il fera
entendre en dépofition tout le voifinage. Les témoins ne peuvent-
ils pas indiquer un homme fufpect? On l'aura vu entrer dans
l'Eglife fans l'avoir vu fortir : il aura rôdé long-temps autour
de la Sacriftie : il fe fera informé de la fituation des lieux, de
la deftination des armoires fous différens prétextes. Les plus
légeres circonftances conduifent à découvrir la vérité. Il aura
parlé de ce vol, foit avant de le commettre , foit après l'avoir
commis. Que fait-on ? il fe fera confié à quelqu'un qui ne veut
pas jouer le perfonnage de dénonciateur , & qui ne craindra
pas de révéler fes propos lors d'une dépofition juridique. Il aura
brifé les vafes, en aura laiffé entrevoir des morceaux , en portera
fur lui quelques fragmens ; il en aura fait fondre une partie, &
en aura voulu vendre le produit. Enfin , il eft de petits détails,
des faits minutieux , qui , pris chacun féparément , paroiffent
inutiles & indifférens, mais qui réunis, forment un corps de préfomptions , & font foupçonner l'auteur du délit. On s'informe
de fa conduite, on le furveille , on le fait fuivre ; & à force de
recherches, les chofes volées fe retrouvent. Cet homme , qui
n'étoit que fufpect dans le principe , eft trouvé faifi du vol ; il
eft convaincu , il eft condamné. Pouvoit-on dans cette efpece
conftater le délit avant de procéder à l'inftruction ? Que de
crimes demeurcroient impunis fi l'on ne peut fuppofer un coupable , parce que la preuve matérielle du délit refte long-temps
cachée ! Ce font toujours des circonftances imprévues qui dé-
celent ces fcélérats adroits , qui ne marchent que dans l'obfcurité,
& fe conduifent avec tant de circonfpection , qu'on n'oferoit
même les foupçonner,

Le bruit public, une dénonciation , une fimple déclaration ,
font connoître les délits : la Juftice fe hâte d'en chercher la
preuve ; la preuve amene la conviction. Il n'eft donc pas d'une

néceſſité indiſpenſable qu'un vol, avant l'information, ſoit conſtaté par un procès-verbal d'effraction. Nous ne connoiſſons aucun article de nos Ordonnances qui ait preſcrit cette formalité en elle-même, ni *à peine de nullité*.

L'auteur du Mémoire ſemble rentrer dans cette opinion, lorſqu'il dit que *la Juſtice n'écoute que lorſqu'elle ne peut ni toucher ni voir*. Mais indépendamment de cet aveu trop circonſcrit, il en revient toujours à cet ancien brocard de Droit : *prius de re quam de reo inquirendum eſt. A quoi bon*, dit-il, *chercher déja un coupable, quand il eſt douteux encore qu'il y ait un crime ? Comment même eſpérer que le coupable ſe montrera ſi le délit reſte caché ? Comment oſer dire enfin, il y a un coupable, quand on ne peut pas dire, il y a un délit ?*

C'eſt toujours le même cercle : *la néceſſité de conſtater le corps du délit par des rapports & des verbaux.* C'eſt toujours la même preuve, tirée de l'Ordonnance de François Ier, de 1536, rapportée par Gueſnois & par Bornier dans la Conférence des Ordonnances. L'auteur du Mémoire n'eſt pas plus exact à cette ſeconde application qu'à la premiere : il veut toujours que le rapport des gens de l'art ſoit mis par-devers la Juſtice pour y avoir tel égard que de raiſon, *pour la continuation & juſtification deſdits cas*. Les deux expreſſions annoncent un ſens bien différent. L'Ordonnance porte, *pour la vérification & juſtification deſdits cas :* & nous ne pouvons concevoir pourquoi cette affectation d'avoir mis *continuation* au lieu de *vérification*, à moins qu'on ne prétende en faire réſulter que l'Ordonnance de François Ier. a voulu parler d'une procédure extraordinaire, & qu'alors le rapport doit donner lieu à la *continuation* de cette procédure. Mais nous croyons avoir démontré qu'il ne s'agit que d'une ſimple rixe, & alors il faut néceſſairement dans l'article qu'il y ait, *vérification*. Ce projet de l'auteur du Mémoire, d'ajouter au texte de cette Ordonnance, nous paroît ſe fortifier par un autre changement. L'article porte ; *quand il y aura excès, battures & navrures :* l'Auteur a fait imprimer *excès, battures & hachures*. Auroit-on fubftitué ce mot de *hachures* à celui de *navrures*, parce qu'il s'agit d'effraction dans l'efpece ; & enfin que l'Ordonnance parût, fuivant cette leçon, contenir une décifion pofitive & applicable à toute efpece d'effraction. Nous craignons d'aller trop loin dans la recherche du motif : il nous fuffit de mettre en fait qu'il n'eft queftion dans l'Ordonnance ni de *hachures* ni de *continuation de procédure* ; & nous laifferons à tirer de cette altération du texte de l'Ordonnance de François Ier. telles inductions que l'évidence pourra permettre.

Nous pourrions nous contenter de ces obfervations ; mais pour étayer fon raifonnement, l'Auteur invoque de nouveau l'Ordonnance de 1670, que nous avons déja approfondie.

L'Ordonnance de 1670, lifons-nous dans le Mémoire, *exige tellement des verbaux, qu'elle veut qu'ils foient dreffés fur le champ & fans déplacer dans les vingt-quatre heures.*

Cette citation eft encore abfolument fauffe dans fon application. C'eft une erreur que l'on cherche à accréditer par la réunion de deux articles.

Il eft queftion du titre 4 de l'Ordonnance. Nous avons déja rapporté l'Article 1er de ce Titre. Il ordonne que *les Juges drefferont fur le champ & fans déplacer, Procès-verbal de l'état de la perfonne bleffée ou du cadavre, enfemble du lieu du délit.* Cet Article, comme nous l'avons démontré, fuppofe que le Juge fe fera tranfporté fur le lieu du délit ; & alors il doit dreffer procès-verbal fans déplacer.

L'Article 2 du même Titre ajoute :

« Les procès-verbaux feront remis au Greffe dans les vingt-quatre heures,
» enfemble les armes, meubles & hardes qui pourront fervir à la preuve ;
» & feront enfuite partie du Procès ».

Cet article eft la conféquence de celui qui précede. Dans le premier, il eft queftion du procès-verbal de l'état d'un homme bleſſé ou aſſaſſiné. Dans le ſecond, l'Ordonnance veut que ce procès-verbal, & les armes, meubles & hardes qui pourront ſervir à la preuve, ſoient dépoſés au Greffe dans les vingt-quatre heures de la confe𝜙ion du procès-verbal, ſans avoir ſpécifié le moment où le procès-verbal ſera dreſſé. Ainſi ces deux articles ont une liaiſon intime : l'un regarde la réda𝜙ion dans le cas de la deſcente du Juge ſur les lieux ; l'autre détermine le tems où ce procès-verbal & les pieces de convi𝜙ion feront remis au Greffe. Il n'eſt queſtion, ni dans l'un ni dans l'autre d'un procès-verbal d'effraɫion. Il n'en eſt pas même parlé dans toute l'Ordonnance. Comment donc faire ſortir une nullité du délai que l'on a apporté dans l'eſpece à la rédaɫion du procès-verbal d'effraɫion ?

Mémoire, page 76.

Cependant, de ces deux articles, on conclut dans le Mémoire que *la Loi exige que le délit ſoit conſtant avant que l'on puiſſe ſe permettre de prononcer ſur l'accuſé.*

En convenant que pour pouvoir prononcer légalement ſur le ſort d'un accuſé, il faut qu'il y ait une preuve certaine du délit, nous ne ferons point d'accord ſur le genre de preuve exigé par la Loi ; car l'Ordonnance ne dit pas que le délit ne pourra être conſtant que par un procès-verbal d'effraɫion.

Ibid.

L'Auteur ne craint point d'appuyer ſon ſyſtême ſur l'article 1ᵉʳ du Titre 9 de l'Ordonnance : c'eſt au moins une faute d'impreſſion. On fait dire à cet article : *S'il y a preuve conſidérable contre l'accuſé d'un crime qui mérite peine de mort, & qui ſoit CONSTANT, tous Juges pourront, &c.* On a ſupprimé le reſte de l'article. Il n'y a rien de ſemblable dans le Titre 9 : mais l'article 1ᵉʳ du Titre 19 s'exprime ainſi : (il faut en rapporter la totalité, quelque déſagréable qu'il puiſſe être de citer une Loi abolie avec l'applaudiſſement de toute la France.)

Ordonnance de 1670, Tit. 19, art. 1.

« S'il y a preuve conſidérable contre l'accuſé d'un crime qui mérite peine » de mort, & qui ſoit conſtant, tous Juges pourront ordonner qu'il ſera » appliqué à la queſtion, au cas que la preuve ne ſoit pas ſuffiſante »,

Remarquons d'abord qu'il s'agit d'un Jugement , & non d'une simple inftruction. L'Ordonnance dit, que *s'il y a preuve confidérable du crime , & qu'il foit conftant, tous Juges pourront , &c.* Ce n'eft point une difpofition impérative, c'eft une pure faculté: *Les Juges pourront.* Mais pour prononcer un Jugement quelconque, il faut une preuve. L'Ordonnance ne dit pas une preuve complette, une preuve entiere ; elle ne parle que d'une preuve confidérable ; par exemple , la dépofition d'un témoin digne de foi, foutenue de la repréfentation de la chofe volée , trouvée entre les mains de l'accufé , fans pouvoir rendre compte de la maniere dont elle lui eft parvenue. Si le crime eft conftant , la Loi autorife le Juge à ordonner la queftion préparatoire. Cette ancienne difpofition de l'Ordonnance n'a rien de commun avec le défaut de procès-verbal d'effraction. Pourquoi donc l'Auteur a-t-il tronqué le texte de l'Ordonnance ? cette réticence a-t-elle été faite pour donner à entendre que fi le crime n'étoit pas conftaté par un procès-verbal, indépendamment de l'information, il ne pouvoit plus y avoir lieu à fuivre l'inftruction ?

Ce n'eft pas cela que prononce l'article. Il dit que fi le délit eft conftant, & qu'il y ait preuve confidérable contre l'accufé, il pourra être appliqué à la queftion. Il ne s'enfuit pas de-là que le délit ne puiffe être conftaté par témoins; & c'eft cependant ce que l'Auteur avoit à démontrer.

Jugez par cette fuppreffion de la fin de l'article 1er du Titre 19, du degré de confiance que l'on doit avoir dans les citations de ce Mémoire.

L'Ordonnance avoit prévu deux cas. L'un où *le délit* étoit *conftant ;* l'autre où *il y avoit preuve confidérable :* & dans la réunion de l'un & de l'autre, fi le crime méritoit peine de mort, les Juges pouvoient ordonner la queftion.

Cet article étoit on ne peut pas plus rigoureux. Il avoit éprouvé de grandes contradictions lors de la rédaction de l'Ordonnance. M. Puffort lui-même étoit convenu « que la queftion prépara-

» toire lui avoit toujours paru inutile, & que fi l'on vouloit
» ôtèr la prévention d'un ufage ancien, l'on trouveroit qu'il étoit
» rare qu'elle eût tiré la vérité de la bouche d'un criminel ».
M. le Premier Préfident de Lamoignon fe contenta de dire «qu'il
» voyoit de grandes raifons de l'ôter; mais qu'il n'avoit que fon
» fentiment particulier ».

Proc. verb.
de l'Ord. de
1670, p.

Malgré cet accord des deux Magiftrats, on eft tout étonné
de voir que la queftion ait encore été en ufage depuis cette
époque. Il étoit réfervé à un Roi humain & pacifique d'abolir
une Loi que les Miniftres de la Juftice ne faifoient exécuter
qu'avec répugnance, & dont l'innocence foible & timide pouvoit
être la victime. La France entiere a applaudi à la fuppreffion d'une
Loi plus redoutable à l'innocent qu'au coupable. Et les Magiftrats
qui ont ordonné l'enregiftrement & la publication de la Loi bien-
faifante du Prince qui nous gouverne, ont eux-mêmes éprouvé
*ce doux frémiffement par lequel les ames fenfibles répondent à la
voix du protecteur de l'humanité.*

Nous n'avons pu nous refufer à ce jufte tribut de la reconnoiffance publique. Rentrons dans l'examen de la difficulté qui
nous occupoit.

L'Auteur ne fe plaint pas tant du défaut de procès-verbal
d'effraction, que du délai que l'on a mis à le rédiger.C'eft, dit-il,
trente mois après la plainte. Peut-il exifter des traces d'une effraction après un fi long intervalle ? & peut-on ajouter foi aux indices
qu'il renferme?

Nous ne refuferons pas notre témoignage à cette réflexion. Eft-il
un feul des Juges qui n'ait pas defiré que ce procès-verbal eût
été dreffé dans les premiers momens de l'inftruction ? Ce retard
néanmoins, quelque long qu'il paroiffe, n'opere pas une nullité.
Il s'agit d'examiner quelle en a été la caufe. Nous avons eu l'honneur de vous obferver que les deux premiers Juges, le Prévôt
de la Maréchauffée de Troyes, & le Juge de la Duché-Pairie de
Piney, n'ont été occupés que de leur compétence. Ce n'eft
qu'après

qu'après que cette compétence a été réglée, & l'affaire définitivement portée au Bailliage de Chaumont, que la procédure a été inftruite. La premiere opération des Officiers du Bailliage a été le tranfport d'un de fes Membres pour achever la procédure & dreffer ce procès-verbal.

Eft-il défectueux dans la forme ? eft-il nul d'une nullité radicale ? L'Ordonnance ne s'eft point expliquée à ce fujet : & l'on ne peut fuppléer une nullité qui n'eft pas prononcée par l'Ordonnance. Si ce procès-verbal exiftoit feul dans le Procès, s'il n'y avoit aucune autre preuve du délit en lui-même ; fans doute il faudroit abfoudre les accufés, parce qu'il n'y auroit rien de conftant fur le corps du délit. Mais les témoins, par leur dépofition, viennent fortifier les faits énoncés dans un procès-verbal furabondant : les deux preuves fe prêtent un fecours mutuel ; & la foi qu'on auroit peine à accorder à un procès-verbal tardif, fe change en conviction par la réunion des deux feuls genres de preuves que la Juftice peut admettre.

Il nous refte encore deux nullités à parcourir dans cette premiere claffe.

Le défaut de procès-verbal de l'état de la croix trouvée dans la poche de Simare au moment de fa capture, & le défaut de procès-verbal de dépôt de cette croix au Greffe.

Enfin le défaut de procès verbal de defcription des ligatures annexées au récolement de Thomaffin.

Nous commencerons par ce dernier objet, comme méritant à peine une difcuffion. L'examen du premier aura beaucoup plus d'étendue.

Thomaffin a dépofé au Greffe de la Maréchauffée, les ligatures avec lefquelles il prétend avoir été lié ainfi que fa femme : & ce dépôt a été fait lorfqu'il a été récolé fur fa dépofition. Nous y trouvons en effet qu'il a perfifté, & même ajouté à fa dépofition. Et il eft dit :

Et à l'inftant a dépofé ès mains de notre Greffier deux bouts

IIIe Nullité.
Défaut de Procès-verbal de
defcription
des ligatures.

Récolement
de Thomaffin.

G

de treffe, de la longueur d'environ une demi-aune chacun, & une émouchette de cheval de harnois ; & nous a dit que lefdites cordes & émouchette font celles dont on s'eft fervi pour lier lui dépofant & fa femme fur leur lit ; requérant acte du dépôt qu'il fait préfentement defdites cordes & émouchette, pour fervir de pieces de conviction au procès, ce qui lui a été octroyé.

C'eft ainfi que le dépôt eft conftaté dans la procédure. Trois objections contre cet énoncé.

Premierement, le dépôt eft nul, parce qu'il n'a pas été fait dans les vingt-quatre heures, aux termes de l'article 2 du titre 4 de l'Ordonnance de 1670, qui veut qu'on remette au Greffe, *dans les vingt-quatre heures, les armes, meubles & hardes qui peuvent fervir à la preuve, & feront enfuite partie des pieces du procès.* Nous avons établi que cet article n'a lieu que lorfqu'il y a defcente du Juge fur les lieux pour conftater l'état d'un cadavre, ou réquifition d'une Partie pour tranfport du Juge à l'effet de conftater un délit quelconque. L'Ordonnance veut qu'il en foit dreffé *procès-verbal fur le champ & fans déplacer*; & que ce procès-verbal foit remis au Greffe *dans les vingt-quatre heures,* enfemble les effets qui peuvent fervir de conviction : & alors ces effets, ainfi conftatés, ainfi dépofés, font partie des pieces du procès. Mais l'Ordonnance ne dit pas qu'on ne pourra dépofer au Greffe des chofes propres à fervir de conviction. Ainfi point de nullité.

Secondement, le dépôt eft nul, parce qu'il eft tardif : il a été fait trente mois après le délit.

Nous répondons qu'il a été fait après que la compétence a été jugée. Il a été fait au moment où Thomaffin pouvoit le faire. Il n'y avoit encore rien de déterminé fur le Juge qui acheveroit la procédure, tant qu'elle eft reftée devant les Officiers de la Maréchauffée, & devant le Juge de Vinet, Juge du lieu du délit. Ce n'eft qu'après le délaiffement fait au Bailliage de Chaumont, & l'acceptation de ce délaiffement, qu'il eft demeuré pour conftant que le Juge Royal mettroit à fin la procédure. C'eſt le Juge Royal qui a réglé le procès à l'extraordinaire; c'eſt le Juge Royal qui a fait les récolemens & confrontatiõns. Ce n'eſt qu'au Greffe de la Juriſdiction Royale, que Thomaſſin pouvoit repréſenter les ligatures dont on s'étoit ſervi pour le contenir, l'empêcher de ſe défendre, l'empêcher de ſortir, de crier & d'appeller du ſecours. C'eſt auſſi lors de ſon récolement, qu'il a repréſenté ces liens. C'eſt à la ſuite de ſon récolement, qu'il a requis que les cordes & l'émouchette, dont lui & ſa femme avoient été liés, fuſſent dépoſés pour ſervir de pieces de conviction. On reproche à ce dépôt d'avoir été tardif. Ce reproche eſt peut-être fondé. Mais parce qu'il n'a pas été fait dès le principe de la procédure, il ne s'enſuit pas qu'il ſoit nul. Tout ce qu'on peut en conclure, c'eſt qu'il n'en réſulte pas une preuve bien évidente : on ne peut l'enviſager que comme un indice, & cet indice n'a de valeur, qu'autant qu'il eſt rapproché de la dépoſition des témoins.

Troiſiémement, le dépôt eſt nul, parce qu'*on n'a point dreſſé procès-verbal de l'état de ces ligatures. On ne peut reconnoître ſi elles avoient été coupées par les brigands à un émouchoir de cheval, ni ſi elles avoient été déchirées enſuite dans quelques endroits avec les dents. Et cette remiſe faite pour ſervir de pieces de conviction de la LIGATURE, ne peut en adminiſtrer aucune preuve.* Mémoire, page 77.

Comment oſe-t-on mettre en fait, qu'il n'a pas été dreſſé procès-verbal de l'état de ces ligatures? Le récolement n'en contient-il pas la deſcription? On y voit que Thomaſſin *a dépoſé ès mains du Greffier deux bouts de treſſe, de la longueur d'environ une demi-aune chacun, & une émouchette de cheval de harnois; qu'il a requis acte du dépôt .... pour ſervir de pieces de conviction au procès, ce qui lui a été octroyé.* Récolement de Thomaſſin.

Il eſt vrai & l'Auteur l'obſerve *que le mot,* environ, *qui ſe trouve dans la mention de ces ligatures, n'eſt jamais entré dans un verbal.* Critique ridicule, mais qui ſuppoſe qu'il y a un procès-verbal. En effet l'énonciation renfermée dans le récolement n'eſt- Mémoire, page 63.

elle pas un procès-verbal ? Quelle defcription plus ample pouvoit-il être fait de ces ligatures ? Comment les conftater autrement que par leur longueur & leur nature ? Falloit-il en fpécifier la couleur, les renfermer dans un paquet, & le parapher *ne varietur?* Ces précautions euffent été inutiles, puifque ces ligatures font demeurées au Greffe, fuivant l'acte de dépôt demandé par Thomaffin, *ce qui lui a été octroyé.* C'eft donc un fait articulé contre toute vérité, qu'il n'y a point eu de procès-verbal de l'état de ces ligatures, ni du dépôt qui en ait été fait. L'un & l'autre exiftent même dans le récolement, & une piece dépofée au Greffe d'une Jurifdiction royale ne peut être changée ni altérée.

Qu'on prétende qu'*il eft impoffible de reconnoître fi les cordes ont été coupées à un émouchoir par les brigands ; fi elles ont été déchirées avec les dents,* ni enfin fi ce font les mêmes dont Thomaffin & fa femme ont été liés fur leur lit: à la bonne heure. Elles pourront peut-être ne pas être envifagées comme des preuves conftantes du délit. Toujours eft-il vrai qu'elles ont été décrites, qu'elles ont été dépofées, & que le défaut de procès-verbal ne peut être oppofé comme une nullité : premierement, parce que la nullité n'en eft pas prononcée par l'Ordonnance ; en fecond lieu, parce que les deux procès-verbaux exiftent réellement dans la procédure.

La quatrieme nullité relative au défaut de procès-verbal, eft tirée de ce que, fuivant l'Auteur du Mémoire, il n'y a point eu de procès-verbal de l'état de la croix d'argent trouvée dans les poches de Simare au moment où il a été écroué, ni du dépôt qui en a été fait au Greffe de la Maréchauffée ; & voici quel eft fon raifonnement.

La croix d'argent exiftante dans les pieces du procès, peut-elle fervir de piece de conviction? Non affurément. Il faudroit un verbal détaillé & authentique, pour conftater l'identité de cette croix avec la croix faifie fur Simare.

Or, aucun verbal au Procès de cette croix.

Il faudroit un acte de dépôt pour constater l'identité de la croix produite avec la croix remise. Or point d'acte de dépôt au Procès de la croix remise.

De sorte que je ne peux savoir non-seulement si cette croix a été saisie sur Simare; mais même si cette croix est celle qui a été remise originairement au procès. Peut-être que celle qui a été remise originairement, a été remplacée successivement par plusieurs autres.

Nous écarterons d'abord cette supposition de remplacement de la croix existante au procès. L'Auteur ne la propose que comme un doute : *peut-être*. Mais ce doute même ne présente-t-il pas une prévarication qui ne peut, en aucun cas, être présumée dans le Greffe des Jurisdictions. C'est une injure gratuite. Voilà cependant la maniere d'argumenter de l'Auteur du Mémoire. Il commence presque toujours par supposer, & il argumente de sa supposition comme d'un fait constant. Il ne reste donc que les deux premieres assertions : on ne peut savoir si cette croix a été saisie sur Simare, ni même si c'est la même qui originairement a été remise au procès; parce qu'il n'y a pas de procès-verbal.

Consultons la procédure, & l'on verra que l'une & l'autre assertion est une fausseté manifeste.

Voyons d'abord ce que porte le procès-verbal de capture.

Nous avons pris & appréhendé au corps ledit Simare & constitué prisonnier ès prisons royaux dudit Troyes, & laissé à la garde & charge du Concierge d'icelles, après en avoir fait l'écrou sur le Registre de la Geole. Lequel ayant été fouillé, nous avons trouvé une croix d'argent platte, d'après laquelle l'anneau est détaché, l'anneau de la croix, & une bague cassée, le tout d'argent, desquels nous nous sommes saisis pour être déposés au Greffe. Cet acte est signé du Brigadier de la Maréchauffée, & du nommé Leftoquey, Cavalier de Maréchauffée.

Procès-verbal de capture de Simare, 28 Mars 1783.

Voilà sans doute le procès-verbal de la description de la croix trouvée sur Simare. Elle est détaillée autant qu'elle pouvoit l'être. La saisie est constatée, & par la signature du Brigadier

& par la fignature du Cavalier qui l'accompagnoit. Rien de plus juridique.

Vous venez de voir que le Brigadier, en faifant cette faifie, a déclaré qu'il fe faififfoit de cette croix pour être dépofée au Greffe. Ce procès-verbal de capture, d'écrou & de faifie eft du 28 Mars. Le dépôt des effets faifis a dû être fait, le prifonnier a dû être interrogé, dans les vingt-quatre heures. Le dépôt a été fait ; quoiqu'il n'exifte pas dans les groffes envoyées au Greffe de la Cour. Nous en avons fait venir une expédition pour conf-tater le fait ; & nous expliquerons bientôt pourquoi ce procès-verbal n'avoit pas été joint à la procédure.

Il exiftoit donc, & la preuve la plus conftante que nous puif-fions en rapporter, c'eft que le Juge, aux termes de l'Ordon-nance, ayant procédé à l'interrogatoire le lendemain de la capture & de l'écrou, le 29 Mars, nous voyons qu'il a repré-fenté cette croix à Simare qui l'a reconnue.

Interrogatoire de Simare, du 29 Mars 1783.

A l'inftant nous avons repréfenté au répondant une croix d'argent, la tête qui reçoit l'anneau caffée, l'anneau de ladite croix, & un rond en forme de bague auffi caffé, & icelui interpellé de nous dire fur la repréfentation de ladite croix ce qu'il avifera. Le répondant, après avoir examiné lefdits effets, *a dit qu'il* les reconnoît *pour être ceux qu'il avoit fur lui lorfqu'il a été arrêté, lefquels appar-tiennent à fa femme.*

Que deviennent après une reconnoiffance auffi formelle les objections du Mémoire ?

Simare a pu fe tromper dans cette reconnoiffance, dit le Mé-moire. *Peut-être la fuppofition n'a-t-elle pas été fenfible à Simare, & auroit-elle pu l'être à la Juftice. Simare en reconnoiffant la croix*

Mémoire, page 131.

a pu articuler certaines circonftances qui excluoient fon identité avec la croix réclamée par les Thomaffin : & alors, faute de verbal, la Juftice n'aura pu conftater fi ces circonftances font réelles. Il pourroit même y en avoir que Simare n'auroit pas apperçues, que les Juges appercevroient, mais ne pourroient vérifier, faute de verbal. Enfin l'aveu même d'un accusé, qu'il auroit commis une effraction, ne pourroit suppléer un verbal d'effraction : à plus forte raison la reconnoissance que fait un accusé d'un effet, reconnoissance qui peut être bien plus erronée, ne sauroit suppléer le verbal de cet effet.

Quel enchaînement de suppositions & de possibilités ! 1°. *Simare a pu se tromper dans cette reconnoissance.* Quoi, du jour au lendemain ? Il a néanmoins reconnu la croix. 2°. *La supposition peut-être n'a pas été sensible à Simare & elle auroit pu l'être à la Justice.* Le Juge auroit-il donc pu reconnoître ce qu'il ne connoissoit pas encore, & le connoître plus sûrement que celui qui en a été trouvé saisi ? 3°. *Simare en reconnoissant la croix, a pu articuler certaines circonstances de cette croix qui excluoient son identité avec la croix réclamée.* Simare a reconnu la croix & n'a point articulé de circonstances. Son interrogatoire en fait foi ; & la supposition des circonstances articulées est démentie par le contenu même de cet interrogatoire. 4°. *Il pourroit y avoir des circonstances que Simare n'auroit pas apperçues, & que les Juges appercevroient sans pouvoir les vérifier.* Qu'est-ce que des circonstances que l'accusé ne peut appercevoir dans un effet dont il étoit porteur, que les Juges appercevroient & ne pourroient vérifier ? *Appercevoir des circonstances, ne pouvoir les vérifier ;* voilà ce qu'on peut appeller des mots vuides de sens & des paroles inutiles. Enfin, *l'aveu d'un accusé qu'il a commis une effraction, ne peut suppléer un procès-verbal d'effraction.* Proposition évidemment fausse ; parce que si les témoins déposent de cette effraction, si cette effraction existe, l'aveu de l'accusé constate le délit & opere la condamnation. Il en est de même de la reconnoissance d'un effet, si l'accusé en a été trouvé saisi. S'il le reconnoît, sa reconnoissance complette la preuve & opere la conviction. C'est nous amuser à combattre des chimeres, puisque le procès-verbal de dépôt existe, & que nous l'avons entre les mains. Il est ainsi conçu :

Extrait du Regiſtre des dépôts qui ſe font au Greffe de la Maré-
chauſſée de Champagne, au département de Champagne, p. 450.

N°. 139 Lardoiſe, Guyot, Simare & Bradier.

Le 29 Mars 1783, m'a été dépoſé par le ſieur Martin une croix
d'argent, ſon anneau détaché & une bague caſſée ſaiſis ſur ledit
Simare. . . . . Signé en cet endroit du Regiſtre, Maron avec pa-
raphe. . . . . C'eſt le nom du Greffier.

Il eſt conſtant à préſent qu'il y a eu un procès-verbal de dépôt.
Il n'eſt plus étonnant que le jour même de ce dépôt, l'Aſſeſſeur
de la Maréchauſſée ait repréſenté cette croix à Simare dans
l'interrogatoire qu'il lui a fait ſubir. Il ne peut plus y avoir de
doute ſur l'identité de la croix repréſentée avec la croix ſaiſie :
& la reconnoiſſance de Simare acheve la démonſtration. Nous
avons la décharge du Greffier de Ramerupt, où les accuſés ont
été transférés : & ſi ce procès-verbal de dépôt & cette décharge
n'ont point été joints lorſque la procédure a été envoyée au
Greffe de la Cour, c'eſt que la minute des charges & informations exiſte dans un Greffe ſéparé de celui des dépôts, & que
par un oubli involontaire, on n'a pas extrait dans le Regiſtre le
procès-verbal de dépôt ; piece indifférente, puiſque la croix
avoit été repréſentée à l'accuſé, & qu'il l'avoit reconnue dans
ſon interrogatoire.

Il eſt difficile de rien oppoſer de raiſonnable à la reconnoiſſance juridique que Simare a faite de cette croix dans ſon interrogatoire. Mais on a cherché à faire naître des ſoupçons ſur la
reconnoiſſance que Thomaſſin & ſa femme en ont faite à leur
confrontation avec Simare. *Cette reconnoiſſance judiciaire a,* dit-
on, *été préparée & concertée ſur une repréſentation extrajudiciaire*
faite hors la préſence du Juge. Le Brigadier, en conduiſant les
accuſés de Troyes à Piney, viola le dépôt de cette croix, & la
montra à la Thomaſſin. Pour concevoir cette objeſtion, il faut
ſe rappeller que la Maréchauſſée n'ayant pas été jugée compétente,

Mémoire,
page 132.

tente, la procédure & les pieces de conviction , ainsi que les accusés, ont été renvoyés devant le Juge du lieu du délit, le Juge de Vinet. L'Officier de la Maréchauffée étoit chargé de la conduite des accusés. Le Greffier de fon côté étoit chargé de dépofer au Greffe de la Juftice les charges & informations. Ce Greffier a rempli fa miffion , & nous avons également entre les mains le procès-verbal de dépôt, ou plutôt la décharge, de cette croix, donnée par le Greffier de Ramerupt, d'où releve la Juftice de Vinet , attendu la vacance de l'Office de Greffier en cette Juftice.

Dans la confrontation du Brigadier avec Simare , on a fait au témoin la repréfentation de la croix. L'accufé l'a reconnue comme il avoit déja fait dans fa confrontation avec les Thomaffin , qui ont foutenu que la croix appartenoit à la femme Thomaffin. Le Brigadier a dit qu'il la reconnoît pour être celle dont l'accufé étoit porteur lors de fa capture : & il a ajouté qu'elle avoit été reconnue par la femme Thomaffin le jour que lui dépofant & le Greffier de Troyes ont dépofé au Greffe de Ramerupt lefdites pieces de conviction.

C'eft de cet aveu fait par le Brigadier qu'on veut faire réfulter un complot, une préméditation, un concert , entre ce Brigadier & la femme Thomaffin pour préparer la reconnoiffance de cette derniere. Cette induction eft bien étrange. Il eft vraifemblable que la femme Thomaffin s'eft trouvée naturellement au Greffe de la Juftice, qu'elle a demandé à voir la croix pour reconnoître fi c'étoit la fienne , & que le Greffier, foit de la Maréchauffée, foit celui de Ramerupt, ou même le Brigadier, lui en a donné l'infpection. Articuler un complot fur un fait auffi leger, auffi fimple , auffi indifférent, c'eft vouloir anéantir des preuves par une allégation invraifemblable.

Vous venez de voir, & l'on a fans ceffe avancé que Simare avoit d'abord foutenu que cette croix étoit celle de fa femme, qui la lui avoit donnée pour échanger. Et l'on a toujours mis en fait

H

qu'il n'a jamais varié fur cette déclaration. Nous nous permettrons de relever ici cette affertion conftamment répétée.

Voici deux réponfes bien différentes dans l'interrogatoire du
29 Mars, le lendemain de fon écrou dans les prifons de Troyes.

Interrogatoire de Simare, du 29 Mars 1783. Interrogé d'où lui vient *une croix d'argent dont la tête qui
reçoit l'anneau eft caffée, l'anneau de ladite croix, & un petit rond
d'argent en forme de bague auffi caffée.*

A dit que le tout *appartient à fa femme ; qu'il l'avoit apporté
en cette ville pour la changer.*

Voilà qui eft précis ; mais lifons l'interrogation qui fuit immédiatement après.

*Interrogé fi ladite croix n'a pas été arrachée du col de la femme
Thomaffin la nuit du 29 au 30 Janvier dernier.*

Que répond Simare ?

A dit qu'il n'en fait rien.

Quoi ! ce particulier affirme que c'eft la croix de fa femme,
qu'il l'a apportée pour la changer : & dans le même inftant,
lorfqu'on lui demande fi cette croix n'a pas été arrachée du col
de la femme Thomaffin, il *dit qu'il n'en fait rien !* Comment
a-t-il pu oublier fi fubitement que c'eft une croix que fa femme
lui a remife pour échanger parce qu'elle étoit caffée? Et fi c'eft
la croix de fa femme, elle ne pouvoit pas avoir été arrachée
du col de la femme Thomaffin.

Cette ignorance affeétée décele l'embarras où il fe trouvoit.
Après avoir affirmé fur la premiere interrogation que la croix
appartenoit à fa femme, ne devoit-il pas fur la feconde répondre
auffi affirmativement, qu'il étoit impoffible que ce fût la croix qui
avoit été arrachée du col de la femme Thomaffin? Mais l'incertitude en pareil cas fe change en préfomption, & devient
pour ainfi dire l'équivalent d'un aveu.

Nous avons établi, en commençant la difcuffion de la premiere partie du plan adopté par l'auteur du *Mémoire juftificatif,*
qu'il ne pouvoit y avoir de nullités dans une procédure que

celles qui font littéralement prononcées par la Loi. De toutes les nullités qu'on a reprochées aux différents Procès-verbaux que nous venons de parcourir, il n'y en a aucune prefcrite par l'Ordonnance. Les Juges ne peuvent pas fuppléer une formalité qui n'exifte pas, comme on ne peut pas leur imputer l'omiffion d'une formalité qui n'eft pas écrite. Il faut donc écarter tous les faux raifonnemens, & toutes les fubtilités entaffées dans le Mémoire. La procédure à cet égard eft réguliere, elle eft juridique, & par conféquent à l'abri de tout reproche. Vous avoir remis fous les yeux le texte de l'Ordonnance, c'eft avoir anéanti les nullités renfermées dans la premiere claffe.

§. I I.

Examinons à préfent les nullités de la feconde.

Dans cette divifion, l'auteur ne préfente qu'une feule nullité. c'eft celle de la dépofition des Thomaffin. Le mari, la femme & le fils ne pouvoient pas être témoins. Ils n'ont pas dû être confrontés aux accufés. Leurs dépofitions & leurs confrontations font donc nulles. Tel eft en abrégé le fyftême du Mémoire.

Nous entrons ici dans l'examen d'une queftion délicate, & d'autant plus difficile que fa décifion, quelque parti qu'on embraffe, trouve des partifans. Les uns, pour l'intérêt même de la fociété, veulent admettre la néceffité abfolue de la preuve teftimoniale dans toute fon étendue; les autres s'élevent avec force contre l'incertitude d'un genre de preuve dont l'expérience a quelquefois pu reconnoître le danger. Une queftion auffi importante eft vraiment digne de la fageffe des Magiftrats, de la prudence de notre Miniftere, & de l'attention de tous les Citoyens.

Il s'agit de favoir fi un dénonciateur peut être entendu en dépofition comme témoin. Sur le feul expofé de la queftion, il nous femble qu'une réclamation prefque univerfelle s'éleve de toutes parts. L'auteur & ceux qui penfent comme lui nous de-

mandent fi cette propofition peut fouffrir l'ombre de la contradiction. Un dénonciateur, nous dit-on, n'a-t-il pas intérêt de foutenir fa dénonciation ? fa dépofition peut-elle être autre chofe
que fa dénonciation ? les faits qu'il a dénoncés n'ont-ils pas
befoin d'être prouvés par d'autres témoins ; & s'il a befoin de
témoins pour attefter les faits qu'il a dénoncés, peut-il lui-même
être reçu au nombre des témoins admis à dépofer fur les faits
contenus en fa dénonciation ? Ce feroit s'expofer à prendre le
menfonge pour la vérité : ce feroit courir le rifque de juger fur
la foi d'un calomniateur. La Loi n'a-t-elle donc de vigilance que
pour découvrir les crimes ? n'a-t-elle de puiffance que pour punir
les coupables ? ne doit-elle pas avoir la même activité, la même
énergie pour protéger, pour fauver les innocens ? Et s'il importe
à la fûreté générale que le malfaiteur foit reconnu, que le fcélérat foit retranché de la fociété, n'eft-il pas encore plus important à la fûreté de chaque Citoyen que l'innocence ne puiffe être
compromife & injuftement condamnée fur les délations de la
calomnie ?

Ce raifonnement a plus d'apparence que de folidité ; il eft
plus fpécieux que décifif. Nous ne nous permettrons pas de le
propofer fans y répondre. Les motifs dont on veut l'étayer paroiffent puifés dans l'amour de l'humanité : mais le zele fe fait
fouvent illufion à lui-même, & fon excès n'eft alors que plus
dangereux. Ce même amour de l'humanité nous oblige, nous
fes défenfeurs, de combattre la trop grande généralité des maximes qu'on avance ; & fans fermer notre cœur à la pitié naturelle que le criminel peut fouvent infpirer, nous n'écouterons
jamais « cette compaffion cruelle, qui fe porte quelquefois à fa-
» crifier l'intérêt général à la confervation d'un feul. »

Attachons-nous donc à examiner fi cette clameur prétendue
univerfelle, eft le cri de la raifon & de la vérité. Le préjugé fe
forme infenfiblement, la prévention s'empare des efprits ; &
quand une fois elle eft écoutée, il eft difficile d'affoiblir fon

autorité. Pour la renverfer, il faut fapper les fondemens de fon empire. Les préjugés fe diffipent à la lumiere des principes. Commençons par les établir.

Tout délit, de quelque nature qu'il puiffe être, eft une atteinte plus ou moins grande à l'ordre public ; & l'ordre public exige qu'on en pourfuive la réparation ou la vengeance. Si le délit eft léger, & que la réparation puiffe fe réduire à de fimples dommages & intérêts, on prend communément la voie civile. Si le délit eft grave, & donne lieu à une condamnation de peines afflictives ou infamantes, il faut néceffairement prendre la voie criminelle.

La Juftice ne peut ordonner que le délit foit réparé ou puni, que lorfque le délit eft conftant & prouvé. Nous difons *conftant & prouvé ;* & nous croyons devoir faire obferver que ces deux expreffions ne font pas fynonymes. Il y a une différence effentielle entre l'une & l'autre. Un délit *conftant* eft un délit évident, mais dont on n'a point encore la preuve. Un délit *prouvé* eft un délit dont on a convaincu celui qui l'a commis.

Ainfi deux principes inconteftables.

Tout crime mérite une punition : le bien public l'exige. Premier principe. La punition ne peut être prononcée que lorfque le crime eft prouvé. Second principe. Cherchons à préfent comment on peut en acquérir la preuve.

Les accufations publiques ont été interdites en France. Aucun particulier n'a le droit de fe porter pour accufateur dans un délit public. Tel eft l'état actuel de notre conftitution légale. La pourfuite du crime eft confiée à un Magiftrat, inconnu dans les Républiques Grecques, & dans celle de Rome qui n'avoit que des Cenfeurs. L'inftitution d'une Partie publique étoit réfervée à notre Légiflation. Il exifte dans tous nos Tribunaux un Officier chargé fpécialement de veiller à la fûreté & à la tranquillité commune. Voilà le feul accufateur en France. Il eft l'organe de la Loi, l'homme de la Nation, le défenfeur né de tous les Citoyens. C'eft entre fes

mains que nos Rois ont remis le droit de pourfuivre les criminels, d'appeller fur leurs têtes la vindiête publique, & de dénoncer
les coupables pour l'intérêt général de la fociété.

L'établiffement d'une partie publique a néceffité une nouvelle
forme de procédure : & dans cette nouvelle adminiftration de la
Juftice, il n'eft pas indifférent de comparer les anciens ufages
avec ceux qui ont été introduits, fur-tout relativement aux aêtes
préalables à l'inftruêtion judiciaire.

Origine des Délateurs, pei-nes établies contr'eux.

A Rome on connoiffoit deux fortes d'accufations. La premiere,
honnête & publique , avoit lieu lorfqu'un Citoyen en accufoit un
autre , & le citoit devant le Peuple ou devant les Magiftrats. La
feconde étoit odieufe & fecrette. Elle étoit caraêtérifée par le titre
de délation, genre d'accufation d'autant plus fufpeêt que rarement
le délateur ofoit fe faire connoître.

Arrêtons-nous en ce moment fur ce qui concerne les délateurs. Cette difcuffion fera mieux fentir combien ce que nous
appellons dénonciation eft éloigné de ce que les Romains appelloient délation.

Les délateurs étoient prefque ignorés dans les premiers temps
de la République. Ils fe font multipliés fous les Empereurs. Admis à la Cour à force de baffeffes, l'accès ne leur fut pas difficile
auprès des Préfets, des Proconfuls & des Préteurs : ils ne tar-
derent pas à fervir les paffions ou les intrigues des gens en place,
ou de ceux qui afpiroient à l'autorité. Malgré l'opprobre attaché
au nom de délateur, on en fit un métier public fous les regnes
des Tibere & des Néron : & cette efpece d'hommes s'avilit au
point de jouer ce perfonnage odieux pour obtenir une partie de la
confifcation des biens de ceux qu'on vouloit perdre ou remplacer.

Corneille Tacite nous trace dans fes Annales un portrait bien
énergique des monftres qui exifterent fous les fucceffeurs d'Augufte.

« Peu après, Granius Marcellus, Préteur de Bithynie, fut
» accufé du crime de lefe-Majefté par Cæpio Crifpinus fon
» Quefteur, fur la dénonciation foufcrite par Romanus Hifpo,

» qui, l'un des premiers, embraſſa un genre de vie que le mal-
» heur des tems & l'audace des hommes n'ont rendu depuis
» que trop fameux. Ce particulier, inconnu & ſans fortune,
» d'un caractere inquiet & turbulent, s'inſinua d'abord dans
» l'eſprit du Prince, en ſervant ſa cruauté par des mémoires
» ſecrets. Bientôt cet homme obſcur mit en danger les têtes les
» plus illuſtres. Puiſſant auprès du ſeul Tibere, objet de la haine
» univerſelle, il donna l'exemple ; & tous ceux qui l'ont imité
» depuis, devenus riches de pauvres qu'ils étoient, redoutables
» autant qu'ils avoient été mépriſés, après avoir été les inſtru-
» mens de la perte d'un grand nombre de citoyens, ont fini par
» être eux-mêmes les victimes de leur infamie. »

Pouvions-nous mettre ſous vos yeux un tableau plus frappant ?
Le délateur y reſpire encore ; on y voit ſa marche & ſon crédit,
ſes détours & ſon infamie ; on y reconnoît ces ames vénales,
dont les Maîtres du monde, devenus ſes fléaux, achetoient à ſi
haut prix la corruption.

La délation eſt preſque toujours une calomnie déguiſée ſous
l'apparence de la vérité. Lorſque les mœurs ſont entiérement
corrompues, lorſque le deſpotiſme a pris la place de l'autorité
légitime, lorſque la terreur commande impérieuſement le ſilence,
& que le Deſpote rougit à l'aſpect d'une ame vertueuſe & d'une
vertu inflexible ; les Tyrans, de plus en plus ſoupçonneux,
croient aiſément aux accuſations qui les intéreſſent. Un mot mal
interprêté devient un crime. L'honnête homme qu'on accuſe eſt
coupable, non parce qu'il a tenu les propos qu'on lui impute,

---

(1) Nec multo poſt Granium Marcellum, Prætorem Bithyniæ, Quæſtor ipſius Cæpio Criſ-
pinus majeſtatis poſtulavit, ſubſcribente Romano Hiſpone, qui formam vitæ iniit, quam poſtèa
celebrem miſeriæ temporum & audaciæ hominum fecerunt. Nam egens, ignotus, inquies,
dum ignotis libellis ſævitiæ Principis adrepit, mox clariſſimo cuique periculum faceſſit,
potentiam apud unum, odium apud omnes adeptus, exemplum dedit quod ſecuti, ex
pauperibus divites, ex contemptu metuendi, perniciem aliis ac poſtremùm ſui invenere.
Tacit. Ann. Lib. I, n°. 74.

mais parce que les propos qu'on lui impute font des vérités, dit à cette occafion l'Hiftorien Romain (1).

Un Prince jufte, au contraire, eft en garde contre les flatteurs qui l'approchent & qui l'encenfent ; les Courtifans ont fouvent intérêt de furprendre fa religion, & n'y trouvent que trop de facilité. Une fage méfiance peut feule le mettre à l'abri des pieges de l'artifice ; & s'il étoit affez malheureux pour prêter l'oreille à un menfonge adroitement infinué, qui pourroit le faire revenir d'une prévention qu'il auroit adoptée fans s'en appercevoir ? Les plus fages ont toujours écarté les délateurs avec autant de mépris que d'indignation.

Les délateurs ont été connus autrefois parmi nous. Mais la févérité des Loix les a, pour ainfi dire, entiérement bannis ; ou la crainte les tient dans une fi grande circonfpection, qu'il eft rare de les voir fe montrer à découvert.

Que diront nos Réformateurs modernes, fi nous leur repréfentons ici quelques fragmens des Capitulaires de Charlemagne, dont ils invoquent l'humanité ? Ce grand Prince déteftoit fi fort les délations, qu'il femble s'être élevé au-deffus des regles anciennes, pour arrêter un défordre alors trop commun. Il a en quelque forte enchéri fur la rigueur des Loix Romaines. Il prononce contre les délateurs la peine de mort.

« On coupera la langue au délateur, ou s'il eft convaincu on » lui tranchera la tête. Or ceux-là font délateurs, qui par envie » trahiffent les autres (2). »

Ne peut-on pas attribuer cette rigueur à la jufte indignation que la trahifon doit infpirer ? La Loi femble oublier le crime pour ne s'occuper que du délateur. Le traître eft à fes yeux encore plus coupable que l'accufé dont le délit n'auroit peut-être

____

(1) Quia vera erant, etiam dicta credebantur, *Tacit. ibid.*

(2) Delatori aut lingua capuletur, aut convicto caput amputetur: delatores autem funt qui invidia produnt alios. *Step. Baluz. Libr. III. Capit. 360, pag. 1101, édit. Parif. 1677.*

pas

pas été connu. Elle paroît fourde à la délation, parce qu'un perfide ne mérite pas même d'être écouté. Le langage de la perfidie ne peut être que celui de l'impofture : c'eft l'atrocité de cette accufation infame que la Loi confidere ; c'eft ce défordre qu'elle a voulu fupprimer.

Cette Loi dure & rigoureufe, mais néceffaire au milieu des troubles & des factions, avoit pour but de maintenir la tranquillité publique, la paix intérieure des grandes Maifons, de prévenir le danger de fouiller dans les foyers du pere de famille, & d'augmenter l'horreur que la perfidie infpire à tous les citoyens honnêtes & vertueux.

Les Loix Romaines, « que toutes les Nations interrogent encore à préfent, & dont chacun reçoit des réponfes d'une éternelle vérité, ces Loix auffi étendues que durables, » avoient ordonné qu'on traitât les Délateurs avec la même févérité. Conftantin, & Théodofe après lui, avoient prononcé la même condamnation.

M. d'Agneffeau, Tome 1, p 157 Mercuriale. La Science du Magiftrat.

Nous n'ajouterons qu'une fimple réflexion à de fi grandes autorités. L'efclave qui accufoit fon maître étoit repouffé des Tribunaux ; il étoit même puni quand la délation étoit volontaire de fa part. Mais il n'en étoit pas de même quand la Juftice le forçoit à dépofer ; s'il étoit produit par l'accufateur ou même par l'accufé, ce n'étoit plus un délateur ; fes réponfes faifoient preuve à charge & à décharge. Lorfque nous en ferons à examiner la grande queftion des témoins néceffaires, nous expoferons à vos yeux la décifion des Loix Romaines fur un objet auffi important : & vous admirerez la fageffe de ces profonds Légiflateurs, qui admettoient tous les genres de preuve, moins pour faire périr un coupable, que pour contenir le refte des citoyens dans le devoir par la crainte du fupplice (1).

---

(1) Omnis enim pœna , non tam ad delictum quam ad exemplum pertinet. *Cujas*, fur le Titre *Cod. de pœnis.*

I

La jufte indignation qu'une ame honnête éprouve à la feule idée d'un délateur, nous a peut-être entraînés malgré nous-mêmes. Mais la relation intime qu'on fuppofe entre une délation & une dénonciation, entre un délateur & un dénonciateur, exigeoit que notre Miniftere entrât dans quelque détail à l'égard du premier, ne fut-ce que pour établir d'avance les caracteres de la différence énorme de l'une & de l'autre qualification. Revenons à notre objet.

Malgré la dépravation des mœurs & des efprits, les Loix de mort portées par CONSTANTIN, par THEODOSE, par CHARLE-MAGNE, font heureufement aujourd'hui fans vigueur & fans application. Nous ne connoiffons plus en France cette claffe d'hommes corrompus, *delatorum execranda pernicies*. Leur dénomination eft une injure; & s'il en exifte, leurs menées fourdes, leurs intrigues ténébreufes n'ont point encore pénétré & ne pénétreront jamais dans le Sanctuaire de la Juftice. Le Magiftrat, feul chargé de la pourfuite des crimes, eft continuellement en garde contre les furprifes de la calomnie.

Cod. Theod. de pet. & ultr. dat. & delat.

Un des principaux avantages de cette inftitution, c'eft que dans l'exercice d'un Miniftere auffi rigoureux, cet Accufateur public ne peut être foupçonné d'animofité ni de vengeance. Il eft le furveillant de tous les délits; il n'a pas plus d'intérêt à perdre un innocent qu'à fauver un coupable : tous les citoyens font égaux pour lui, parce que tous font fubordonnés à fon infpection; celui qui dérobe avec adreffe, comme celui qui vole à force ouverte; celui qui cherche à détourner les Peuples de l'obéiffance due à la Loi, comme celui qui attaque avec impiété les Dogmes facrés de notre Religion fainte; celui qui déshonore une famille particuliere, comme celui qui trouble la Société entiere : nul ne peut fe fouftraire à fa vigilance. Il ne cherche que la preuve de la vérité ou de la fauffeté des accufations qu'il eft forcé d'intenter; & fon devoir eft autant de protéger l'innocence que de faire condamner le criminel convaincu de fon forfait.

On chercha bientôt à abufer de l'établiffement même de la Partie publique. On obtenoit, fous fon nom, des permiflions de faire informer ; & l'abus renaiffoit du remede même qu'on avoit voulu y apporter, tant il eft difficile d'abolir un ufage invété.é. Philippe de Valois voulut arrêter ce nouveau défordre ; & par une Ordonnance précife, il défendit cette nouvelle forme de procéder.

« Nous ordonnons, dit Philippe VI, qu'à l'avenir aucunes » informations ne feront faites en vertu de lettres obtenues fous » le nom de notre Procureur : & qu'aucunes lettres femblables » ne foient expédiées que de notre fcience certaine, ou fur la » demande faite par notre Procureur Général en perfonne (1) ».

Cette Loi produifit l'effet qu'on en avoit attendu.; & le Procureur Général, indépendamment de fes autres attributions, eft refté en cette partie feul Miniftre effentiel de la Juftice. Il ne peut cependant veiller par lui-même fur tous les malfaiteurs. Sa religion a befoin d'être inftruite; & lorfqu'il eft provoqué, toute fon attention fe porte à difcerner le vrai dans la multitude d'avis qui lui font adreffés. Il s'informe du fait avant de rendre plainte. Il cherche à fe convaincre comme homme, avant d'agir en Magiftrat. Les Subftituts de M. le Procureur Général agiffent en fon nom, mais fans pouvoir le compromettre : ils s'affurent euxmêmes des faits qu'ils dénoncent à la Juftice. Et cette précaution eft d'autant plus fage, que leur miniftere, quoique de rigueur, les rend, en quelque façon, refponfables des fauffes accufations qu'ils pourroient hafarder, à moins que la clameur publique n'ait excité leur vigilance.

Les Procureurs du Roi font en effet affujettis à écouter les Dénonciateurs, à recevoir les dénonciations, à les faire figner,

______

(1) Ordinamus ut de cætero virtute litterarum quæ fub nomine Procuratoris noftri impetrantur, informationes non fiant : nec litteræ fub nomine Procuratoris noftri concedantur nifi de noftrâ expreffâ fcientiâ, vel noftro Procuratore Generali in fuâ perfonâ petente. *Ordon. de 1344. Vid. P. Guefnois, Confér. des Ordon. pag. 752.*

I 2

pour pouvoir en nommer les auteurs toutes les fois que l'accusé est déclaré innocent. C'est à eux à s'assurer du degré de confiance qu'ils peuvent prendre dans les dénonciations qui leur font faites, & dans la solvabilité des Dénonciateurs.

La Partie publique une fois instituée, voyons comment elle peut agir. Nous sommes obligés de rappeller, pour ainsi dire, les premiers élémens du Droit François, pour en venir à la conséquence qui doit répandre la lumiere sur la question des Dénonciateurs & des Témoins nécessaires.

Lorsqu'un crime public a été commis, il peut être poursuivi, ou sur la dénonciation qui en est faite de différentes manieres, ou sur l'accusation que la Partie publique intente de son propre mouvement.

Dans les cas où le Procureur du Roi agit d'après ses connoissances personnelles, il doit compte à la Justice du motif qui a déterminé sa démarche. Si l'accusation est jugée calomnieuse, l'Accusateur légal pourroit être poursuivi, comme criminel d'avoir abusé de son Ministere. Mais il est exempt de reproche, quand, pour remplir son devoir, il accuse un Citoyen mal famé & véhémentement suspect. Sa qualité excuse l'usage de ses fonctions; il ne peut être condamné, que lorsqu'il y a dol apparent & calomnie évidente ; encore faut-il un Jugement nouveau, & qu'il soit permis de le prendre à partie.

Les notions que nous venons de donner suffisent à l'égard du Ministere public. Voyons ce qui concerne les poursuites criminelles, autres que celles qui font entreprises du propre mouvement de l'Officier chargé de faire punir les coupables.

Dans les premiers tems après l'établissement de la Partie publique, on ne s'apperçut pas de l'heureuse innovation qui a existé presque toujours depuis dans les Procédures criminelles. Il y eut deux Accusateurs, l'un qui poursuivoit l'intérêt du Roi & de la chose publique, & dont la demande tendoit à une punition exemplaire ou corporelle ; l'autre qui demandoit la réparation

V. les Notes de Duchalard sur l'Ordonnance de 1560, dans le Rec. de Néron.

civile du dommage qu'il avoit fouffert à caufe du délit commis dans fa perfonne & dans fes biens.

Affez communément, à moins que le délit ne fût un crime public, les Officiers du Roi & ceux des Seigneurs n'entreprenoient aucunes pourfuites fans Inftigateurs & fans Parties civiles. Ils contraignoient même quelquefois ceux qui avoient été offenfés, à fe rendre Parties, & à avancer tous les frais de la procédure; & la plupart de ceux qui avoient droit de fe plaindre, aimoient mieux, au grand détriment de la Société, fe défifter de la demande en réparation, que de s'expofer au danger de faire des avances très-confidérables, & fouvent en pure perte.

V. les Notes de Duchalard ibid.

L'Ordonnance de 1536, donnée par François Ier, vint au fecours du bien public. Il ordonna que . . . . .

« Si-tôt que les crimes ou délits auront été commis & perpétrés, les Juges » ordinaires feront tenus d'en informer ou faire informer ».

P. Guefnois, Confér. des Ordon. p. 756. Ordon. de 1536, chap. II, art. 1 & 2.

L'Article 2 du même Chapitre va plus loin.

« N'attendront les Juges qu'ils en foient requis par les Parties civiles & » intéreffées, qui, le plus fouvent, font fi pauvres & fi indigents, & » tellement intimidés par la puiffance des Délinquants, ou de leurs Parents, » Amis & Alliés, qu'ils n'en font plainte à Juftice, & font contraints de » compofer pour petites chofes; tellement que lefdits crimes ou délits, » ni la forme & maniere de les avoir commis & perpétrés, ne viennent à » la lumiere de Juftice ».

Ce même Prince, dans l'Ordonnance de Villers-Cotterets, en 1539, prononce encore :

« Si-tôt que les Juges auront été inftruits par la plainte, ou autrement » avertis, ils informeront ou feront informer bien & diligemment ».

Ordonnance de 1539, art. 145.

Charles IX, dans l'Ordonnance d'Orléans, voulut de nouveau prévenir tous inconvénients pour l'avenir.

Il ordonna que les Officiers de Juftice procéderoient contre les Délinquans; . . . .

« Sans attendre la plainte des Parties intéreffées, ni les contraindre à fe
» rendre Parties & à avancer les frais, fi volontairement ils ne les offrent
» & veulent faire, à peine de privation de leur état ».

Ce remede ne fut pas encore fuffifant : perfonne n'ofoit fe
rendre Accufateur, & les crimes demeuroient inconnus & impunis.

Le même Charles IX, dans l'Ordonnance de Château - Briant,
ordonna à tous fes Sujets d'avertir les Juges du lieu, des délits qui
pourroient avoir été commis.

L'article premier eft ainfi conçu :

« Si-tôt que les crimes & délits auront été commis, nos Sujets, &
» chacun d'eux qui en auront eu la connoiffance, en avertiront les Juges
» & Gens de notre Juftice, ou autres ayant droit de Haute-Juftice, les plus
» proches du lieu où aura été fait ou commis le délit, pour y pourvoir
» le plus promptement que faire fe pourra ».

Les Loix du Royaume fuppofent donc que le Miniftere public fera excité par la plainte, *ou autrement averti*. Tous les Sujets
du Roi font chargés de donner connoiffance des délits. Delà
font nées, ce qu'on appelle en terme de Droit, les dénonciations
& les accufations.

A l'égard des Dénonciateurs, il en eft de deux efpeces. L'une
des Dénonciateurs fecrets, l'autre des Dénonciateurs connus.

Il en eft de même des Accufateurs. On peut les ranger dans
deux claffes. Les uns rendent plainte fans fe porter Parties civiles ;
les autres fe portent Parties civiles, & requierent la jonction du
Miniftere public.

Examinons d'abord ce qui concerne les dénonciations : nous
reviendrons enfuite à ce qui a rapport aux accufations.

Nous avons dit qu'il y avoit deux fortes de Dénonciateurs,
les uns fecrets, les autres connus.

Le Dénonciateur fecret eft celui qui, fans être intéreffé perfonnellement à la vengeance d'un crime, le dénonce au Pro-

cureur du Roi, foit en nommant les coupables, foit en fe con-
tentant de certifier le fait, & qui figne fa dénonciation. C'eft
fur la foi de cette fignature que la Partie publique entreprend
la pourfuite du délit qui lui a été dénoncé.

Ce que nous avons déja dit au fujet de la délation, nous
nous empreffons de le répéter au fujet de la dénonciation.

Le nom odieux de Délateur, comme nous l'avons démontré,
n'appartient qu'à ceux qui fe permettent des dénonciations
fecrettes, méditées par la trahifon, infpirées par le reffentiment,
ou achetées à prix d'argent. Le Dénonciateur au contraire n'a
d'autre motif que fa fûreté perfonnelle ou la fûreté générale de
tous fes concitoyens.

Diftinction
entre les Déla-
teurs & les Dé-
nonciateurs.

Il y a cette différence entre l'un & l'autre, que le Dénonciateur n'eft animé que par un fentiment d'honneur, & par
l'amour du bien public ; tandis que le Délateur n'agit que par
l'impulfion d'un vil intérêt, ou pour fatisfaire fa méchanceté. On
ne peut refufer une véritable eftime à celui qui ne craint pas de fe
nommer, & qu'un excès de probité & l'horreur du crime élevent
au-deffus du préjugé défavorable attaché à la qualité de Dénonciateur. Mais le Délateur qui fe cache eft inévitablement l'objet
de la haine univerfelle & du mépris le plus profond.

La plupart des Auteurs ont confondu ces deux qualités.
Plufieurs Loix fe font fervi indifféremment des deux expreffions. On leur donne encore très-fouvent la même fignification
dans l'ufage. Delà on a envifagé les uns & les autres avec la
même défaveur. Nous nous flattons d'avoir détruit un pareil
préjugé, par la feule obfervation que le Dénonciateur révele
un fait certain, & qu'il fe nomme comme garant de fa dénonciation ; au lieu que le Délateur marche par des voies obliques,
fe couvre des ombres du myftere, & ne configne fa délation
que dans des écrits anonymes. On regarde ces délations tacites
comme des libelles diffamatoires, fur-tout lorfqu'elles font fans
nom, fans auteur, fans caution. C'eft le cas de dire avec Théo-

doric, Roi d'Italie : « On ne doit aucune croyance aux déla-
» tions fecrettes & cachées (1) ».

Il eft un fecond genre de Dénonciateurs que nous avons féparé des premiers. Ce font les Dénonciateurs publics & connus. Cette efpece de dénonciation publique a lieu quand, par exemple, un citoyen, après avoir été attaqué fur un grand chemin ou dans fa propre maifon, après avoir été volé pendant fon abfence, ou même lui préfent, par des inconnus, fait fa déclaration devant le Juge de l'attentat commis en fa perfonne ou fur fes biens, fe contente de dénoncer le fait, de donner le fignalement des coupables, de détailler les circonftances, fans vouloir fe porter pour Accufateur, & laiffe au Miniftere public fa déclaration, comme un acte authentique, pour fervir de fondement à la plainte que doivent rendre les Vengeurs de la fûreté publique.

Nous ne remarquons de différence entre l'une & l'autre manière de dénoncer, fi ce n'eft que la premiere fe fait fans éclat entre les mains du Procureur du Roi, qu'elle doit être dépofée dans un Regiftre fecret, foufcrite d'une fignature privée, & qu'elle n'eft jamais produite au Procès. La feconde, au contraire, fe fait publiquement entre les mains du Juge ; elle eft rédigée en forme juridique ; elle eft munie de la fignature de l'Officier public qui l'a reçue ; & prefque toujours elle eft jointe à la procédure, ce qui lui donne une véritable publicité.

Le Particulier qui dénonce le fait dont il a été témoin, fans avoir couru le moindre danger, & par conféquent fans être intéreffé à la pourfuite du crime, ainfi que le Particulier qui déclare le vol qui lui a été fait & le danger qu'il a couru, & qui, négligeant fon intérêt particulier, s'en rapporte au Miniftre de la Loi pour venger l'intérêt public, font, il eft vrai, également Dénonciateurs ; ils ont néanmoins des caracteres différens aux

---

(1) Occultis fecretifque delationibus nil credi debet. *Caffiodore.*

yeux de la Juſtice, & la confiance ne doit pas être la même. Dans le premier cas le Miniſtere public rend ſeul plainte, parce que la dénonciation eſt ſecrette : dans le ſecond, il prend la déclaration pour dénonciation & la joint ordinairement à la plainte, parce que cette dénonciation eſt publique, & qu'il eſt de ſon devoir d'informer des faits qu'elle contient. Mais de ce que le Miniſtere public a pris la déclaration pour dénonciation, il ne s'enſuit pas que l'auteur de cette déclaration ſoit un Dénonciateur proprement dit, parce qu'il n'a déclaré qu'un fait, ſans imputer à perſonne le délit dont il auroit pu rendre plainte s'il en avoit connu les auteurs.

Il faut convenir encore que l'un & l'autre Dénonciateur ont pu déférer à la Juſtice un crime prétendu, un fait calomnieux. Mais comme le Miniſtere public qui rend plainte eſt tenu en définitif de nommer, s'il en eſt requis, ſon Dénonciateur lorſque l'Accuſé eſt renvoyé abſous, le Dénonciateur, ſoit ſecret, ſoit public, s'attend à ſubir toutes les condamnations qu'un Calomniateur peut encourir ; de même que le faux témoin eſt expoſé à la peine du talion : & la calomnie de tout temps a été ſi odieuſe, que les Empereurs n'ont pas voulu que les Calomniateurs fuſſent exempts de punition par aucune abolition publique ou privée. *Leg. Fallaciter*, Cod. *de Calumniâ.*

Nous venons d'établir qu'il y a deux ſortes de Dénonciateurs. Nous avons à faire voir qu'il exiſte de même deux ſortes d'Accuſateurs. L'Ordonnance de 1670 en fait elle-même la diſtinction. Les uns ſont connus ſous la dénomination ſimple de Plaignans, les autres ſous le nom général d'Accuſateurs. Difference entre les Dénonciateurs & les Accuſateurs.

Le Plaignant eſt celui qui rend plainte & l'affirme, ſans ſe rendre Partie, ſans demander qu'il ſoit informé, ſans conclure à aucunes réparations, abandonnant la pourſuite du crime à la vindicte publique. Car s'il dépend de ſa volonté de remettre ſon offenſe, il n'a pas le droit d'impoſer ſilence à l'organe de la Loi : & par ſa plainte, au contraire, il ſemble avoir recours à la Juſtice pour implorer ſon autorité.

K

Ce Plaignant, quoique muet, eſt en quelque façon Partie au Procès ; ou du moins il a une aptitude continuelle à le devenir, par la faculté qui lui eſt accordée de ſe rendre Partie civile en tout état de cauſe : & cette aptitude le ſépare du Dénonciateur, qui, dans aucun cas, n'eſt recevable à ſuivre perſonnellement l'action à laquelle il a donné lieu dans le principe.

L'Accuſateur, au contraire, eſt celui qui rend plainte en ſon nom, qui déclare qu'il ſe rend Partie civile, qui demande à faire informer, qui adminiſtre les témoins, & qui pourſuit le Jugement de l'accuſation qu'il a intentée. Toutes les fois qu'il s'agit d'un délit qui trouble l'ordre public, le Miniſtere public ſe réunit à cet Accuſateur, ou plutôt il prend la place de celui qui a rendu plainte, & ſe rend véritablement, *Dominus litis*. De ce concours naît une double action, l'une criminelle, l'autre civile ; car il y a néceſſairement deux Parties. Le Particulier offenſé pourſuit la réparation de ſon offenſe, & conclut à des dommages & intérêts. Le Miniſtere public, ſeul chargé de la vindicte publique, conclut à des peines infamantes ou afflictives ſuivant l'exigence des cas. L'Accuſateur, comme intéreſſé à la conviction de l'Accuſé, agit concurremment avec le Procureur du Roi, & l'action civile ſe confond dans l'action criminelle, pour ne revivre qu'au moment de la condamnation.

Nous venons de mettre à découvert tous les reſſorts que la prudence des Légiſlateurs a pu inventer ; toutes les précautions que l'expérience a pu ſuggérer, pour éviter les ſurpriſes & découvrir les Coupables. Faiſons à préſent l'application de ces Principes à la Queſtion que nous avons à décider.

Les Dénonciateurs peuvent - ils être entendus comme Témoins ? Il s'agit de ſavoir, ſi un Dénonciateur ou un Accuſateur peuvent être entendus en dépoſition ; & ſi leur dépoſition fait charge contre l'Accuſé.

Nous avons diſtingué deux eſpeces de Dénonciateurs, & deux eſpeces d'Accuſateurs. Nous commencerons par ces derniers, comme de plus facile diſcuſſion.

Tout Accufateur, foit qu'il fe rende Partie, foit qu'il fe retire après fa plainte, ne peut jamais être appellé en témoignage contre celui qu'il a cru devoir accufer : parce qu'il a un intérêt réel, preffant & vifible, de juftifier fa plainte, & d'en éviter les fuites dans le cas où il auroit intenté une accufation calomnieufe ou même téméraire. Sa plainte le rend Partie néceffaire au Procès. La Juftice ne peut prononcer que fur la dépofition des Témoins; les Témoins font, en quelque façon, les premiers Juges du fait. L'Accufateur deviendroit alors Juge & Partie. C'eft une vérité reconnue par la feule force de fon évidence.

En eft-il de même à l'égard des Dénonciateurs? Ici la vérité a befoin d'être établie, & l'intérêt public exige la preuve la plus démonftrative.

Dans une Procédure criminelle, la Juftice a deux objets, la certitude du délit, & la conviction de l'Accufé. Voilà le but de toute l'Inftruction. Comment y parvenir, fi ce n'eft par la dépofition des Témoins oculaires, ou par la réunion des autres preuves que les circonftances ont naturellement produites? Pourquoi le Dénonciateur ne feroit-il pas entendu en dépofition? Parce qu'il eft fufpect, dira-t-on. Mais tous les Témoins peuvent également être fufpects. Il ne faudra donc jamais admettre la preuve teftimoniale. On ajoute que le Dénonciateur eft intéreffé à foutenir fa dénonciation, parce qu'il a intérêt d'en prouver la fincérité ; & la crainte d'être pourfuivi pour la réparation de fa calomnie, l'oblige, quand il dépofe, à confirmer, fous la religion du ferment, une accufation qu'il lui même provoquée. *Ses dépofitions, fes récolemens, fes confrontations* ne peuvent être *que fa dénonciation répétée & déguifée fous d'autres noms.*

Mémoire, page 142.

Pour répondre à cette objection préfentée dans le Mémoire fous tous les afpects poffibles, nous ne ferons ufage que des moyens les plus fimples & les plus naturels.

Nous rappellerons d'abord l'Ordonnance de Charles IX, de 1565, qui porte :

Ordonnance
de Château-
Briant, *suprà.*

« Sitôt que les crimes & délits auront été commis, nos Sujets & chacun
» d'eux qui en auront eu la connoiffance, en avertiront les Juges les plus
» proches du lieu où le délit aura été commis ».

L'intention du Légiflateur n'a pas été fans doute, que ceux qui avertiffent les Juges du lieu ne puffent être entendus en dépofition. Car fi tous ceux qui ont eu connoiffance du délit, alloient le dénoncer, où prendroit-on enfuite des Témoins pour le conftater?

Ce n'eft donc pas de cette efpece de dénonciation dont il peut être queftion; elle eft légale, elle eft ordonnée; & le recours à la Juftice ne peut être regardé comme une injure, ou comme un motif de fufpicion.

Mémoire,
page 143.

En vain on oppofera qu'on ne peut *écouter, comme Témoin, celui qui lui-même fe reconnoît fi reprochable, qu'il demande que la Juftice faffe entendre en fa faveur des Témoins.*

Un Dénonciateur faire entendre des Témoins en fa faveur! A-t-on jamais avancé une pareille propofition? Qu'un Accufateur tienne ce langage, on n'en fera pas furpris. Il fe plaint, il demande réparation, il doit prouver le délit; il a droit de demander à faire entendre des Témoins en fa faveur. Rien de plus jufte, rien de plus raifonnable. Cependant c'eft du Dénonciateur feul que l'Auteur du Mémoire parle en ce moment: il porte encore plus loin le délire; & s'identifiant dans la perfonne du Dénonciateur, il dit:

Ibidem.

Quoi, j'irai trouver le Juge, & je lui dirai: Tel a voulu m'affaffiner, je vous demande Juftice: informez. Le Juge me répondra: Informer! Il n'y a pas befoin d'autres Témoins que vous; ne dites-vous pas que vous avez été affaffiné par tel? Je crois donc que vous avez été affaffiné par tel. Je le condamne à la mort.

Toujours le langage d'un Accufateur placé dans la bouche du Dénonciateur! Ce n'eft pas une fuppofition de notre part. L'Auteur ajoute tout de fuite: *Non, il n'eft pas poffible que le même homme joue, dans la même accufation, les deux rôles de Dénon-*

Ibidem.

ciateur & de Témoin.

Sans nous arrêter à cette méprife, quoi de plus extravagant que ce Dialogue entre le Dénonciateur & le Juge ? A-t-on jamais propofé à un Accufateur d'être témoin dans fa propre caufe ? Peut-on fuppofer qu'un Juge condamne à mort fur la dépofition ifolée d'un Accufateur ; & la feule lecture du paffage n'en démontre-t-elle pas l'abfurdité ?

Il eft trifte d'avoir à combattre de femblables chimeres : mais il eft plus affligeant d'avoir pu les enfanter.

Comment l'homme public pourra-t-il veiller par lui-même à tous les délits dont la Société eft inondée ; comment pourra-t-il les pourfuivre, s'il ne fe trouve des efprits difpofés à feconder fon miniftere par l'amour du bien, ou par la crainte d'être un jour la victime des malfaiteurs ? La plus grande partie des crimes feroit oubliée : l'efpoir de l'impunité enhardiroit encore les criminels ; ils croiroient toujours échapper à la rigueur des pourfuites, & déja coupables d'un forfait, ils ne craindroient pas d'en commettre un fecond plus atroce que le premier.

Ce ne font pas les grands crimes qui échappent à la vigilance de la Partie publique ; ils fe dénoncent eux-mêmes par leur éclat : mais les crimes obfcurs, les petits délits qui fe commettent dans l'éloignement, & qui ne font pas moins à redouter pour tous les Citoyens que les forfaits éclatans, parce qu'ils font plus communs. Une multitude de vols fecrets font le plus fouvent ignorés. Les intéreffés eux-mêmes craignent de les dévoiler pour ne pas fe compromettre par la difficulté d'en rapporter la preuve : & quelquefois, comme Charles IX s'exprime dans fon Ordonnance de 1560 : *Les Parties civiles font fi pauvres, fi indigentes, & tellement intimidées par la puiffance des délinquans, qu'elles n'en font plainte, & font contraintes de compofer pour petites chofes.*

Si la Partie intéreffée, n'ofant fe plaindre, tranfige fur un délit public, le Procureur du Roi reftera dans l'inaction, & le coupable triomphera même à l'afpect de ce Miniftere redoutable.

Pour diffiper l'obfcurité dont le Criminel s'enveloppe, la dénonciation devient indifpenfable, & le Dénonciateur fouvent eft *un témoin néceffaire*.

Nous difons *fouvent*, & malgré cet adouciffement, ce mot effarouche l'indulgente philofophie des prétendus Défenfeurs de l'humanité. Mais, nous le répétons, oui, *témoin néceffaire*; & nous le prouverons, après avoir démontré que fi le Dénonciateur peut être rejetté, il peut de même être admis à dépofer.

Comment caractérifer un Dénonciateur ? Nous l'avons déja dit : il en eft de deux fortes, l'un fecret, l'autre public. Le Dénonciateur fecret figne fa dénonciation & la remet au Procureur du Roi. Le Dénonciateur public fait fa déclaration devant le Juge, & cette déclaration eft dépofée au Greffe. Lorfque l'un & l'autre font uniquement guidés par des vues de bien public, lorfqu'ils ne font point Parties dans la procédure, lorfqu'ils ne demandent rien ; par quelle raifon enlever au Miniftere public un témoignage capable d'opérer la conviction du coupable ? Sans doute leur dépofition ne fera que la copie de leur dénonciation. Si elle y étoit contraire, elle feroit fufpecte ; & c'eft parce qu'elle y eft conforme, qu'elle paroît véridique.

Si le Dénonciateur n'a dénoncé que le fait en lui-même, s'il n'a nommé aucun coupable, fi c'eft l'horreur du crime, le defir d'être utile à fes femblables, la jufte appréhenfion des entreprifes d'un fcélérat, qui ont dicté fa dénonciation, qui pourra le reprocher ?

Sera-ce le Miniftere public ? Il ne l'auroit pas fait entendre. Sera-ce le Juge ? Il n'y auroit fouvent aucune preuve fans ce premier témoin. Sera-ce enfin la Société ? La tranquillité publique n'eft-elle donc pas attachée à la punition des malfaiteurs ?

Quel eft le Citoyen affez ennemi de lui-même pour ofer reprocher à un honnête homme la dénonciation d'un affaffin ? Nous irons encore plus loin : il feroit à fouhaiter, qu'à cette efpece d'indifférence que la plupart des hommes même en place ont toujours eue pour dénoncer un vol domeſtique, on vit ſuccéder un zele ardent pour la ſûreté & la conſervation de leurs ſemblables ; que la vertu ſurmontât cette répugnance funeſte ; en un mot, que chaque Citoyen ſe crût reſponſable des nouveaux délits que peut commettre un ſcélérat qu'il n'a point livré à la Juſtice, & qu'il ſe dit à lui-même : ce malheureux n'a commis qu'un crime ; mais je ſerai coupable de tous ceux qu'il commettra à l'avenir (1).

Il eſt des occaſions où il faut s'élever au-deſſus de l'humanité pour le bonheur même de l'humanité. Un Dénonciateur honnête eſt toujours dans cette poſition. Il ſe ſacrifie en quelque ſorte pour la République. Nous diſons, un Dénonciateur honnête, parce qu'il faut conſidérer l'état, la qualité, le rang & la fortune du Dénonciateur, ſes habitudes & ſa réputation, la conduite qu'il a tenue & l'eſpece d'intérêt qui l'anime. Il faut connoître s'il eſt ennemi de celui qu'il accuſe, s'ils ont eu des démêlés qui aient laiſſé entr'eux du reſſentiment ; s'aſſurer enfin du degré de confiance qu'on peut avoir en lui, & ſur-tout bien peſer les motifs de crédibilité de ſa dénonciation.

Si le Dénonciateur eſt à l'abri de tous reproches par lui-même, pourquoi refuſer de l'entendre en dépoſition, pourquoi ne pas ajouter foi à ſon témoignage ? Il fait une action honnête, une action louable, un acte d'humanité, en dénonçant un coupable ; & parce qu'il veille à la ſûreté publique, doit-on le traiter comme un homme ſuſpect, & le réprouver comme s'il étoit déja convaincu d'impoſture ?

Ces réflexions nous conduiſent inſenſiblement à la grande queſtion de l'admiſſibilité des *témoins néceſſaires* : & l'Auteur

____

(1) Louis XIV diſoit à M. de Montauſier, qu'il venoit enfin d'abandonner à la Juſtice un Aſſaſſin, auquel il avoit fait grace après ſon premier crime, & qui avoit tué vingt hommes. *Non, Sire*, répondit M. de Montauſier ; *il n'en a tué qu'un, & votre Majeſté en a tué dix-neuf.* Noble fermeté d'une ame honnête, chargée de l'éducation d'un Dauphin de France !

du Mémoire adopte & pofe en principe la propofition négative.

Il a défendu ce paradoxe avec chaleur ; puiffions-nous avoir encore plus d'énergie pour défendre les intérêts de la Société.

Depuis long tems on ne ceffe de répéter que l'efprit humain, en quelque forte épuifé, ne peut plus rien enfanter de nouveau; qu'il ne refte aux penfeurs à venir que le défefpoir d'être réduits à préfenter fous un nouvel afpeɛt ce qui aura été imaginé avant eux. Il eft cependant des enthoufiaftes qui afpirent à la célébrité. Perfuadés qu'on ne peut parvenir à la gloire que par des routes inconnues ou abandonnées, ils fe flattent d'acquérir une réputation au moins momentanée, en attaquant les principes reçus, en critiquant les formes ufitées, en cherchant à renverfer les établiffemens les plus utiles ; & parce qu'ils ont cru découvrir quelques légeres, mais inévitables imperfeɛtions dans l'édifice immenfe de la Légiflation, ces nouveaux Eroftrates veulent incendier le Temple de la Juftice. C'eft fous ce point de vûe qu'il faut envifager la partie du Mémoire que nous allons analyfer.

L'Auteur commence par développer fa façon de penfer perfonnelle. *Je croyois*, dit-il, *que la néceffité de repouffer ou de rejetter les dépofitions des témoins intereffés, reprochables, des dénonciateurs enfin, étoit d'une juftice qui ne devoit fouffrir ni contradiɛtion, ni crainte.* Voilà fon fyftême.

L'Auteur ajoute : *Je me fuis trompé. Des Jurifconfultes, des Magiftrats, des hommes, ont inventé, il y a plufieurs fiecles, dans une des grandes nuits de l'efprit humain, une exception, une maxime, un ufage enfin, qui ôte à ce principe facré une grande partie de fon étendue, qui le dépouille de fon univerfalité.*

Voici cette maxime, cette exception, cet ufage.

Les témoins NÉCESSAIRES *doivent être, & font en effet admis dans certaines accufations criminelles.....*

Cette exception, cette maxime, cet ufage regnent aujourd'hui dans les Ecrits des Criminaliftes & dans les Tribunaux du Royaume, d'où ils envoient, il eft vrai, tous les ans des innocens à la mort!

Heureufement

Heureusement que la raison, l'intérét de la société, l'intérét de l'humanité, toutes les autorités souveraines sur l'univers & sur les fiecles, condamnent & proscrivent cette maxime & cet ufage. Mémoire, page 148.

Tel eft le début de la controverfe que l'Auteur entreprend d'éclaircir. Reprenons le texte que nous venons de citer.

Des Jurifconfultes, des Magiftrats, des hommes ont inventé, il y a plufieurs fiecles.....

Quels font ces Jurifconfultes, ces Magiftrats, ces hommes? Ce font les Jurifconfultes Romains, les Magiftrats de la Capitale du Monde, des hommes devenus les Légiflateurs de tous les fiecles & de toutes les Nations.

Quel eft celui qui ofe les accufer d'erreur ou d'aveuglement? Eft-ce un Jurifconfulte, eft-ce un Magiftrat, un Philofophe, un Homme de Lettres, un fimple Gradué? Nous l'ignorons. Mais au moins c'eft un inconnu qui infulte des hommes dont les Loix immortelles font encore l'admiration de l'Univers.

Des hommes! Que cette expreffion eft éloignée du refpeɛl dû à la majefté du Peuple Romain! *Qui ont inventé.* Nous ne connoiffons qu'une Loi defcendue du Ciel; toutes les autres font d'inftitution humaine. L'Auteur veut-il s'élever au-deffus de la fphere de l'humanité? n'eft-il pas un homme lui-même? A quel titre ofe-t-il s'ériger en Légiflateur? fe croit-il donc plus éclairé, plus inftruit que tous les fiecles enfemble? La poftérité prononce d'avance par la bouche de fes contemporains entre lui & les Sages de l'antiquité. Son affertion fera regardée comme un blaf- phême contre la Loi Romaine, *cette mere immortelle de toutes les Loix qui méritent l'immortalité.* Mémoire, page 144.

Nous lui dirons que les Loix de ces Républicains aufteres ne font point une invention; elles font le réfultat des méditations les plus longues, le foyer des lumieres les plus pures, & le fruit de l'étude la plus approfondie des vertus & des défauts de l'Humanité.

L'admiffion des témoins néceffaires (continue l'Auteur) *a été inventée dans une des grandes nuits de l'efprit humain.*

L

Quoi ! les fiecles les plus brillans de la République Romaine étoient *des fiecles de ténébres !* Les fiecles des Conftantin, des Théodofe, des Juftinien, étoient une *nuit profonde !* Toutes les Loix recueillies par ces Maîtres du monde, font l'ouvrage de l'erreur ; & la France attendoit une lumiere nouvelle pour épurer les principes de fa Légiflation !

C'eft enfin cet ufage & cette maxime *qui regnent dans les Ecrits des Criminalifles & dans les Tribunaux du Royaume, d'où ils envoient des innocens à la mort........*

Cette inculpation faite à tous les Tribunaux du Royaume, eft plus que téméraire. C'eft une injure d'autant plus gratuite, qu'elle contient au moins l'aveu que les Magiftrats fe conforment à la Loi & à la Jurifprudence reçue, « efpece de Légiflation refpec- » table, formée infenfiblement par une fuite non interrompue de » Jugemens toujours femblables » (1). Les Magiftrats.peuvent-ils donc s'écarter de la Loi fans introduire un droit nouveau ? peuvent-ils abolir un ufage reçu & confacré fans altérer les principes ? peuvent-ils varier dans leurs décifions fans une Loi nouvelle ? Le Roi feul eft Légiflateur dans le Royaume ; & les Cours fouveraines, ainfi que les Tribunaux inférieurs, ne perdent jamais de vue la maxime inaltérable du Chancelier Bacon : « Que les » Juges de la terre fe fouviennent que leur devoir eft de pro- » noncer fuivant la Loi, & non pas de la faire » (2).

Heureufement (dit le Mémoire) *que la raifon, l'intérêt de la fociété, l'intérêt de l'humanité, toutes les autorités fouveraines fur l'univers & fur les fiecles, condamnent & profcrivent cette maxime & cet ufage.*

Nous ne comprenons point ces expreffions emphatiques *d'autorités fouveraines fur l'univers & fur les fiecles ;* à moins que l'Auteur n'ait voulu défigner ces Réformateurs, qui fe font déja plus d'une fois modeftement attribué le titre de Prophetes & de Précepteurs du genre humain, & que lui-même qualifie de *Miffionnaires de la raifon éternelle.*

Mémoire,
page 229.

(1) Series non interrupta rerum perpetuò & fimiliter judicatarum.

(2) Meminiffe debent Judices effe fui muneris judicare, non jus dare.

Mais nous ne craignons point de contracter ici l'engagement de prouver, que *la raison*, que *l'intérêt de la société*, que *l'intérêt de l'humanité* se réunissent pour consacrer une maxime aussi précieuse.

Suivons l'Auteur pas à pas dans l'établissement du système qu'il se flatte de faire prévaloir.

Il se demande d'abord à lui-même : *Qu'est-ce qu'un témoin né-* Mém. p. 149. *cessaire ?* Il répond, *C'est un homme reconnu & déclaré suspect par la raison & par la Loi.*

Arrêtons-nous à cette définition. Elle n'est pas exacte : l'Auteur affecte de réunir & de confondre la suspicion qui peut naître de la qualité & de l'état du témoin, avec la nécessité qu'il y a d'entendre sa déposition.

Les *témoins nécessaires* font ceux qui ont été témoins d'un crime, & qui peuvent seuls en déposer, parce qu'ils font les seuls qui l'ont vu commettre. Qu'on puisse ensuite les reprocher, qu'on puisse faire rejetter leur témoignage, c'est une seconde question. Mais dans l'exactitude d'une définition, on ne peut pas dire qu'*un témoin nécessaire est un témoin suspect.*

Un témoin peut être suspect, ou parce qu'il a été dénonciateur, ou parce qu'il est attaché à la personne du dénonciateur. Nous avons déja fait voir ce qu'on doit entendre par le terme de dénonciateur. Nous avons fait voir qu'ils peuvent être entendus en témoignage. La raison veut qu'on les *accueille*. L'usage les *appelle*. A plus forte raison doivent-ils être admis toutes les fois que le crime est constant, & qu'il est impossible d'en avoir la preuve autrement que par leur témoignage.

L'impunité du coupable seroit un bien plus grand malheur que le danger de recevoir une déposition dont l'intérêt public consacre la nécessité.

Nous avons à présent à examiner la question relativement aux Domestiques. Sont-ils reprochables par leur qualité ? Dans quel cas peuvent-ils être reprochés ? Quelle force doit avoir leur déposition ?

C'eſt un principe inconteſtable qu'un Domeſtique n'eſt pas reconnu ſuſpeɕt, parce qu'il eſt Domeſtique. Quelle monſtrueuſe philoſophie ! quelle morale odieuſe que celle qui déclareroit la probité incompatible avec l'état de domeſticité ! Serions-nous aſſez aveugles pour aſſimiler l'homme qu'on appelle communément un Domeſtique, avec les Ilotes de Sparte ou les Eſclaves du Peuple Romain ? Il n'y auroit tout au plus de ſimilitude, encore ſeroit-elle imparfaite, qu'avec les Affranchis, qui reſtoient au ſervice de leurs anciens Maîtres. Nous diſons bien imparfaite ; car le Maître ſuccédoit en vertu de la Loi à ſon Affranchi qui n'avoit pas diſpoſé ; & jamais, en France, un Maître ne s'eſt cru en droit de s'approprier la dépouille de ſon Domeſtique, & de mettre la main ſur le fruit de ſes épargnes ; le plus grand nombre répudieroit le legs d'une telle ſucceſſion.

Un Domeſtique eſt un homme libre, auſſi libre que ſon Maître, & la liberté eſt le ſeul bien qu'il poſſede ; le haſard de la naiſſance, ou le défaut de fortune l'oblige de louer ſa perſonne, pour ſubvenir à ſes beſoins ou à ceux de ſa famille. La détreſſe le rend à plaindre, mais ne le rend point infâme. N'eſt-il donc pas aſſez malheureux d'être la victime des caprices du ſort, ſans qu'on veuille l'avilir, ſans qu'on cherche à le dégrader au point de le réduire à la condition d'un Eſclave ?

La ſervitude eſt ſi contraire au droit des Gens, qu'il eſt difficile de concevoir comment le droit de conquête a pu permettre d'attenter à la liberté naturelle de l'homme ; & ſi quelque choſe doit paroître étonnant, c'eſt que la ſageſſe Grecque & Romaine n'ait point entiérement proſcrit l'uſage barbare de convertir la captivité en eſclavage.

Aux yeux de la Raiſon, aux yeux de la Juſtice ſur-tout, tous les hommes doivent être égaux par le droit de nature. L'état de domeſticité ne peut faire perdre le *Droit de Cité*. La Raiſon ne regarde donc point le Domeſtique comme incapable d'être Témoin. Si la Raiſon humaine ne reconnoît point le Domeſ tique comme inhabile à dépofer, nulle Loi ne l'a déclaré fufpeċt, fur le fondement de cette qualité.

Nous nous attendons ici à une objeċtion; & l'on nous dit : La dépofition du Domeftique n'eft pas rejettée parce qu'il eft domeftique ; la probité eft de tous les états. Un Serviteur fidele eft un homme précieux; l'affeċtion qu'il porte à fon Maître, l'affiduité de fon fervice, la régularité de fa conduite & fon défintéreffement font autant de motifs d'ajouter foi à fon témoignage. Sans doute il peut dépofer dans les affaires qui n'intéreffent en rien le Maître auquel il eft attaché. Mais fi ce Maître eft Dénonciateur ou Partie dans une Procédure criminelle, l'attachement du Domeftique le rend fufpeċt ; la confiance qu'on auroit en lui diminue; l'envie qu'il auroit de plaire à fon Maître, la crainte d'être congédié, l'efpoir d'une récompenfe, le danger de la féduċtion, une foule de foupçons s'élevent contre lui : la Raifon repouffe ce Témoin, & la Loi le défavoue.

La Raifon & la Loi s'accordent, il eft vrai, pour croire qu'on peut quelquefois foupçonner un Domeftique. Quelque prévention néanmoins qu'on puiffe avoir contre les Gens de cette claffe, quelque légitime qu'elle puiffe paroître, ce n'eft jamais qu'une poffibilité, c'eft tout au plus une fufpicion ; &, dans le doute, faut-il enlever à un Domeftique tous les droits de Citoyen, furtout lorfqu'il y a néceffité indifpenfable de recourir à fon témoignage, à défaut de tout autre Témoin?

Voyons ce que la Loi prononce, car la Raifon eft muette devant la Loi. Le raifonnement n'eft qu'une opération d'une intelligence qui délibere; la Loi, qui eft la raifon publique, fixe les incertitudes. Elle parle, & tous les raifonnemens s'anéantiffent devant fon autorité.

Nous avons deux fortes de Loix à confulter : la Loi Romaine, & les Ordonnances de nos Rois. Quoique la prééminence des Loix du Royaume foit inconteftable; comme on a voulu abufer du Droit Romain pour renforcer le fyftême qu'on entreprenoit de défendre, nous nous propofons de defcendre, à notre tour, dans le détail de la Jurifprudence Romaine, parce qu'une partie de nos Loix émane de cette fource primitive.

Nous croyons devoir prévenir que cette expofition fera un peu étendue ; mais la démonftration que le Public attend de notre Miniftere, exige cette prolixité.

Nous ne pouvons concevoir une idée plus complette de la nature d'une Inftruction criminelle, que celle que Ciceron en donne lui-même :

« Toute accufation annonce un crime. Elle doit en fpécifier » la nature, nommer le coupable, le prouver par des argumens, » & le confirmer par la dépofition des Témoins » (1). Ce corollaire eft l'abrégé de tout ce que les Loix ont prefcrit.

Les Légiflateurs Romains fe font principalement attachés dans la preuve des délits, foit publics, foit privés, à indiquer le choix des Témoins, & à calculer le degré de confiance dû à leur véracité.

« La preuve par Témoins, dit la Loi, eft d'un ufage fréquent » & néceffaire » (2).

« Mais on ne peut entendre en Juftice, que ceux à qui il eft » permis de dépofer, & qu'aucune Loi n'a difpenfés de rendre » témoignage » (3).

Il faut donc diftinguer ceux qui font admis, ceux qui ont une excufe légale pour fe difpenfer de comparoître, & ceux dont le témoignage eft rejetté.

A Rome, l'audition des Témoins fe faifoit en public. L'Accufateur & l'Accufé pouvoient en produire ; ils étoient également entendus, & devoient être préfens au Jugement. Mais avant de

---

(1) Accufatio crimen defiderat, rem ut definiat, hominem ut notet, argumento probet, tefte confirmet. *Cic. pro M. Cælio*, n°. *3*.

(2) Teftimoniorum ufus frequens ac neceffarius eft. *L. j*, *ff. Lib.* 22, *Tit. v*, *de Teftib.*

(3) Adhiberi teftes poffunt hi quibus non interdicitur teftimonium, nec ulla lege a dicendo teftimonio excufantur. *Ibid.*

les admettre, le Juge s'affuroit par lui-même du degré de confiance qu'il pouvoit avoir dans leurs dépofitions.

Juftinien a placé dans le Digefte une décifion qui renferme tous les principes de la matiere, & les développe par la réunion de tout ce que les Loix Romaines avoient prononcé fur cet objet.

Digeft. Liv. 22, Tit. 5. L. 3.

Cette Conftitution eft divifée en cinq Paragraphes.

Voici le commencement de la Loi: « Le Juge examinera » avec foin la foi qui eft due aux Témoins qui lui feront pré» fentés (1); & il fera une grande attention dans leur perfonne » à la condition de chacun d'eux (2). Il faura s'il eft Décurion » ou Plébéïen (3). S'il a mené une conduite irréprochable, ou » s'il eft noté en Jugement, & repréhenfible (4). S'il eft riche » ou dans l'indigence, & facile à corrompre (5). S'il eft ennemi » de celui contre lequel il vient dépofer, ou ami de celui pour » lequel il eft entendu » (6).

Si le Témoin ne peut effuyer aucun de ces reproches, il faut l'admettre : *admittendus eft* (7).

La fuite de cette Loi eft compofée de plufieurs Refcrits d'Adrien lui-même. Dans le premier Paragraphe, l'Empereur mande à Vivius Varus, Préteur de la Province de Cilicie, comment il doit fe conduire dans l'examen des Témoins.

§. 1°.

Dans le fecond, il explique à Valerius Verus, qu'il ne peut lui donner des regles invariables pour déterminer le degré de confiance qu'on peut avoir dans les dépofitions.

§. 2°.

---

(1) Teftium fides diligenter examinanda eft.

(2) Ideoque in perfona eorum exploranda erunt conditio cujufque.

(3) Utrumquis Decurio an Plebeius.

(4) An honeftæ & inculpatæ vi⋯ ⋯atus & reprehenfibilis.

(5) An locuples, vel eg⋯ ⋯à quid admittat.

(6) An inimicus ei fit contra q⋯ teftimonium fert, vel amicus ei fit pro quo teftimonium dat.

(7) Num fi careat fufpicione teftimon⋯, vel propter perfonam à quâ fertur, quod honefta fit : ⋯ei propter caufam quod neque lucri, neque gratiæ, neque inimicitiæ causâ fit, admittendus eft.

§. 3.ᵉ Dans le troifieme, qui eſt un Refcrit adreſſé à Junius Rufinus, Proconful de Macédoine ; il rejette l'uſage de recevoir des dépoſitions toutes écrites, par cette déciſion célebre : « Je crois aux » Témoins, & non à leur témoignage : car je ne reçois pas ces » fortes de dépoſitions ; j'interroge moi-même les Témoins » (1).

§. 4.ᵉ Dans le quatrieme Paragraphe, Adrien confirme le Refcrit contenu dans le Paragraphe précédent ; & il en donne le motif à Gabinius Maximus : « L'autorité d'un Témoin qui eſt préſent » eſt plus forte que celle d'un témoignage dont on fait la lec- » ture » (2).

Ces quatre premiers Paragraphes ſemblent n'avoir trait qu'aux Affaires Civiles, où la dépoſition des Témoins étoit indiſpenfable. Mais il eſt eſſentiel de ne pas confondre la preuve en Matiere Civile, & la preuve en Matiere Criminelle. L'une & l'autre ont des Regles particulieres ; & la preuve Criminelle eſt beaucoup plus étendue que la preuve Civile.

La derniere partie de la Loi concerne les accuſations publiques. Que porte la Loi ?

Elle rappelle l'ancienne Loi Julia: *De Vi publicâ & privatâ*, & prononce.

§. 5.° « La Loi Julia ſur la violence publique ou privée, décide » qu'on ne peut écouter en dépoſition contre un Accuſé (3), *in* » *Reum* » . . . . .

(Ces mots de la Loi, ainſi que ſon objet qui eſt la preuve du crime, la placent néceſſairement dans la claſſe des Loix Criminelles. Quoique *Reus*, en latin, ſignifie en général celui contre lequel on forme une action, ici *Reus*, ſuivant tous les Commentateurs, ſignifie *Accuſatus*, un Accuſé, contre lequel on a formé une action criminelle.)

---

(1) Teſtibus ſe non teſtimoniis crediturum ; quibus apud me locus non eſt, nam ipſos interrogare ſoleo.

(2) Alia eſt autoritas prefentium teſtium, alia teſtimoniorum quæ recitari ſolent.

(3) Legè Juliâ de vi cavetur ne hâc lege in reum teſtimonium dicere liceret.

1°.

1°. « Celui qui aura racheté fa liberté de l'Accufé ou de fon
» Pere » (1).

2°. » Les Impuberes » (2).

3°. « Celui qui aura été condamné par un Jugement public,
» ou qui ne feroit pas reftitué entiérement dans fon état » (3).

« Ou qui feroit encore dans les prifons » (4).

4°. « Celui qui fe fera loué pour combattre contre les bêtes » (5).

5°. « Celle qui a fait, ou qui fait encore publiquement un
» trafic de fa perfonne » (6).

6°. « Enfin ceux qui ont été jugés & condamnés comme
» ayant reçu de l'argent pour témoigner ou ne pas témoigner, » (7).

« Car, continue la Loi, les uns à caufe du refpect qu'ils
» doivent à la perfonne de leur Patron » (8), (*les Affranchis*).

« Les autres à caufe de la foibleffe de leur jugement » (9),
(*les Impuberes*).

« Les autres, parce qu'ils font notés » (10), (*les Condamnés
par Jugement, & les Prifonniers*).

« Les derniers enfin (*les Proftituées & les Gladiateurs*) à caufe
» de leur infamie, ne peuvent faire foi en Juftice » (11).

Ce Tableau, qui termine la Loi, renferme le dénombrement
de tous ceux qui ne pouvoient pas être admis à porter témoi-

---

(1) Qui fe ab eo parenteve ejus liberaverit.

(2) Quive impuberes erunt.

(3) Quique judicio publico damnatus erit, qui eorum in integrum reftitutus non erit.

(4) Quive in vinculis, cuftodiâque publicâ erit.

(5) Quive ad beftias ut depugnaret fe locaverit.

(6) Quæve palàm quæftum faciat, feceritve.

(7) Quive ob teftimonium dicendum aut non dicendum pecuniam accepiffe judicatus
vel convictus erit.

(8) Nam quidam propter reverentiam perfonarum.

(9) Quidam propter lubricum confilii fui.

(10) Alii verò propter notam.

(11) Alii propter infamiam vitæ fuæ, admittendi non funt ad teftimonii fidem. *Leg. 3,
ff. de Teft.*

M

gnage contre un Accufé : & il eft facile de reconnoître qu'il
falloit jouir des droits de Citoyen pour pouvoir être Témoin ;
excepté néanmoins dans un cas où les perfonnes Infames étoient
Témoins contre un autre Infame : *Infamis contrà Infamem.*

Jufqu'à préfent il n'a point été queftion de ce que nous ap-
pellons un *Témoin Domeftique*, & la Loi n'en connoiffoit pas.
La raifon en eft bien fimple. Les Romains étoient fervis par des
Efclaves. Le Droit Romain ne permettoit d'appeller que des
Témoins libres (1).

Nous trouvons cependant dans le Digefte, une Loi dont on
pourroit peut-être vouloir faire ufage. Elle eft ainfi conçue :
« Il eft défendu d'entendre les Témoins produits par l'Accufateur,
» & qui font de fa maifon (2).

Il en eft une feconde, inférée au Code, qui s'exprime à-peu-
près de même : « Même par le Droit Civil le témoignage domef-
» tique eft réprouvé (3) ».

A l'égard de la premiere, veut-on adapter aux perfonnes connues dans nos mœurs fous la dénomination de *Domeftiques*,
l'expreffion *de domo*, employée dans la Loi du Digefte ? Ce ne
peut être que par un abus manifefte de l'analogie des mots de la
langue Latine. L'expreffion *de domo* doit s'interprêter par celle-
ci, *de gente*, *de familiâ*, au fens propre ; & dans le fens figuré,
de libertis & manumiffis, qui demeuroient attachés à leurs anciens
Maîtres. La Loi parle, en un mot, de tous les gens libres qui
demeurent dans la maifon de l'Accufateur, *domi commorantibus* ;
car il faut faire attention que la Loi les appelle *teftes*, & il n'y
avoit que les hommes libres qui pouvoient donner un témoignage libre.

---

(1) Liberi teftes ad caufas poftulantur. *Leg. 11, Cod. de Probat.*

(2) Teftes eos quos accufator produxerit de domo fuâ, interrogari non placuit. *Leg. 24,*
ff. de Teftib.

(3) Etiam jure civili, domeftici teftimonii fide s improbatur. *Leg. 3, Cod. de Probat.*

Cette Loi du Digefte, *de domo*, peut encore s'interprêter par la Loi 3 au Code que nous avons déja rapporté. Il ne faut pas perdre de vue qu'il s'agit d'une accufation intentée par un Citoyen contre un autre Citoyen, où l'un & l'autre avoient un droit égal de produire des Témoins.

Si l'on demande ce que la Loi entendoit par *domefticum tefti-monium*, tous les Commentateurs répondent que c'eft le témoignage de la parenté, de la famille ou des perfonnes attachées à fa famille; comme les alliés, les affranchis, les enfans des affranchis, *manumiffi*, *liberti*, *libertini*. Il eft donc évident que ce témoignage domeftique, réprouvé par la Loi, n'eft point celui d'un *Domeftique* pris dans la fignification où ce mot eft entendu parmi nous.

Faut-il en rapporter une preuve encore plus évidente ? Nous la tirerons de la condition même des Efclaves qui tenoient lieu de domeftiques aux Romains.

Comment étoient-ils envifagés chez ce Peuple, où la liberté étoit le premier des biens ? Ces Efclaves, entiérement dépendans de la volonté de leur Maître, obligés de leur obéir en tout, étoient en quelque façon des êtres purement paffifs. Un Maître avoit fur fon Efclave le droit de vie & de mort, comme un pere fur fes enfans, dans les premiers tems de la République. Et fi par la fuite ce droit, toujours tempéré par la tendreffe paternelle, (car on ne cite pas un feul trait dans l'Hiftoire où un enfant ait été injuftement mis à mort par fon pere, fi ce n'eft l'exemple de Virginius, qui eft juftifié par le motif de fauver fa fille de l'infamie) fi la puiffance paternelle a été modérée, le droit d'un Maître fur fon Efclave a été pareillement adouci ; mais il lui a été libre de le faire flageller & de le mettre à la torture (1), pourvu que l'Efclave ne fût pas en danger de la vie.

Ce pouvoir arbitraire tiroit fon origine de l'idée qu'on avoit de

---

(1) Subjicere verberibus.

l'efclavage. Nous voyons dans le Digefte qu'on compare la fervi-
tude à la mort (1), & Accurfe, en interprêtant cette regle générale, dit expreffément : *Servus pro mortuo habetur.* « Un Efclave
» eft comme un homme mort, » & il en donne la raifon : « car
» il ne peut tefter, ni être Juge, ni être Arbitre » (2) :

On prétendra que cette interprétation n'eft que l'avis d'un
Commentateur, & qu'il s'agit du fens de la regle préfentée
comme une regle générale. Si l'on écarte l'opinion d'Accurfe,
c'eft Ulpien lui-même qui va interprêter la Loi, Ulpien qui en
eft l'Auteur.

Il s'explique en ces termes, dans la regle 32 au même Titre
de regulis Juris : « dans le Droit Civil un Efclave exifte comme
» s'il n'exiftoit pas : *pro nullo habetur.* Il n'en eft pas de même
» dans le Droit naturel, parce que, par le Droit de nature, tous
» les hommes font égaux (3) ».

Les Efclaves étoient tellement fous la dépendance de leurs
Maîtres, qu'ils auroient pu les forcer à dépofer d'après leur
volonté ; & s'ils avoient refufé de le faire, ou qu'ils euffent
dépofé autrement qu'il ne leur avoit été prefcrit, la flagellation
ou la torture étoient la peine de leur refus ou de leur défobéiffance. La Loi a prévu cet inconvénient, & elle a déclaré que
» ceux-là n'étoient point capables de faire preuve, à qui l'on
» peut commander d'être Témoins (4). »

Remarquons que la Loi emploie encore le mot *teftes,* & l'on
ne peut pas douter qu'en parlant des Témoins *idonei,* elle ne
parle de perfonnes libres par la naiffance ou par le droit,
mais obligées d'obéir ou de refpecter une autorité légale,

___

(1) Servitutem mortalitati comparamus. *ff. de Reg. Jur. R. 219.*

(2) Nam teftamentum facere non poteft, nec effe teftis, nec Judex, nec arbiter. *Acc.
ad hanc Leg.*

(3) Quod attinet ad jus civile, fervi pro nullis habentur. Non tamen & jure naturali ,
quia quod ad jus naturale pertinet omnes homines æquales funt. *ff. de Reg. Jur. R. 32.*

(4) Idonei non videntur effe teftes quibus imperari poteft, ut teftes fiant. *L. ff. 6.
Tit. 17. de Teft.*

comme les femmes en puiſſance de mari, les enfans de famille qui ſont ſous la puiſſance paternelle, les affranchis qui ſont ſous la puiſſance révérencielle de leur Patron. On diſtinguoit ces trois ſortes de puiſſances : *quibus imperari poteſt ratione patriæ poteſtatis , vel Dominicæ, vel obedientiæ* (1).

Les Commentateurs en ajoutent une quatrieme, celle du Seigneur : *numquid Vaſſallus?* « Le Vaſſal, diſent-ils, ne peut dépoſer » contre ſon Suzerain, parce que le ſerment de fidélité eſt une » eſpece de ſervitude (2) ». Opinion tout-à-fait abſurde, puiſque, dans un Fief, il ſeroit ſouvent difficile de trouver d'autres Témoins que les Vaſſaux.

Il eſt donc conſtant qu'en général les Eſclaves n'étoient point admis à dépoſer, ſoit en faveur de leurs Maîtres , ſoit contre leurs perſonnes. Cependant il eſt également prouvé que dans les cas particuliers, ſur-tout dans les accuſations de crime public , les Eſclaves étoient entendus ; mais ce n'étoit jamais par forme de dépoſition , c'étoit par forme d'aveu ; on commençoit par les mettre à la torture, on la faiſoit même réitérer pour tirer la vérité de leur bouche, *cum tormentis.* Cette eſpece de queſtion, préalable à leur dépoſition, avoit été imaginée pour les ſouſtraire à la vengeance de leurs Maîtres, qui les auroient punis pour avoir dépoſé, s'ils n'y avoient été contraints par la violence ; enſorte que c'étoit par force qu'on leur faiſoit dire la vérité ; & le Magiſtrat devoit ajouter foi à cette confeſſion arrachée au milieu des ſouffrances. Il eſt vrai qu'on n'avoit recours à cet expédient que dans le cas d'une néceſſité abſolue. La Loi 7 au Digeſte en eſt la preuve. « Il faut croire à la réponſe d'un Eſclave (car cet aveu ſe faiſoit dans un interrogatoire) « lorſqu'il n'y a pas » d'autre moyen de découvrir la vérité (3) ».

---

(1) *Gloſſ. ad L. 6 ff. de teſt.*

(2) Quia juramentum fidelitatis eſt ſpecies ſervitutis. *Ibid.*

(3) Servi reſponſo tunc credendum eſt, cùm alia probatio ad eruendam veritatem non eſt. *L. 7, ff. de Teſt.*

Cette Loi ne paroît elle pas suffisante ? Nous pouvons en rapporter une seconde.

Nous avons distingué, en commençant, les Témoins dont le témoignage étoit admis & les Témoins qui avoient une excuse légale pour ne pas déposer. La Loi 8 au Digeste fait l'énumération de ces derniers.

« On ne peut contraindre à déposer, les vieillards, les valétu- » dinaires, les soldats, ceux qui revêtus de Magistrature sont » absens pour le service de la République ; enfin, ceux à qui » il n'est pas permis de venir déposer (1) ».

Le judicieux Commentateur Accurse, le savant Scholiaste Pontius, M. Cujas, l'Annotateur Godefroy & autres Jurisconsultes célebres, nous ont donné l'explication de cette Loi, surtout à l'égard de ceux *quibus venire non licet ;* & voici leur sentiment unanime. On ne peut forcer les vieillards de 70 ans à cause de leur grand âge, les valétudinaires par raison de santé, les soldats parce qu'ils sont retenus sous leurs enseignes, les Magistrats délégués dans les Provinces, parce qu'ils servent la République. Reste donc ceux « à qui il n'est pas permis de venir (2). » Et quelles sont ces personnes ? Ce sont « ceux qui ont été » chassés de la Milice avec ignominie (3), ceux qui ne peuvent » pas reparoître sans honte (4) ; les Esclaves enfin, qui ne peu- » vent pas déposer contre leur Maître, parce qu'ils lui appar- » tiennent (5) ».

Après avoir ainsi interprêté d'après la Loi, les expressions mêmes dont les Législateurs se sont servis, Accurse & les autres se demandent : « mais si la vérité ne peut être connue que par la con-

---

(1) Inviti testimonium dare non coguntur. Senes, valetudinarii vel milites, vel qui cum Magistratu Reipublicæ causâ absunt, vel quibus venire non licet. *L. 8, ff. de Test.*

(2) Quibus venire non licet.

(3) Qui sunt de militiâ missi cum ignominiâ.

(4) Qui sine dedecore apparere non possunt.

(5) Servi : quia domini sunt. *Glossæ ad hanc leg.*

» feſſion des perſonnes couvertes d'ignominie, ou réduites à l'eſ-
» clavage (1), *quibus venire non licet?* » Ils répondent : « il faut les
» entendre (2). On admet dans le beſoin des témoignages qui
» autrement feroient rejettés (3). L'Eſclave qui n'a point de pri-
» vilege pour s'excuſer, n'eſt point reçu comme Témoin, parce
» qu'il eſt mort civilement (4) ». On ne doit pas même l'inter-
» roger, parce qu'il appartient à ſon Maître (5) ». Voilà la reglè,
voici l'exception : « Si ce n'eſt à défaut d'autre preuve (6) ; & il
» eſt admis pour ne pas reſtreindre la preuve des délits (7) ».

On pourra nous dire, malgré la Loi, *Servi reſponſo credendum eſt*, que l'opinion des Juriſconſultes n'eſt pas une Loi écrite,
& que, ſans ſon autorité, il eſt impoſſible de croire que le témoignage des Eſclaves fût écouté.

On demande une Loi poſitive ; la voici : elle eſt de MARC-
AURELE.

« On ne mettra point à la queſtion les Eſclaves, pour les
» faire parler contre leurs Maîtres, excepté dans les cas d'adul-
» tere, dans les accuſations concernant les deniers publics, & dans
» le crime de lèſe-Majeſté qui intéreſſe le ſalut du Prince (8) ».

« Dans tout autre crime, quoique le Juge ne doive pas ap-
» puyer ſon Jugement ſur ce que l'Eſclave aura déclaré contre
» ſon Maître ; cependant s'il y a d'autres indices, le motif de
» proſcription d'un tel aveu doit s'évanouir (9) ».

---

(1) Sed ſi veritas aliter ſciri non poterit.

(2) Omnes iſtos effe compellendos.

(3) Teſtes in ſubſidium & defectum aliorum admittuntur multi , quia aliàs non ad-
mitterentur.

(4) Servus quia non habet privilegium, quia pro mortuo haḅetur, non admittitur.

(5) Quia domini eſt non interrogatur in eum.

(6) Niſi in defectum probationum.

(7) Et ideò admittitur ne anguſtetur facultas probandi. *Ibid.*

(8) Quæſtionem de ſervis contrà Dominos haberi non oportet, exceptis adulterii criminibus, item fraudati cenſûs accuſationibus, & crimine Majeſtatis, quod ad ſalutem Principis
attinet. *L. 1. Cod. de Quæſt.*

(9) In cæteris autem, quanquam ea quæ ſervus contrà Dominum dixit judicaturi ſen-
tentiam formare non debeant, tamen ſi aliis quoque probationibus fides veritatis inveſti-
getur , præſcriptionis invidia evaneſcit. *Ibid.*

La même Loi finit en ces termes. « Mais dans les caufes où
» il ne s'agit que d'intérêt, il eft manifefte que la difette de
» preuves autorife à interroger un Efclave contre fon Maître (1). »

Cette Loi contient trois parties. En premier lieu, elle réprouve
en général l'ufage de contraindre un Efclave à dépofer contre
fon Maître, en lui donnant la queftion, qui étoit toujours employée dans ce cas. Mais elle excepte auffitôt les cas où les
Efclaves deviennent témoins néceffaires ; comme celui de l'a-
dultere, la fraude commife dans les fonds publics, & le crime
de lèfe-Majefté. En fecond lieu, la Loi permet l'ufage de la
queftion dans toute autre caufe, lorfqu'elle dit que la déclaration
de l'Efclave ne pourra déterminer le Jugement ; par conféquent
elle l'admet à concourir avec les autres preuves : car tous les
Auteurs conviennent que les Efclaves ne pouvoient être appliqués à la torture, que lorfqu'il y avoit un commencement de
preuve, *cum indiciis.*

Enfin dans les caufes même pécuniaires, dans la difette de
preuve, *ex inopiâ probationum,* on peut interroger un Efclave
contre fon Maître.

L'ufage de livrer un homme à la torture, pourra fans doute
nous paroître barbare : mais il faut fe reporter aux mœurs du
temps. Tout ce qui n'étoit pas Romain étoit méprifable : & la
multitude d'Efclaves dont les Particuliers étoient propriétaires,
ne leur paroiffoit qu'un vil troupeau, fait pour obéir au moindre
figne, & deftiné à fe foumettre aveuglément à leur volonté. Les
Citoyens Romains eux-mêmes étoient dégradés lorfqu'ils tom-
boient entre les mains des ennemis, en combattant pour la République
que : ils n'étoient plus dignes du titre glorieux de Citoyens Romains.
La *captivité* les rendoit incapables de jouir des droits de Cité.
Il y avoit une forte d'infamie attachée à la perfonne du prifonnier

______

(2) In pecuniariis verò caufis, ex inopiâ probationum fervos contrà Dominum interrogari poffe manifeftum eft. *Ibidem.*

de guerre; mais pour conferver le privilege du Citoyen, les Romains avoient imaginé ce qu'ils appelloient le droit de retour, *jus poſtliminii*. En vertu de cette fiction, le Citoyen captif devenu libre, en rentrant fur le territoire de la République, rentroit dans tous fes droits : fa liberté avoit dormi pendant fon efclavage; elle. avoit fouffert une éclipfe; il la retrouvoit toute entiere en fortant de captivité. Il faut cependant convenir que le traitement dur & rigoureux qu'éprouvoient à Rome les Efclaves à qui la Juſtice vouloit arracher un aveu, a été modéré fous les Empereurs. Ils ont cru devoir déterminer la maniere dont ils feroient mis à la queſtion. L'humanité dicta la Loi. Elle eſt tirée du livre d'*Ulpien de Adulteriis*; ce qui prouve de plus que dans ce genre de crime, commis dans l'intérieur d'une maifon, les Efclaves étoient *Témoins néceſſaires*.

« L'Éfclave, dit la Loi, doit être mis à la torture de maniere » qu'il foit fain & fauf après que l'Accufé aura été jugé innocent » ou coupable (1)». On n'a pas fupprimé la queſtion, mais on l'a adoucie.

Les Loix Romaines ont donc reconnu qu'il y avoit des *Témoins néceſſaires*. Conteſter cette vérité, c'eſt s'aveugler volontairement. Elle eſt de fait : elle eſt l'ouvrage des Légiſlateurs les plus fages & les plus amis de l'humanité.

Ce n'eſt point affez d'avoir prouvé par les Loix Romaines l'admiffion des témoins néceffaires : c'eſt dans notre Légiſlation qu'il faut encore trouver la preuve de cette maxime tutelaire qu'on s'efforce en vain de profcrire, comme impitoyable & barbare.

C'eſt un ufage commun à toutes les Nations de faire prêter ferment aux témoins. Il femble que l'on ait voulu joindre le frein de la Religion & la crainte du parjure, à l'obligation naturelle de ne jamais déguifer la vérité. En tout temps, en toutes

____

(1) Ita quæſtionem habere oportet ut fervus falvus fit, vel innocentiâ, vel fupplicio. *Leg.* 7, *ff. de Quæſt.*

rencontres, il eſt du devoir d'un homme honnête de dire vrai, même contre ſes propres intérêts. Le menſonge & l'impoſture ſont les premiers de tous les vices. En Angleterre, on ne ſe contente pas de faire jurer aux témoins qu'ils diront la vérité, ils jurent en outre qu'ils diront *toute la vérité*, & qu'ils ne diront *que la vérité*. Cette formule a été adoptée pour anéantir tous les ſubterfuges que l'artifice pourroit ſuggérer dans l'eſpoir de tromper la Juſtice ſous l'apparence de la bonne foi.

Nos Loix ſe ſont contentées d'un ſerment beaucoup plus ſimple, mais qui renferme dans ſa généralité le ſerment le plus étendu. Le Juge fait jurer & promettre au témoin de dire la vérité. Pour un honnête homme, tout eſt compris dans ce peu de mots. Dépoſer faux, ou ne dire qu'une partie de ce qu'on ſait, c'eſt la même choſe : & l'on eſt parjure en diminuant les circonſtances du crime, comme en les aggravant. C'eſt altérer la vérité que d'y apporter le plus léger changement.

A cette néceſſité, non-ſeulement religieuſe, mais même purement humaine, de dire la vérité, nos Ordonnances ont ajouté une obligation non moins eſſentielle, & deſirée par le vœu unanime de la Nation. Elle eſt preſcrite par l'Ordonnance rendue ſur les plaintes faites par les Députés des Etats aſſemblés à Blois en 1579.

Henri III, dans cette Loi, qui eſt reconnue pour une des grandes Ordonnances du Royaume, enjoint,

Ordonnance de Blois, 1579, art. 203.

« A tous Juges, Commiſſaires & autres........ d'examiner les témoins » qui feront ouis ès informations, ſur la pleine vérité du fait, tant de ce qui » concerne la charge que la décharge des accuſés, enſemble d'enquérir deſ- » dits témoins s'ils ſont parens ou alliés des Parties, & en quel degré, ou » domeſtiques & ſerviteurs d'icelles, & à en faire mention au commence- » ment de leurs dépoſitions, ſur peine de nullité, & des dommages & in- » térêts des Parties ».

Cette Loi générale du Royaume a reçu ſon exécution depuis le moment où elle a été publiée juſqu'au regne de Louis-le-Grand.

Ce Monarque, auſſi attentif à régler l'intérieur de ſes Etats qu'à défendre ſes frontieres, crut devoir, pour le bonheur de ſes Sujets, réformer les anciennes Ordonnances. Aux époques de 1667 & de 1670, parurent les Ordonnances Civile & Criminelle. Elles ont été rédigées, diſcutées, approfondies avec la plus grande ſolemnité par les Magiſtrats les plus integres & les plus éclairés. Elles ont été publiées : & l'Ordonnance de 1670 qui ſert aujourd'hui de regle dans les procédures criminelles, renouvelle la diſpoſition contenue dans l'Ordonnance de Blois, toujours *à peine de nullité.*

Cette injonction faite aux Juges de demander aux témoins s'ils *ſont Domeſtiques ou Serviteurs des Parties, & d'en faire mention, à peine de nullité,* prouve évidemment deux choſes : l'une, que les Domeſtiques peuvent être entendus en dépoſition : (autrement il étoit inutile de les admettre à dépoſer ; il eut été plus ſimple de les rejetter ſur leur déclaration) l'autre, qu'en admettant leur témoignage, mais en les obligeant de déclarer leur qualité, la Loi a voulu mettre l'Accuſé à portée de connoître plus facilement les reproches qu'il pouvoit faire contre la perſonne du témoin.

Il eut été bien plus extraordinaire, que pour la preuve d'un crime commis pendant la nuit dans une maiſon iſolée, d'un crime dont on ne peut apprendre les circonſtances que par le témoignage de ceux qui habitent cette maiſon, la Loi eût rejetté la dépoſition des témoins domeſtiques, des témoins oculaires, par conféquent des témoins néceſſaires, puiſqu'il n'y a qu'eux ſeuls qui peuvent rendre compte du fait & de la maniere dont il a été mis à exécution.

La même Loi déclare indéfiniment, que *les enfans de l'un & de l'autre ſexe, au-deſſous de l'âge de puberté, peuvent être reçus à dépoſer.* Comment, dira-t-on, aſſeoir une condamnation ſur le témoignage d'un impubere, qui ne peut avoir ni aſſez de jugement pour bien conſidérer ce qu'il voit, pour bien comprendre

Ordonnance de 1670, Tit. VI des Inform. art. 5.

Ordonnance de 1670, Tit. VI des inform. art. 2.

N 2

ce qu'il entend, ni affez de raifon pour en dépofer avec certitude, ni affez d'intelligence pour fentir la force de ce qu'il dépofe? Cependant la Loi déclare que les impuberes pourront être admis à dépofer. Mais elle ajoute auffi-tôt une reftriction fage & néceffaire : *Sauf en jugeant d'avoir par les Juges tel égard que de raifon à la néceffité & folidité de leur témoignage.*

Quel a été le motif du Légiflateur ? L'intérêt public : il importe à la Société que le crime ne foit pas impuni. La Loi, en ordonnant la punition du coupable, cherche moins à retrancher de la Société le criminel convaincu, qu'à effrayer, par l'exemple, ceux qui voudroient l'imiter. « Par-tout, dit Accurfe fur la » Loi Julia, par-tout le fupplice d'un feul eft la terreur des » autres (1) ». Un crime commis attefte qu'il y a un criminel. La Loi met tout en ufage pour le découvrir. Ni les ombres de la nuit, ni l'épaiffeur des forêts, ni la fuite la plus prompte, ni le traveftiffement le plus fûr, rien ne peut le dérober aux pourfuites de la Juftice. Le trouble décele le coupable ; un indice le fait reconnoître ; fa fuite même le trahit. Tous les Citoyens veillent pour la Loi : l'enfance même vient au fecours de la Société, au défaut de toute autre preuve ; fon ingénuité écarte toute défiance. Enfin, « quand la vérité ne peut être manifeftée que par » le témoignage de l'enfance (2), la Loi admet le témoignage » d'un impubere ; non pas comme dit Séneque, parce qu'il n'y » a point de témoin plus véridique qu'un enfant (3) » (cette Sentence du Philofophe Romain, *declamatorem magis quam jurisperitum decet*), « mais uniquement pour avoir la preuve du » délit (4). »

Nous avons obfervé que l'Ordonnance, en permettant de recevoir la dépofition d'un impubere, ajoute :

---

(1) Ubique pœna unius eft metus multorum. *Acc.*

(2) Quando veritas aliter fciri non poteft.

(3) Nihil puero tefte certius. *Senec. Controv. 3, n°. 20.*

(4) Ne delicta probationum defectu impunita remaneant.

« Sauf aux Juges à avoir tel égard que de raison à la néceffité & la foli-
» dité du témoignage ».

Cette reftriction annonce tous les motifs de la Loi. Le Juge
examine s'il·y a néceffité. Le Juge pefe également la folidité de
la dépofition, c'eft-à-dire, fi l'impubere paroît connoître la force
du témoignage qu'il rend, s'il parle d'après lui-même, fi fa raifon eft affez développée pour pouvoir combiner fes idées & détailler les circonftances du fait dont il rend compte à la Juftice.

Nous obferverons encore que l'Ordonnance, qui laiffe à la prudence du Juge la faculté d'avoir *tel égard que de raifon* à la dépofition
de l'impubere, ne prononce pas la même reftriction à l'égard du
domeftique qui dépofe. Elle oblige feulement à conftater fa qualité par fa propre déclaration, *à peine de nullité ;* d'où l'on peut
conclure que la dépofition n'eft pas nulle, lorfqu'il a déclaré qu'il
eft domeftique ou ferviteur de l'une des Parties. Si la dépofition n'eft
pas nulle, pourquoi la rejetter ? Si l'on ne doit pas la rejetter,
la réception de fon témoignage n'annonce-t-elle pas que la foi
eft due à ce qu'il a dépofé ?

Mais nous ne craindrons pas de l'avouer : l'obligation impofée
au témoin, de déclarer s'il eft *ferviteur ou domeftique des Parties*,
met néceffairement le Juge en garde contre le témoignage qu'il
a fous les yeux ; & nous pouvons affurer qu'il n'eft pas un Juge
qui, de cette feule précaution exigée par la Loi, ne tire la conféquence, que, même dans le cas de néceffité, les domeftiques ne
peuvent être témoins, *que fauf à avoir tel égard que de raifon* à la
véracité de leur témoignage.

L'Auteur du Mémoire fe récrie en ce moment contre l'excès
même de la délicateffe du Magiftrat. *Cette précaution,* dit - il,
d'avoir tel égard que de raifon à la dépofition d'un témoin fufpect,
eft une phrafe vuide de fens...... Reprenez cette phrafe frivole &
cependant perfide, qui égare la raifon, qui trompe la confcience ,.
qui, en voilant le danger de l'admiffion des témoins néceffaires,
raffure & enhardit les partifans de cette maxime, qui a peut - être

Mémoire
page 167.

empêché jufqu'à préfent que l'on reconnût combien cet ufage eſt monſtrueux.

Sophiſte aveugle, vous vous diffimulez à vous-même que l'Ordonnance permet d'entendre les domeſtiques. Ainſi cette admiſſion n'eſt pas une *maxime*, n'eſt pas un *ufage*; c'eſt une Loi. Et quand nous difons que les Magiſtrats ne reçoivent ces ſortes de dépoſitions, que ſauf à y avoir *tel égard que de raiſon*, vous oſez nous dire que cette précaution eſt *une précaution perfide*, *que ce langage égare la raiſon, trompe la confcience ;* que ce que les Magiſtrats font par équité, *les enhardit*, & empêche de reconnoître ce qué cet ufage a de *monſtrueux !*

DétraCteur imprudent, reconnoiſſez votre erreur, rendez hommage à un principe d'équité, & faites amende-honorable à la Loi & à la Magiſtrature.

Il nous ſuffit, ſans doute, de cet extrait des Ordonnances, pour établir ce point de Droit. Nous n'avions pas beſoin de recourir aux Loix Romaines, pour établir la Juriſprudençe des Tribunaux. Elles ſont d'accord avec nos Loix. Mais fuſſent-elles contraires, nous les écarterions encore. Car, de même que la raiſon doit ſe taire devant la Loi, de même les Loix de toutes les Nations doivent ſe taire devant la Loi du Royaume.

Nous ne parlons point du ſentiment des Criminaliſtes. L'Auteur du Mémoire contredit leur opinion ſans la détruire. Nous lui faifons grace du poids de leur autorité. Mais nous ne pouvons garder le ſilence ſur la fauſſeté des réponfes que l'Auteur fait aux queſtions qu'il ſe propoſe à lui-même.

Mémoire,
page 154.

C'eſt toujours par forme de dialogue que l'Auteur raifonne. *Un mari & une femme,* dit-il, *dénoncent à la Juſtice un aſſaſſinat commis contr'eux. Ils ſe préſentent pour dépoſer. La Juſtice d'abord les repouſſe. Quoi ! dépoſer dans votre intérêt ? Ils répondent : nous avons été aſſaſſinés, & il n'y avoit pas de témoins. La Juſtice leur dit : dépoſez.*

Ils dépoſent.

Vous soutenez donc, leur dit-elle, votre dénonciation ? *Ibidem.*
Sans doute. — Je condamne ces trois accusés à la mort.

Cet apologue est précis ; mais si le nouveau Fabuliste a l'imagination fertile pour créer des fictions, il manque de justesse pour en tirer des moralités.

Le ridicule qu'il voudroit répandre sur la procédure par cette conversation entre la Justice & les Témoins, se dissipe de lui-même ; & cette ironie déplacée, n'est appuyée que sur un raisonnement encore plus absurde.

Reprenons l'argument du Mémoire, dépouillé des ornemens de la fable qui lui sont étrangers. Mettons à découvert tout l'esprit de l'Auteur dans ce dialogue, aussi plein de malignité que d'imposture.

Les trois Accusés ont été condamnés, suivant le Mémoire, parce que les Thomassin sont des témoins nécessaires.

Qu'est-ce que des Témoins nécessaires ? Ce sont des Témoins *Ibidem.*
suspects.

Qu'est-ce que condamner sur la foi de Témoins suspects ? C'est condamner sans preuve.

Or, qu'est-ce maintenant, Criminalistes, Jurisconsultes, Ma- Mémoire,
page 155.
gistrats, Citoyens, Rois, que condamner sans preuve ?

Cette apostrophe plus qu'indécente, ces interrogations répétées se détruisent en montrant la foiblesse des réponses & l'abus du raisonnement.

Un Témoin nécessaire n'est pas un Témoin suspect. C'est un Témoin qui a été témoin du crime, & sans lequel on ne pourroit en acquérir la preuve.

Condamner sur la foi d'un Témoin qui peut être suspect, mais qui n'est pas jugé tel, ce n'est pas condamner sans preuves. Sa déposition fait foi, lorsque la Loi a permis de l'entendre, & que rien ne détruit sa déposition.

En suivant ainsi, l'Ordonnance à la main, toutes les allégations de l'Auteur, nous avons de la peine à trouver les *caprices,* les *abfurdités*, les *inconféquences* renfermées dans la maxime de l'admiſſion des Témoins néceſſaires. Nous avons encore plus de peine à concevoir comment *l'efprit de Claude & l'ame de Caligula en auroient été ſatisfaits.*

Mémoire, page 156.

A combien plus juſte titre pouvons-nous invoquer ici l'autorité des Trajan, des Adrien, des Marc-Aurele, & de tous les Empereurs que l'on a rangés dans la claſſe des bienfaiteurs de l'humanité, ou dans celle des Princes Philofophes. Ils auroient admis la dépoſition de nos domeſtiques, qui font libres, puiſqu'ils avoient permis de mettre à la queſtion des efclaves, « s'il n'y a » pas d'autre moyen de convaincre le criminel (1) ».

Magiſtrats & *Citoyens*, raſſurez-vous : Cette maxime de l'admiſſion des Témoins néceſſaires n'eſt à craindre que pour le crime. Elle eſt fondée ſur *la raiſon*, ſur *la juſtice*, ſur *l'intérêt de la Société*; la ſucceſſion des fiecles en dépoſe ; toutes les Nations l'ont adoptée ; l'intérêt général en fait une Loi, & cette Loi eſt un bienfait pour toute l'humanité.

On diroit que l'Auteur a pris à tâche de calomnier tous les Criminaliſtes qui ſe font attachés à démontrer la néceſſité de cette Loi.

Nous nous contenterons d'en citer un ſeul, parce que l'Auteur l'a cité ▪-même. C'eſt Jouſſe, dont la compilation a acquis de la confidération dans les Tribunaux,.

Ibidem.

Jouſſe a écrit cela, dit le Mémoire, *& Jouſſe eſt le guide, l'efprit, la raiſon, & la Jurifprudence des Tribunaux.*

Il eſt vrai que Jouſſe eſt cité quelquefois. Mais comment l'Auteur ofe-t-il affirmer qu'il eſt *le guide*, *l'efprit*, *la raiſon & la Jurifprudence des Magiſtrats ?* On peut le confulter, fans ſe déterminer par ſon opinion. Ne diroit-on pas que tout le Royaume attendoit ſes Ouvrages pour adopter des principes qui exiſtoient long-tems avant lui ? Jouſſe eſt un Auteur eſtimé ; mais un Au-

______

(1) Si alia probatio ad eruendam veritatem non eſt. *L. 7 , ff. de Teſt.*

teur

reur contemporain, & qui n'a point acquis affez de confiftance pour faire autorité.

Le Préfident Faber jouit d'une plus haute eftime : il a établi cette néceffité en termes bien énergiques.

« S'il eft queftion de prouver un fait qui ne peut être prouvé » que par la dépofition des Domeftiques, ou que la foi due à » d'autres témoins au-deffus de toute exception, même à un » acte non fufpect, s'accorde avec la dépofition des Domeftiques : » la qualité de ces derniers n'ôtera rien à la force de leur témoi- » gnage, par la feule raifon de leur état de domefticité (1). »

Oferons-nous répéter d'après l'Auteur, que *toutes les lacunes de notre Légiflation Criminelle, fi incomplette, fi découfue, tombant en ruine, font remplies, font bouchées de maximes de Criminaliftes.* Mémoire, page 156.

Notre Légiflation Criminelle eft *incomplette, eft découfue, & tombant en ruine !* Comment notre Miniftere ne feroit-il pas in- digné de la hardieffe, de la fauffeté d'une propofition auffi révoltante? Nous en ferons bientôt voir la fageffe & la folidité ; mais en lui fuppofant quelques légeres imperfections, nous deman- derons, quel eft l'ouvrage que la prudence humaine puiffe fe flatter de porter à fa perfection. La malice des hommes eft plus habile à inventer des moyens d'éluder la Loi, que la prudence des Légiflateurs n'eft éclairée pour prévenir les abus. Mais il fuffit que la Loi exifte : & tant qu'elle fubfiftera, elle doit avoir fon exécution.

Seroit-ce donc un problême, de favoir s'il eft préférable de replacer un fcélérat dans la Société, ou de le condamner fur la foi de *témoins néceffaires ?* Faut-il, par des exemples malheu- reufement trop communs, en donner la folution ? Tremblez, ames cruelles, qui affaffinez le Citoyen en paroiffant le défendre.

---

(1) Planè fi probandum id fuit quod nifi per domefticos probari non potuit, aut aliorum teftium qui omni exceptione majores funt, aut etiam inftrumenti alicujus non fufpecti fides cum domefticis confentiat : nihil de teftium fide, ob id folum quod domeftici fuerint, de- trahetur. *Fab. Codice, Lib.* 4. *Tit* 15, *defin.* 66.

O

Un Philofophe, l'Auteur lui-même eft dans fon cabinet occupé des affaires de fon état ; un Particulier fe préfente & lui demande audience. Il eft introduit. A peine la converfation eft - elle entamée, que ce malheureux, déguifé fous une apparence honnête, tire un poignard, demande au Citoyen l'argent qu'il peut avoir en fa poffeffion, & le menace de lui ôter la vie s'il appelle du fecours. Un ami paroît, le Domeftique entre pour l'annoncer ; l'un & l'autre font témoins de la fcene. L'affaffin fe fait jour le poignard à la main, & s'évade fans qu'on puiffe l'arrêter. Le Domicilié lui-même déclare le fait à l'Officier chargé du foin de la Police. Celui-ci foupçonne le coupable, & le fait arrêter. Le Procureur du Roi rend plainte ; on informe. Le Maître, fon Ami, ainfi que le Domeftique, font entendus en dépofition, font confrontés. Ils reconnoiffent l'affaffin. Il eft convaincu ; il eft condamné.

Légiflateurs aufteres, direz-vous que le Citoyen & fon Domeftique ne devoient pas être entendus, l'un, parce qu'il eft dénonciateur, l'autre, comme fufpect par fa qualité de domeftique : qu'il n'y a qu'un feul témoin, *unus teftis, nullus teftis ?*

Cependant le crime eft certain : & fi de ces trois dépofitions on en rejette deux, le crime demeurera impuni. La même préméditation peut fe renouveller chez une mere de famille, livrée toute entiere aux détails de fon ménage ; chez un Curé, dépofitaire des aumônes, que la charité des Fideles lui a confiées ; chez ce Commerçant, dont toute la fortune eft en argent comptant, ou en effets au porteur.

Nous ne cherchons point à intéreffer par des peintures touchantes. Mais quel eft le Citoyen qui ne doit pas trembler dans fes propres foyers ?

Autre exemple auffi concluant que le premier.

Un Seigneur de Paroiffe, un Gentilhomme, un Bourgeois, n'importe, revient à fon domicile fuivi de loin d'un feul Domeftique. Il faut traverfer une forêt. Le Maître a pris les devants ; il eſt attaqué par des Brigands à main armée. Le Domeſtique paroît : les Voleurs prennent la fuite , & tirent de loin ſur le Maître & ſur le Valet. En arrivant, le Maître envoie chercher la Maréchauſſée , & déclare que des inconnus l'ont attaqué dans la forêt, ont voulu le voler , & ont fait feu ſur lui & ſon domeſtique. La Maréchauſſée part , ſe met à la piſte , arrête des gens ſuſpects , mal famés, & ſans domicile. Ils ſont reconnus & condamnés pour vol ſur le grand chemin. Dira-t-on que le Maître & ſon Domeſtique ne devoient pas être entendus, que leur dépoſition eſt nulle, qu'il n'y a point de preuves contre les Accuſés ? Il faudra donc laiſſer cet attentat impuni , parce qu'il ne peut pas y avoir d'autres témoins d'un crime auſſi manifeſte.

Que deviendra la ſûreté publique? Oſera-t-on déſormais, dans un Royaume policé , ſe mettre en chemin ſans ſe faire eſcorter ? Quel inconvénient pour le commerce; quel danger pour les gens de campagne, qui s'en retournent avec le prix des marchandiſes qu'ils ont débitées !

Le Voyageur , le Commerçant , le Payſan , doivent donc être entendus en dépoſition ſur les faits que contiennent leurs déclarations; parce qu'ils n'ont aucun intérêt à faire punir des coupables qui leur ſont inconnus. Ou ſi leur intérêt perſonnel d'éviter à l'avenir un pareil danger les ſollicite ; ils ſtipulent en même tems l'intérêt de la Société : c'eſt le Miniſtere public qui eſt ſeul accuſateur.

Nous pourrions former cent hypotheſes toutes différentes , où la dépoſition du Dénonciateur & des ſiens eſt de néceſſité abſolue, non-ſeulement pour la punition du crime, dans le moment où il a été commis, mais encore pour ne point autoriſer & multiplier les coupables par la difficulté, diſons mieux , par l'impoſſibilité d'en acquérir la preuve.

La qualité de Dénonciateur que l'Auteur du Mémoire ne ceſſe d'attribuer aux Thomaſſin , eſt encore la ſource d'un argument qui a fait de l'impreſſion ſur quelques eſprits. Pour y répondre

Mém. p. 178. il faut le reprendre en fubftance. *En admettant les Thomaffin à dépofer, il n'y auroit encore qu'un feul témoignage.* Ce font *deux perfonnes,* il eft vrai, *mais ces deux perfonnes ne font qu'un témoin, & ne peuvent former entr'elles qu'un feul témoignage.*

Page 179. Les époux font *intimement unis par le double lien d'une deftinée commune & d'une affection mutuelle ; la femme a un troifieme lien qui ne ferre qu'elle, l'autorité maritale.* De ce triple lien, l'Auteur conclut que *toutes les fois qu'il eft queftion pour la femme de s'expliquer, dans les affaires de fon mari,* elle eft *contrainte, intéreffée ou féduite ;* par conféquent elle n'a qu'une voix avec fon mari, & la dépofition de l'un & de l'autre ne peut être qu'une même dépofition ; ainfi le mari & la femme ne font qu'un té-

Ibid. moin, parce que *la parole de la femme n'eft point la parole d'une voix, mais d'un écho.*

On a fouvent répété que l'intérêt étoit la mefure des actions, c'eft-à-dire qu'on ne peut former une demande, intenter une pour-fuite, diriger une action, qu'autant qu'on a un intérêt réel de le faire. L'Auteur qui fait étendre les principes, ou les reftreindre à fon gré, en a fait un beaucoup plus étendu. Le voici. L'intérêt eft la mefure des confciences. C'eft ainfi qu'il l'établit.

Page 180. *Les confciences font plus ou moins enchaînées par l'intérêt : car, en deux mots, l'intérêt eft la mefure de la liberté de la confcience ; la liberté de la confcience, la mefure de la faculté de dépofer.*

Jamais aucun Légiflateur ne s'étoit permis d'avancer une maxime de cette nature ; auffi l'Auteur convient qu'elle *ne fe trouve point dans notre Ordonnance Criminelle,* qu'elle n'eft *confacrée* par *aucune difpofition littérale :* l'Ordonnance enjoint aux témoins

Ibid. de déclarer *s'ils font parents des Parties & à quel degré ;* mais, ajoute l'Auteur, *elle ne ftatue rien fur l'influence que la parenté & le degré de parenté doivent avoir dans la faculté de témoigner, ou dans la valeur des témoignages.*

Au défaut de nos Ordonnances, l'Auteur invoque les Loix Romaines ; *elles ont parlé, car rien n'eft échappé à la providence de*

la Légiflation Romaine ; elle dit formellement (1) *,* uxor pro viro teftis effe non poteft. « *La femme ne peut être témoin pour fon mari »,* le mari par conféquent pour fa femme ; ils ne peuvent être *témoins l'un pour l'autre dans aucun cas , même lorfqu'ils font ac-* *cufés , à plus forte raifon lorfqu'ils accufent.* Mém. p. 181;

Je conclus donc avec confiance, porte le Mémoire, *que quand les dépofitions des Thomaffin feroient concluantes, ne pouvant fournir à elles deux qu'un feul témoignage, il n'en réfulteroit aucune charge.* P. 181;

Si l'on pouvoit écouter un pareil raifonnement , nous dirions à l'Auteur que dans fon fyftême il n'a pas été affez loin, il auroit dû dire qu'il n'y a pas même un témoignage ; car dans l'hypothefe où le mari eft accufateur, la femme ne peut pas dépofer ; & dans l'hypothefe où la femme a rendu plainte, le mari ne peut pas être entendu : & par une conféquence évidente, le témoignage de l'un & de l'autre doit être rejetté.

Il en eft de même dans l'hypothefe où le mari & la femme feroient tous les deux dénonciateurs. Si les Dénonciateurs ne peuvent pas être témoins, il faut encore rejetter la dépofition du mari & de la femme, parce que l'une ne fera que la répétition de la dépofition de l'autre, & que ni l'un ni l'autre, dans le fyftême de l'Auteur, ne doit être admis à dépofer.

Mais n'eft-ce pas abufer des principes & de leur application ? L'Auteur part d'un fait faux en lui-même; c'eft que le mari & la femme ont rendu plainte , qu'ils font accufateurs, qu'ils font au moins de vrais dénonciateurs. Voici fes expreffions. *Dans l'hypothefe actuelle où le mari & la femme fe plaignent de délits perfonnels à chacun d'eux, indépendamment de cette alliance générale. de* P. 183,

---

(1) Cette Maxime eft fans doute dans l'efprit de la Légiflation Romaine. Mais aucune Loi dans le corps du Droit , ne dit *formellement : Uxor pro viro teftis effe non poteft.* Ce font les Glofes qui tirent cette conféquence des Loix où la Femme eft mife au nombre des *Domeftici,* combinées avec celle du Code, *de Teft. Etiam Jure Civili domeftici teftimonii fides improbatur.* Ces Glofes fe trouvent *ad L. 1 , ff. de Senatufc. Sillan. §. Si Vir & Uxor,* & *ad L. Sed & Si quis , ff. Si quis caut. §. Prætereà.*

L'Auteur, qui méprife tant les Commentateurs, leur fait ici l'honneur de citer leurs expreffions comme un Texte *formel* de Loi Romaine.

*leurs intéréts communs, qui engage réciproquement leur parole, elle
se trouve encore engagée ici par le traité particulier, pour ainsi dire,
de deux intéréts personnels. . . . . . . Comment donc veut-on, qu'au
milieu de tant d'intéréts qui étouffent leurs consciences, ils aient une
voix, à plus forte raison une parole, à plus forte raison un témoignage, à plus forte raison deux témoignages.*

Cette alliance générale d'intérêts communs, ce traité particulier
de deux intérêts personnels, cette progression *d'une voix, d'une
parole, d'un témoignage, de deux témoignages*, présentent des
idées bien abstraites ; mais au moins il en résulte qu'on suppose
que le mari & la femme sont plaignans & parties dans l'accusation ; & s'ils sont accusateurs, l'Auteur a raison de poser en principe qu'ils ne peuvent témoigner en faveur l'un de l'autre : c'est
le cas de dire avec la Loi ; « nul ne peut être témoin légitime
» dans sa propre cause (1) ». Mais nous avons démontré que
les Thomassin ne sont ni accusateurs ni dénonciateurs : c'est
le Ministere public seul qui a rendu plainte d'un crime public,
d'un vol commis avec effraction dans la maison des Thomassin.
Il ne s'agit point de la réclamation des choses volées, des violences exercées pour parvenir au vol ; il s'agit du délit en lui-
même, du délit public, du délit qui intéresse toute la Société : &
c'est parce qu'il a été commis dans la maison des Thomassin que
le Ministere public les a fait entendre. Ils étoient *témoins nécessaires*, & du moment qu'ils ne sont point Parties plaignantes, ils
ne déposent point en faveur l'un de l'autre. Ils ont été appellés
pour déposer du fait, ils en ont déposé ; ce sont deux témoins,
ce sont deux dépositions ; ce n'est plus le cas de dire, le mari &
la femme ne sont qu'un. Cet axiome est vrai relativement à l'union
conjugale ; il est vrai dans une procédure où, soit le mari, soit
la femme, ont intérêt, & forment une demande, parce que leur
intérêt est commun ; mais dans toute affaire criminelle où le mari

---

(1) Nullus idoneus teftis in re fuâ intelligitur. *Leg. 10, ff. de Teftib.*

& la femme ne font point Parties, ce font deux perfonnes diftinctes, deux individus féparés, deux témoins réels.

L'Ordonnance a obligé les témoins de déclarer s'ils font parens des Parties & à quel degré, parce qu'il étoit de fa fageffe d'exclure, foit au Civil foit au Criminel, la parenté jufqu'à un certain degré; mais c'eft la premiere fois qu'on a ofé dire, qu'il falloit combiner l'influence que le degré de parenté devoit avoir fur la valeur d'un témoignage : il faudroit donc apprécier, déterminer le degré de confiance qu'on doit avoir dans la dépofition d'un pere & d'une mere, d'un pere & d'un fils, d'un gendre & d'une bru, de deux freres, d'un oncle & d'une fœur, en un mot, des parens au degré prohibé, dans une affaire où l'on ne peut les reprocher pour caufe de parenté, parce qu'ils ne font attachés par les liens du fang, ni à l'Accufateur ni à l'Accufé. Ne feroit-ce pas admettre une forte d'inquifition fur les confciences? L'Auteur auroit-il oublié que pour la preuve des faits juftificatifs, la Juftice ne refufe pas le témoignage des plus proches parens, qu'ils ne peuvent être reprochés, & lorfqu'il dit que *dans tous les cas* le mari & la femme, le frere & la fœur, ne doivent pas être entendus; cet ami de l'humanité voudroit-il enlever cette reffource à la juftification de l'innocence ?

Si la déclaration que les Thomaffin ont faite à la Maréchauffée pouvoit être regardée comme une plainte, ils feroient en quelque façon Parties civiles, parce qu'ils feroient Plaignans ; & quoiqu'ils n'aient pas requis la jonction du Miniftere public, ils n'en feroient pas moins les inftigateurs, &, comme tels, rangés dans la claffe des Accufateurs.

Mais fi le rapport dreffé par la Maréchauffée fur leur déclaration verbale ne contient aucune plainte, aucunes répétitions; s'ils n'ont rien demandé, s'ils ne demandent rien ; s'ils n'ont fait que le fimple récit d'un crime commis pendant la nuit, par des inconnus qui s'étoient introduits dans leur propre maifon, ils ne font pas même Dénonciateurs ; & quand ils le feroient, on ne pourroit encore les regarder comme Parties civiles. Il y a une différence notable entre la Partie civile & le Dénonciateur. La Partie civile eſt néceſſairement Partie ; elle peut ſuivre ſon action contre les héritiers de l'Accuſé ; elle eſt tenue des dommages-intérêts des Accuſés qui ſont déchargés de l'accuſation. Le Dénonciateur, au contraire, n'eſt jamais Partie, ne peut pas le devenir ; n'a aucune action, aucun recours contre les héritiers ; & n'eſt tenu des dommages-intérêts, que lorſque l'accuſation, intentée par le Miniſtere public ſur ſa dénonciation, eſt déclarée calomnieuſe. Un ſeul Témoin, un ſoupçon grave, le met à l'abri du reproche de calomnie.

Dans la déclaration, dans la dénonciation même ſi l'on veut, faite par les Thomaſſin à la Maréchauſſée, il ne peut y avoir de calomnie, qu'autant qu'il y auroit une perſonne calomniée. Ils n'ont accuſé que des inconnus. Qui ſont ces inconnus? Qui peut ſe reconnoître à cette dénomination? Il n'y a donc aucune perſonne qui puiſſe ſe dire calomniée, puiſque les Thomaſſin n'ont nommé perſonne. Ainſi celui qui déclare un ſimple délit, qui détaille les circonſtances dont il a été accompagné, qui rend compte du tort qu'il a ſouffert, des ſévices qu'il a éprouvés, du danger qu'il a couru, n'eſt pas lui-même coupable de calomnie. Ce prétendu Dénonciateur peut être Témoin, parce qu'il n'a aucun intérêt à charger les Accuſés, pour ſe ſouſtraire à la condamnation des dommages & intérêts. Il ignore quels ſeront les Accuſés, & le plus ſouvent il ne les reconnoît qu'à la confrontation, comme il eſt arrivé dans l'affaire des trois malheureux dont l'Auteur du Mémoire a entrepris la juſtification.

En vain voudroit-il oppoſer l'Ordonnance de *Philippe-le-Bel,* *qui défend expreſſément d'entendre en dépoſition les Dénonciateurs & les Parties inſtigantes.* L'Auteur du Mémoire en tire une induction qui n'eſt pas dans la loi, & qui n'en eſt pas la conſéquence. Elle eſt d'ailleurs altérée, ou mal copiée dans le texte qu'on lit dans une note du Mémoire.

Eſſayons

Mém. p. 145.

Essayons de faire la traduction littérale de cette Loi.

« Le Dénonciateur ou *l'Instructeur* remboursera à celui qui
» aura été dénoncé ses dommages & ses dépens. » (Voilà la Loi
générale : voyons l'exception). «A moins que le Dénoncé ne fût
» d'avance accusé du même délit par la rumeur publique, ou
» qu'il n'en fût au moins convaincu par un Témoin, ou enfin qu'il
» ne s'élevât contre le Dénoncé une suspicion probable, à la
» connoissance de la Cour & des Juges : » (Voici enfin la prétendue prohibition d'entendre le Dénonciateur, mais voici à
quoi elle s'applique) « de façon néanmoins que le Dénonciateur
» ou *l'Instructeur* ne soit point admis en témoignage sur les choses
» dessus-dites » (1). C'est-à-dire, qu'il ne peut établir par son témoignage ni cette *rumeur publique*, ni ce *soupçon probable*, ni
cette *conviction par un seul Témoin*. Comme ces trois points,
insuffisans pour faire condamner l'Accusé, sont suffisans pour dé-
charger l'Accusateur du reproche de calomnie; ce seroit rendre
le Dénonciateur témoin dans sa propre cause, que de s'en rapporter à lui sur leur vérité. Mais la Loi ne dit pas que *sur le délit*
même le Dénonciateur ne pourra être entendu. En l'interprétant
ainsi, elle deviendroit inintelligible : on ne pourroit donner aucun
sens à *ita tamen ut*, à *super prædictis*. Il est encore moins possible
de la comprendre de la maniere dont elle est rapportée dans le
Mémoire (2).

Ordonnance
de Philippe-le-
Bel, 1303.

---

(1) Quod denuntiator vel instructor resarciat denuntiato damna & expensas quas idem
denuntiatus sustinuerit, nisi de illo delicto denuntiatus fuit (*sans doute par abbréviation*
de fuerit) diffamatus, vel ad minus per unum testem convictus, vel aliàs appareret probabilis suspicio contrà eum ad cognitionem Curiæ & Judicum : ità tamen quod super prædictis
denuntiator vel instructor in testem minimè admittatur. *Ord. des Rois de France, édit. du Louvre.*

(2) L'Ordonnance de Philippe-le-Bel est ainsi copiée dans le Mémoire. Mém. p. 145.

Denuntiator vel instructor resarciat denuntiato damna & expensas quas idem denuntiator susti-
nuerit, nisi dicto delicto denuntiatus fuerit diffamatus, vel admissus per unum testem idoneum con-
victus, vel aliàs apparet probabilis suspicio, ità tamen quod super prædictis denuntiator vel
instructor in testimonium non admittatur.

Que de fautes ou d'oubli !

Le Mémoire porte, *nisi dicto delicto denuntiatus fuerit diffamatus*, ce qui voudroit dire,
« à moins que le dénoncé ne fût diffamé par ledit délit. » Mauvaise interprétation qui n'au-

P

Cette Ordonnance fuppofe néceffairement qu'il y a un Dénoncé, auquel il faut rembourfer fes dommages & fes dépens : *refarciat denuntiato damna & expenfas.* Ce qu'on peut encore interpréter d'un Accufateur qui feroit Partie dans la Caufe , puifqu'on rembourfe les dépens.

En fecond lieu, c'eft au Dénoncé qu'il faut faire ce rembourfement ; d'où il fuit que la dénonciation indique un coupable , c'eft-à-dire une perfonne dénommée dans la dénonciation. Et cette conféquence réfulte encore de l'exception de la Loi : à moins que le Dénoncé ne fût déjà nommé par le bruit public : *diffamatus.* Donc l'Ordonnance de Philippe-le-Bel n'a prévu que le cas où le Dénonciateur feroit Partie , ou auroit expreffément nommé un coupable.

Le Dénonciateur qui. ne parle que du délit, ne fait tort à perfonne par le compte qu'il rend à la Juftice du tort qu'il a perfonnellement éprouvé, à moins que fa dénonciation ne foit capable de jetter l'allarme dans la Société. Alors la Juftice feule a droit de le pourfuivre pour rétablir le calme dans les efprits.

L'Accufateur au contraire qui nomme un coupable, dirige vers la perfonne qu'il a défignée, & les idées du Miniftere public, & fes recherches, & fa févérité : il eft refponfable du tort qui réfulte de cette pourfuite contre la perfonne nommée. Mais quand la

---

roit aucune liaifon avec ce qui précede. Auffi le texte de la Bibliotheque du Roi porte , *nifi de illo delicto.* Le fens eft alors abfolument parfait. « A moins que le dénoncé ne fût déja » diffamé fur le délit qu'on lui attribue. »

On lit dans le Mémoire *admiffus per unum teftem idoneum.* La Loi dit *ad minus,* & n'ajoute point *idoneum.* Nous ne dirons rien fur ce mot qui fe trouve également dans la Conférence de P. Guefnois.

On lit dans le Mémoire, *apparet* au lieu d'*appareret.* On a oublié après ce mot , *contrà eum, ad cognitionem Curiæ vel Judicum.* Enfin le Mémoire porte *non admittatur,* & la Loi *minimè admittatur.* En rétabliffant le texte de l'Ordonnance de 1303, il en réfulte que toutes les fois que la rumeur publique nomme le dénoncé avant la dénonciation, qu'il y a un témoin , ou un foupçon probable, il n'eft pas dû de dommages & intérêts, parce que la rumeur publique fuffit pour autorifer les pourfuites & juftifier le dénonciateur. Et fur ces trois cas, *fuper prædictis,* le dénonciateur ou l'inftructeur ne doivent pas, *minimè,* être admis en témoignage.

déclaration ne tombe que fur un délit en général, s'il furvient un Accufé, ce font les charges de la procédure qui indiquent le coupable, & attirent fur lui le malheur d'être décrété.

C'eft un principe généralement reconnu, & qui ne peut être contefté, que ce n'eft ni la plainte ni l'information qui conftituent l'Accufé ; c'eft le décret : jufques-là la procédure eft fecrette, & tout eft effacé, fi la Juftice prononce qu'il n'y a lieu de fuivre l'inftruction.

Il arrive très-fouvent, qu'en faifant à l'Audience la lecture des Informations, le Miniftere public trouve dans une dépofition un fait grave qui excite fa vigilance, un fait dont le témoin a cru devoir parler à l'occafion de la plainte fur laquelle il a été entendu, & qu'il a regardé comme une circonftance effentielle pour attefter la vérité de fa dépofition. Le Miniftere public n'héfite jamais à demander acte de ce qu'il prend ce fait pour dénonciation. En conféquence, il rend plainte, & l'information eft ordonnée. Souvent même on décerne des décrets ; & fuivant la force de la dépofition, & la nature des délits, on a vu des Accufés décrétés & arrêtés au milieu de l'Audience même.

Cette dépofition n'eft-elle pas une véritable dénonciation ? Elle en tient lieu au Miniftere public. A-t-on jamais élevé la queftion de fçavoir, s'il falloit, s'il étoit permis de faire entendre ce Témoin devenu Dénonciateur ? Le fait contenu dans la premiere information étoit un fait étranger à l'accufation primitive : mais il devient la bafe de la nouvelle procédure : on fait entendre le Témoin une feconde fois, ou il eft récolé fur fon ancienne dépofition, qui fait alors partie des charges ; & fon témoignage ne peut pas être rejetté.

Si le Dénonciateur ne devoit pas en certains cas être le premier Témoin, il feroit fouvent impoffible d'acquérir la preuve des délits. En pareilles circonftances la néceffité fait la loi : *ne in defectu probationum impunita remaneant crimina.* Cette Loi, la premiere de toutes les Loix, cette Loi « au-deffus de toutes les

» exceptions (1) » quand il s'agit de l'intérêt public, force d'admettre tous les Témoins, fur-tout, *cum alia probatio ad eruendam veritatem non eft.*

Un Philofophe dira : La preuve qui réfulte de la dépofition des Témoins néceffaires n'eft qu'une préfomption ; & fi la Juftice condamne fur des préfomptions, je fuis expofé à périr fur un échafaud. La Juftice lui répond par notre bouche : La dépofition de deux Témoins néceffaires n'eft pas une préfomption ; c'eft une preuve : & fi je la rejette, tous les Citoyens confiés à ma garde feront expofés à être égorgés impunément. C'eft donc le cas de dire avec la Loi des Douze Tables : *Salus Populi, fuprema Lex efto.* « Le falut du Peuple eft la Loi fuprême. »

On va nous faire un reproche de mettre la néceffité au nombre des Loix, de fonder la tranquillité générale fur un principe que l'innocence ne peut écouter fans frémir, & que les plus fages Légiflateurs ont profcrit avec indignation.

Nous adoptons avec un faint refpect les grandes Maximes que l'humanité dicta aux TRAJAN, aux ANTONIN, aux CHARLEMAGNE ; nous ne craindrons pas même de rapprocher de ces noms auguftes, ceux de LAMOIGNON & de D'AGUESSEAU, dignes d'être placés à côté des plus fages Légiflateurs. Ces maximes précieufes ne font-elles pas dans le cœur & dans la bouche de tous les vrais Magiftrats? Les principes que ces grands hommes ont développés font nos *guides*, notre *efprit*, notre *raifon*, notre *Jurifprudence*. Nous les foutiendrons, nous les défendrons avec la même fermeté ; non pas dans le fens du Mémoire, mais dans toute leur étendue, & dans l'explication littérale du texte des Loix qui nous les ont tranfmis.

Nous difons que ces Maximes heureufes ont été préfentées dans un fens différent de celui qu'elles renferment : & pour éviter une difcuffion peu importante, nous n'en citerons qu'un Mém. p. 173. exemple. C'eft le Refcrit de l'Empereur Trajan. *Satiùs eft impuni-*

____

(1) Omni exceptione major.

tum relinqui facinus nocentis , quam innocentem damnare. L'Auteur du Mémoire l'a traduit ainsi. « Il vaut mieux laisser un crime im-
» puni, que de courir risque de condamner un innocent. » Cette traduction n'est pas tout à fait exacte : parce que la Loi ne dit pas *de courir risque de condamner* , mais simplement, *de condamner* l'innocent. La Loi est ainsi conçue. « Trajan consulté par Julius
» Fronto , a répondu qu'en matiere de crimes, il ne falloit pas
» condamner un absent (1).» A la suite de cette décision on lit. Dig. L. 48, Tit. 19, Loi 5.
« Le même Trajan consulté par Assiduus Severus , a répondu
» qu'il ne devoit pas condamner même sur des soupçons (2). » Et voici le motif que Trajan lui-même donne de ces deux Loix.
« Car il vaut mieux laisser le crime de l'Accusé impuni, que de
» le condamner innocent (3). » C'est comme si Trajan avoit dit. L'absence n'est pas une preuve du crime ; ce n'est pas même un soupçon ; on ne doit condamner , ni pour l'absence , ni pour un soupçon. Car il vaut mieux, *satius enim esse ,* (l'adverbe conjonctif *enim* annonce que l'Empereur tire une conséquence) ; car il vaut mieux que le crime de l'Accusé demeure impuni, que de le condamner s'il est innocent. De cette regle particuliere donnée pour le cas de l'absence ou du simple soupçon , on a fait un axiome de Droit ; mais ce qui prouve que l'Empereur Trajan n'a voulu parler que de l'absence simple, ou de l'absence avec soupçon, c'est la suite même de la Loi. « Mais à l'égard des contumax
» qui n'obéiroient pas aux citations ou aux Edits des Proconsuls(4),
» il faut prononcer contr'eux quoiqu'absents , comme en affaires
» privées (5), par des peines pécuniaires , ou par des peines qui
» touchent à l'honneur (6). Et s'ils refusent de comparoître après

---

(1) Absentem in criminibus non debere damnari Divus Trajanus Julio Frontoni rescripsit.

(2) Sed nec de suspicionibus aliquem damnari Divus Trajanus Assiduo Severo rescripsit.

(3) Satiùs enim esse impunitum relinqui facinus nocentis quàm innocentem damnare.

(4) Adversùs contumaces verò qui neque denuntiationibus, neque edictis Præsidum obtemperassent.

(5) Etiam in absentes pronuntiari oportet secundùm morem privatorum judiciorum.

(6) Per pecuniarias pœnas vel eas quæ ad existimationem contingunt.

» plufieurs citations, on jugera; & la condamnation pourra s'étendre
» jufqu'à la peine de l'exil (1).» Cette Loi n'eft donc qu'une décifion
donnée pour les cas d'abfence, de foupçon, & de contumace,
& non pour tous les genres de crime. Trajan décide que l'abfence
fans aucun indice n'éleve pas même de foupçon fur celui qui
cherche à conferver fa liberté; que la fufpicion n'eft pas une
preuve : & s'il permet de punir par l'exil celui qui s'abfente,
c'eft à caufe de fon obftination à ne point obéir à la citation du
Préteur, & pour le forcer de fe préfenter en Juftice. Ce Refcrit
tout au plus fera fondé fur un principe général. On peut en convenir : & nous dirons avec l'Auteur du Mémoire ; il vaut mieux
fauver un coupable, que de perdre un innocent. Eh! qui peut
douter de cette vérité? Mais un Accufé qui a contre lui la dépofition de deux Témoins, n'eft pas cet innocent dont le Refcrit
a parlé; & la Maxime de Trajan ne peut s'appliquer dans une
inftruction autorifée par la Loi.

Concluons que la maxime, ou plutôt la Loi de l'admiffion
des Témoins néceffaires, n'eft donc *ni abfurde ni barbare;* elle
n'eft condamnée ni par la *raifon,* ni par l'*équité,* ni par l'*intérêt*
public, ni par les *Loix,* ni par le *fang innocent qu'elle a verfé.*
Le defpotifme ne l'a point *introduite à Rome pour des Efclaves.*
Le regne de Louis XVI s'honorera d'une Loi dictée par la fageffe
de Louis XIV, & qui étoit en vigueur fous les Rois fes auguftes
Prédéceffeurs.

Nous ne pouvons terminer, fans expofer fous vos yeux le
dernier trait d'extravagance d'un Auteur agité de la manie de
faire profcrire tout ce qui eft contraire à fon opinion. Il s'écrie
dans fa fureur ; *Périffe cette Loi fur la roue préparée pour mes*
infortunés Clients. Ou fi vous voulez qu'elle fubfifte encore dans
vos Tribunaux, Magiftrats du Royaume, qu'elle y regne encore
entourée de gibets & de roues toujours couvertes d'hommes inno-

Mém. p. 175.

Ibidem.

---

(1) Si fæpiùs moniti per contumaciam defint, ftatui poffe, & ufque ad relegationem procedi.
L. 5, ff. Lib. 48, Tit. de pœnis.

cens ; tirez-là donc de vos Livres & de vos Arrêts ; gravez-là en Loi sur le bronze & sur l'airain ; attachez-là à des colonnes au milieu des places publiques ; faites-là afficher au coin de toutes les demeures, & publier de toutes les voix de la renommée, afin du moins que les Citoyens, jusqu'ici déçus par le secret ténébreux où elle est ensevelie, puissent désormais prendre contr'elle les précautions nécessaires.....

Vous croyez peut - être que la démence est portée à son dernier degré ; non. L'Auteur a osé rédiger en Loi tous les principes que nous venons de combattre, il propose d'en faire un Réglement public ; & après avoir eu l'indécence d'en exposer un modele, tracé par la phrenéfie, il ne craint pas de répéter : *Vous frémissez, Magistrats ! Eh bien ! cette Loi qui vous fait horreur, c'est votre propre Jurisprudence.*

Le délire de l'imagination la plus échauffée n'a jamais produit de déclamation plus injurieuse, ni de plan plus abominable. Abandonnons ce phrenétique à sa propre fureur. Le fanatifme dont il emprunte la véhémence n'a rien de redoutable.

Nous ne croyons pas devoir répondre à la citation cent fois répétée des Arrêts de LANGLADE & de CAHUSAC. L'Auteur a lui-même fait la réponse à la diffamation qu'il ne cesse de renouveller. Il avoit dit que les *Magistrats sont des hommes........* Mém. p. 3. *& qu'on ne peut imputer à crime aux Magistrats la déplorable condition des hommes publics & la foiblesse de l'esprit humain.* Quoique la déposition de deux Témoins uniformes, non valablement reprochés, appuyée d'indices certains fur un même fait, doive paffer pour une preuve complette, felon toutes les Loix divines & humaines, il est néanmoins dans la nature des chofes que deux Témoins irréprochables fe foient trompés & aient trompé les Juges. La Juftice humaine ne peut pas fonder les replis du cœur de l'homme ; la confcience des Témoins, ainfi que celle de l'Accufé, font un livre fermé aux regards du Juge : il n'eft point à l'abri des complots de la méchanceté ; le Magiftrat le plus integre peut être furpris, mais il ne perd rien de fa dignité quand il s'eft conformé aux volontés de la Loi, regle unique de fes Jugemens.

Une Légiflation vraiment parfaite eft impoffible à la fageffe la plus confommée. Les réformes que l'expérience confeille pour réprimer les abus, deviennent fouvent une fource d'abus plus dangereux encore. Le plus grand effort de la prudence d'un Légiflateur eft de diminuer le nombre des inconvéniens auxquels tout homme eft expofé pour n'être pas en danger de perdre la vie par la hardieffe d'un Scélérat ; & l'on pourroit peut-être foutenir qu'une Loi qui exigeroit des preuves trop fortes & trop multi-pliées, feroit une Loi dangereufe, une Loi oppofée à la fûreté publique ; elle inviteroit au crime par la certitude morale qu'elle donneroit au Malfaiteur de ne pouvoir pas être convaincu.

Si tous les hommes étoient juftes & vertueux, les Loix feroient inutiles. Mais dans le débordement de vices dont la Société eft inondée, il faut des Loix pour prévenir les complots des méchans, des Témoins pour les faire reconnoître, des Peines pour les effrayer.

Nous avons établi l'intervalle immenfe qui exifte entre la qua-lité de Délateur & celle de Dénonciateur ; nous avons également établi la différence qui fe trouve entre celui qui fait une dénon-ciation juridique, & celui qui fe contente de faire verbalement la déclaration d'un fait qui lui eft perfonnel. Enfin, nous avons marqué la diftance qu'on doit mettre entre le Dénonciateur & la Partie civile.

Nous vous avons fait voir que les Thomaffin ne font pas des Dénonciateurs ; que leur déclaration ne contient que l'expofé d'un délit arrivé chez eux pendant la nuit, & dont eux feuls ont été témoins ; qu'ils étoient des Témoins *néceffaires* ; que la néceffité, plus impérieufe en matiere criminelle que dans un délit civil, exigeoit qu'ils fuffent entendus ; que la Loi permettoit de les entendre ; enfin, qu'ils n'avoient aucun intérêt à pourfuivre les Décrétés, puifqu'ils ne formoient contr'eux aucune

demande

demande, ni en reftitution des effets qui leur ont été volés , ni en dommages & intérêts, ni en réparation civile. Il n'y a donc aucunes nullités dans l'information, à cet égard, & la Juftice a pu, d'après les circonftances, admettre leur témoignage, & fe déterminer par leurs dépofitions & les autres preuves comprifes dans la procédure.

Jufqu'à préfent nous avons envifagé les Thomaffin comme pouvant être foupçonnés d'avoir été Dénonciateurs. Il faut à préfent prouver qu'ils ne l'ont jamais été, & qu'ils ne peuvent point être regardés comme tels.

Les Thomaffin ne font pas même des Dénonciateurs.

La prétendue dénonciation qu'on leur oppofe fe trouve confignée dans le Procès-verbal du Brigadier de la Maréchauffée , du 3 Février 1783, & le vol eft de la nuit du 29 au 30 Janvier précédent. Ce Procès-verbal eft une fuite des fonctions attribuées à ces Officiers pour le maintien de la fûreté publique.

L'Ordonnance criminelle a réglé la maniere dont ils inftruiront les Procès de la compétence du Prévôt. Mais les anciennes Ordonnances ont déterminé leur marche & leurs fonctions, leurs devoirs journaliers, leurs tournées & les objets de toutes leurs vifites, fur les chemins & dans les lieux de leur arrondiffement : tout eft prefcrit.

Un détachement de chaque Brigade eft envoyé en tournée dans les Chemins, Bourgs, Villages, Hameaux, Fermes & Lieux fufpects de chaque Diftrict.

Dans ces tournées, la Maréchauffée s'informera s'il a été commis quelques crimes ou délits, & fi l'on a connoiffance des noms & fignalemens de ceux qu'on foupçonne en être les auteurs.

Elle doit arrêter les Affaffins, Voleurs & autres Délinquans trouvés en flagrant délit, domiciliés ou non domiciliés, & ceux contre lefquels la clameur publique excitera leur miniftere.

Si elle apprend qu'il ait été commis quelque vol, affaffinat, incendie, ou autre crime, elle recueillera toutes les circonftances, renfeignemens & indices qui pourront fervir à en faire connoître les auteurs. Les Brigadiers en dreſſent leurs Procès-verbaux, qu'ils ſont tenus d'envoyer ſans retard à leur Lieutenant, ſans négliger cependant les recherches néceſſaires pour la découverte & capture des Coupables.

Voilà le tableau des fonctions journalieres de la Maréchauſſée, & c'eſt à cette ſurveillance que nous devons la Police des grands-chemins du Royaume.

La conduite du Brigadier de la Maréchauſſée de Troyes, à la réſidence d'Arcis, y eſt exactement conforme.

Le Brigadier Martin étoit en tournée le 30 Janvier; il eſt informé par Thomaſſin le fils, qu'il rencontre ſur le grand-chemin, du délit commis pendant la nuit chez ſon pere; il ſe tranſporte dans la maiſon des Thomaſſin; il y recueille les cir-conſtances du délit; les Thomaſſin, pere & mere, lui détaillent la maniere dont les choſes ſe ſont paſſées; ils donnent le ſigna-lement des trois inconnus; & après avoir pris ces inſtructions, il ſe met à la pourſuite des Coupables.

Cette déclaration des Thomaſſin n'eſt qu'une déclaration ver-bale. Le Procès-verbal n'en eſt pas rédigé en leur préſence; ils ont donné à la Maréchauſſée les renſeignemens qu'elle a demandés, mais il n'ont rien ſigné, ils n'ont fait aucune dénoncia-tion, ils n'ont point requis la Maréchauſſée de marcher à la découverte; enfin, le Procès-verbal dreſſé par l'Officier de la Maréchauſſée, de ce qu'il a pu apprendre dans ſa tournée, eſt une choſe qui leur eſt étrangere. Ce Procès-verbal eſt l'ouvrage du Brigadier. Il devoit le dépoſer au Greffe, le communiquer à ſon Lieutenant. Le Subſtitut de M. le Procureur-Général en a pris connoiſſance; il a rendu plainte des faits. Les Thomaſſin ne peuvent être garans ni des particularités qui ont été oubliées dans ce rapport, ni des tranſpoſitions que le Brigadier a pu faire dans la ſuite même des circonſtances; en un mot, cet acte n'eſt pas une dénonciation, il doit être conſidéré comme la déclaration que fait une perſonne bleſſée au Juge qui ſe tranſ-

porte en fa maifon de fon propre mouvement & fans requifi-
tion, dans le cas du flagrant délit ou de la cl me r publique.
Dira-t-on que la perfonne bleffée ne peut pas être entendue ?
Pourquoi la perfonne volée n'auroit-elle pas la même faculté ?
Les Thomaffin ne font donc point de vrais Dénonciateurs ; ce
font des *Témoins néceffaires*, & rien ne peut faire rejetter leur
témoignage, puifque les Accufés ont déclaré qu'*ils n'avoient
aucuns reproches à faire contr'eux.*

Confronta-
tions.

§. I I I.

Paffons à l'examen des autres nullités. Nous en avons
encore trois à parcourir, celles de la procédure du Juge de
Vinet, celles de la procédure du Bailliage de Chaumont, &
celles qui font imputées à l'Arrêt du 20 Octobre dernier. Les
deux premieres nullités n'exigent pas une difcuffion auffi étendue.

Nullités de
la IIIᵉ claffe.

Après avoir juftifié la procédure faite devant les Officiers de
la Maréchauffée de Troyes, les premiers faifis de la connoiffance du délit par la capture des nommés *Lardoïfe* & *Guyot*,
comme Mendians fufpects & mal famés ; procédure dans laquelle
il a encore été décerné des Décrets contre deux Quidams défignés
dans les Informations, qui fe font trouvés être *Jean-Baptifte
Simare*, dit *Pierrotot*, & *Charles Bradier*, dit *Malbroug* ; examinons ce qui s'eft paffé dans la Juftice feigneuriale de Vinet.

Le Prévôt de la Maréchauffée, avant de régler le Procès à
l'extraordinaire, a fait juger fa compétence au Préfidial de
Troyes. Il a été rendu un Jugement par lequel les Accufés ont
été *renvoyés devant les Juges qui en devoient connoître, attendu que
les Accufés ne font en aucun cas de la compétence du Prévôt de la
Maréchauffée, ni par leur qualité, ni par la nature du délit dont
ils font prévenus, pour être par lefdits Juges, le procès auxdits
Accufés continué, fait & parfait, fi le cas y échéoit.* Ce Jugement
Préfidial eft conforme à l'Ordonnance, & toutes les formalités
prefcrites y ont été obfervées.

Nullité du
renvoi fait par
le Juge de Vi-
net.

Sentence du
Préfidial de
Troyes. 7
Avril 1783.

Le Mémoire prétendu juftificatif fait mention d'un fecond Jugement Préfidial du 15 Avril 1783, qui renvoie à la Juftice de Vinet les prévenus de vol chez les Thomaffin, & ordonne qu'on y transférera les Accufés & les charges : d'où l'Auteur du Mémoire conclut *que les Juges du Préfidial ont reconnu, que le délit dont les Accufés étoient prévenus étoit un vol fimple*, & par conféquent de la compétence du Juge ordinaire.

Mém. p. 31.

Serons-nous toujours dans la trifte obligation de relever les inexactitudes de l'Auteur ? Il exifte, il eft vrai, dans la procédure un pareil Jugement, mais ce n'eft point un Jugement Préfidial ; & l'Auteur avoit befoin qu'il fût de cette nature, pour attaquer, fous ce prétexte, la procédure faite dans la Juftice de Vinet.

Ce Jugement eft rendu par l'Affeffeur de la Maréchauffée, en conformité des conclufions du Subftitut de M. le Procureur-Général au Siége de la Maréchauffée.

Les Juges Préfidiaux de Troyes, en jugeant le 7 Avril 1783, que la Maréchauffée n'étoit pas compétente, avoient renvoyé les Accufés *devant les Juges qui devoient connoître du délit*. Le Préfidial n'avoit plus rien à décider.

Le Subftitut de M. le Procureur-Général en la Maréchauffée demanda en conféquence que les Accufés fuffent conduits, fous bonne & fûre garde, dans les Prifons du lieu où le délit avoit été commis, & qu'on y renvoyât une expédition des charges & informations, enfemble les pieces de conviction, fi aucunes il y avoit. L'Affeffeur de la Maréchauffée, faifant droit fur les con-

Sentence de la
Maréchauffée.
15 Avr. 1783.

clufions de notre Subftitut, ordonne le tranfport & le renvoi demandé. L'Affeffeur de la Maréchauffée prononce feul ; & feul il avoit droit de prononcer. Ce Jugement du 15 Avril n'eft donc pas un Jugement Préfidial.

On avoit cependant befoin de le qualifier ainfi pour mettre la Juftice de Vinet en oppofition avec le Préfidial de Troyes.

En exécution du Jugement de l'Affeffeur, les Prifonniers font transférés ; l'expédition des procédures eft apportée au Greffe

de la Juſtice de Vinet, & les pieces de conviction y ſont dépoſées : par qui ? par le Greffier de la Maréchauſſée. Nous avons
entre les mains la décharge qui lui en a été donnée.

L'Auteur du Mémoire releve, en cet endroit, une circonſ-
tance que nous avons déja éclaircie ; c'eſt que *le Brigadier de*   Mém. p. ça.
la Maréchauſſée, avant de remettre les pieces du Procès au Greffe
de Vinet, a été montrer à la femme Thomaſſin la croix d'argent
trouvée ſur Simare, lors de ſon empriſonnement. Il étoit difficile
que le Brigadier *allât montrer* cette croix à la femme Thomaſſin :
car il n'étoit chargé que de la conduite des Accuſés ; & c'étoit le
Greffier en perſonne qui étoit porteur des procédures & des pieces
de conviction, & c'eſt lui qui en a fait le dépôt au Greffe de
Ramerupt, attendu qu'il n'y a point de Greffier en la Juſtice de
Vinet, qui paroît s'exercer à Ramerupt, Village voiſin, dépendant
de la même Juſtice.

Le Brigadier dit bien dans ſon récolement qu'il a montré la
croix à la femme Thomaſſin, qui l'a reconnue ; mais dans ſa confrontation avec Simare, il fixe le moment : c'eſt *le jour que* les   Confront. de
pieces de conviction *ont été dépoſées au Greffe de Ramerupt*,   Simare.
que la femme Thomaſſin avoit reconnu la croix au moment du
dépôt. Comment, ſur cette inſpection, établir les fondemens
d'un complot prémédité pour perdre les Accuſés ?

Revenons à la procédure. Les Accuſés ſont dans les Priſons
de la Juſtice de Vinet ; le Juge prend connoiſſance du renvoi ; il
ſe dépouille lui-même, & croit devoir délaiſſer le Procès & les
Accuſés au Juge Royal, au Bailliage de Chaumont.

C'eſt de cette Sentence de la Juſtice de Vinet que l'Auteur
du Mémoire veut faire réſulter une nullité.

Le Juge de Vinet, dit-il, dans ſon Ordonnance, *tient un lan-*   Mém. p. ça
gage différent de celui du Préſidial de Troyes.

Le Préſidial de Troyes *n'a vu*, dans toute la procédure,
qu'un vol ſimple ſans effraction, ſans aſſaſſinat. Le Juge de Vinet
y voit *un cas Royal* dont il ne peut prendre connoiſſance.

Il eſt bien étonnant qu'on ſe permette de pareilles aſſertions.

Le Préſidial n'a point caractériſé la nature du délit. Il a jugé que ce n'étoit pas un cas Prévôtal; que la Maréchauſſée n'étoit pas compétente; & il a renvoyé, non pas en la Juſtice de Vinet, *mais devant les Juges qui en devoient connoître*, ſans indiquer quels étoient ces Juges. Le Préſidial a fait ce qu'il devoit faire; on lui fait dire ce qu'il n'a pas dit, ce qu'il ne devoit pas dire, parce qu'il ne lui appartenoit pas de juger la compétence entre le Juge ſeigneurial & le Juge royal.

De ſon côté, la Maréchauſſée, en conſéquence du renvoi prononcé par le Préſidial *pardevant les Juges qui en devoient connoître*, a cru devoir renvoyer les Accuſés devant le Juge du lieu du délit, & celui-ci a renvoyé au Juge royal. Où eſt donc la différence entre le langage du Préſidial & celui de la Juſtice de Vinet? L'un n'a pas nommé le Juge qui devoit connoître de l'accuſation; l'autre a renvoyé dans la Juſtice du Roi. Ces deux diſpoſitions n'ont rien de contradictoire.

L'Auteur du Mémoire prétend néanmoins que ce délaiſſement du Juge de Vinet au Bailliage de Chaumont, renferme *deux* Mém. p. 87. *contraventions formelles aux Ordonnances.*

Pag. 88. *Il eſt tout-à-la-fois un attentat à la hiérarchie judiciaire, & un attentat à l'ordre public des Juriſdictions.*

Deux *attentats!* La force de cette expreſſion les fera diſcerner plus facilement. Cherchons à les découvrir.

Premiérement, *attentat à la hiérarchie judiciaire*, parce que le Juge de Vinet étoit ſaiſi de la continuation de la procédure par *un Jugement ſouverain du Préſidial de Troyes. . . . . . il avoit les mains liées, il falloit qu'il eût recours, pour les délier, à une autorité ſupérieure. . . . . . il falloit qu'il fît caſſer avant tout ce Jugement ſouverain.*

Il ne s'eſt pas borné à déſobéir à ce Jugement Souverain. Il s'eſt permis. . . . . . d'en faire la critique la plus indécente & en même tems la plus mal fondée.

Tels font les motifs du reproche éclatant que le Mémoire fait au Juge de Vinet, qui doit être bien étonné d'avoir commis un attentat qui n'exifte pas.

Le Préfidial a jugé par Jugement en dernier reffort, que la Maréchauffée n'étoit pas compétente ; que la procédure devoit être renvoyée *devant les Juges qui en devoient connoître* : mais il n'a pas jugé *en dernier reffort* que le Juge de Vinet devoit continuer l'inftruction.

Le Préfidial n'a pas jugé que le délit imputé aux Accufés étoit un cas ordinaire ; mais fimplement qu'il *n'étoit pas Prévôtal* : & le Juge de Vinet en délaiffant au Juge Royal, qui eft toujours compétent, n'a ni commis de défobéiffance, ni fait *une critique auffi indécente que mal fondée d'un Jugement Souverain.*

Le Préfidial auroit même excédé, en renvoyant devant un Juge quelconque. Son attribution eft bornée à prononcer fur la compétence du Prévôt : & l'Ordonnance, fans l'autorité du Préfidial, indique le Juge qui devient alors compétent.

Secondement, le Mémoire préfente le renvoi du Juge de Vinet comme un *attentat à l'ordre des Jurifdictions* : & voici comme il le prouve. *Quand le Jugement Préfidial ne feroit pas un Jugement Souverain, le Juge de Vinet ne pouvoit renvoyer.*

Il étoit lié par fon Office.

Il étoit faifi par la Loi. Mém. p. 88

Car le renvoi du Préfidial étoit fondé fur la Loi.

Les Juges des lieux ne font-ils pas les premiers Juges naturels des Citoyens ?

Ce raifonnement eft bien facile à détruire. Les Juges des lieux font incontestablement les premiers Juges en matiere de délit ordinaire ; ce principe ne peut être défavoué. Mais la Loi a fait des exceptions à cette Loi générale. Telle eft entre autres celle des cas Prévôtaux. Il en faut diftinguer de deux fortes, comme le Préfidial de Troyes l'a fait dans fon Jugement.

Le délit peut devenir Prévôtal, ou par fa nature, ou par la

qualité des Accusés. Dans l'espece particuliere le Présidial a décidé que le délit n'étoit Prévôtal ni en lui-même, ni par la qualité des Accusés ; l'exception a donc cessé dans ce moment, & le délit est devenu de la compétence du Juge Royal ou du Juge Seigneurial. Mais par la nature même de l'accusation formée par le Substitut de M. le Procureur Général, la compétence du Juge ordinaire pouvoit être contestée. La Maréchauffée avoit commencé l'instruction comme s'agissant d'un cas Prévôtal : c'étoit un délit, prétendu commis par un mendiant, reconnu tel de son propre aveu, & par des Gens suspects & mal famés, tous accusés d'y avoir participé. Aussi-tôt que le cas a cessé d'être Prévôtal, la Loi sans le secours du Présidial déféroit la connoissance de ce délit au Juge du lieu où il avoit été commis. Le Juge de Vinet avoit donc le droit d'achever l'instruction renvoyée *devant les Juges qui en devoient connoître ;* il rentroit dans tous ses droits, dont la Procédure faite par le Prévôt de la Maréchauffée avoit suspendu l'exercice. Il a donc pu légitimement juger que le cas n'étoit pas de sa compétence, comme il pouvoit le faire dans toute autre circonstance. Il a pu regarder ce délit comme un cas Royal, & se dessaisir d'une affaire qui lui étoit renvoyée, non *par le Présidial,* mais *par les Officiers de la Maréchauffée.* Il n'y a donc dans ce renvoi aucune contradiction avec le Jugement Présidial. L'Auteur du Mémoire pourroit-il donc ignorer que tous les cas Prévôtaux font des cas Royaux, mais que tous les cas Royaux ne font pas Prévôtaux ? Nous ne pouvons pas présumer cette ignorance des premiers élémens de la Procédure prescrite par l'Ordonnance de 1670. Le Procès-verbal de sa rédaction auroit pu lui apprendre que les cas Prévôtaux ne font que des cas particuliers choisis entre les cas Royaux, & attribués spécialement à la connoissance des Prévôts des Maréchaux, pour accélérer le Jugement des Criminels.

Enfin si le délit en lui-même eût été susceptible d'être jugé par les Officiers de la Justice où il a été commis, le Juge de Vinet

auroit

auroit encore pu le délaiſſer au Juge Royal : il n'y auroit que le Seigneur Haut-Juſticier qui eût été fondé à revendiquer les droits de ſa Juſtice ; & toute réclamation ceſſant de ſa part, le Juge Royal, compétent pour connoître de tous les délits commis dans l'étendue de ſon reſſort, pouvoit accepter le délaiſſement puiſqu'il exerce la prévention ſur les Juges Seigneuriaux. Il ſuffit en effet qu'un Juge ſubalterne néglige de pourſuivre un délit, pour que le Juge Royal ſoit en droit d'en prendre connoiſſance ; à plus forte raiſon doit-il continuer l'inſtruction, lorſque le Juge du Seigneur refuſe de mettre à fin la Procédure qui lui eſt renvoyée par la Maréchauſſée déclarée incompétente. Il n'y a donc dans le *renvoi* fait par les Officiers de la Juſtice de Vinet au Bailliage de Chaumont, ni *attentat à la Hiérarchie judiciaire*, ni *attentat à l'ordre des Juriſdictions*, ni nullité, ni apparence de nullité.

Croiroit-on que la maxime qui conſtitue le Juge du lieu du délit, Juge naturel de celui qui a été commis dans ſon territoire, ſauf les exceptions, devient une occaſion à l'Auteur du Mémoire de faire la ſortie la plus vive contre les Loix en général, & d'avancer les propoſitions les plus abſurdes.

＊Nous liſons dans le Mémoire, que *les Loix ſont malheureuſement la plupart, moins des combinaiſons réfléchies de la morale & de la Politique, que des jeux du hazard, ou des caprices de la force.*　Mém. p. 89.

Nous liſons : *les Loix devroient créer les événemens, & ce ſont les événemens qui créent les Loix.* Grand Dieu quelles maximes ! Nous ne dirons pas qu'elles ont été *inventées dans une des grandes nuits*, mais dans un aveuglement volontaire *de l'eſprit humain.* Quoi ! la plupart des Loix ſont *des jeux du hazard*, ſont l'effet terrible *des caprices de la force !*

Ne croiroit-on pas qu'elles ont été publiées par des Uſurpateurs ou par des Tyrans. Les Empereurs ſont-ils donc tous des TIBERE, des NERON, ou des CALIGULA ? Ces monſtres dont la cruauté enſanglanta l'Univers, n'ont-ils pas eu des Succeſſeurs qui ont été l'ornement, la lumiere & les délices de l'humanité ?

R

Si les Loix anciennes & nouvelles ne font pas le réfultat *des combinaifons réfléchies de la Morale & de la Politique* ; fi l'expérience n'en a pas démontré la néceffité & l'utilité ; fi la fageffe & l'amour du bien public n'en ont pas dicté les difpofitions ; fi elles ne font par afforties aux mœurs, au génie, au caractere des Nations qui les ont confervées ; tous les Peuples de la terre doivent déplorer la trifte condition des hommes réunis en fociété. Ils ont en vain facrifié une portion de leur liberté naturelle, pour jouir avec plus de plénitude, avec plus de fûreté, de la portion qu'ils fe font réfervée.

Seroit-il donc vrai que le hazard tînt en fa main l'urne fatale où fe forme la deftinée légale de tous les Citoyens ? Seroit-il vrai que la force ou le caprice euffent feuls préfidé à la redaction du recueil de nos Loix.

Quel affemblage bifarre ! Les Loix, c'eft-à-dire les regles de la vie civile, produites par une combinaifon fortuite du hazard ! le caprice qui dicte les Loix ! la force qui les fait recevoir & exé-cuter ! A-t-on jamais rapproché des idées plus inconciliables ? La raifon cherche inutilement fon ouvrage : ce guide éclairé ne re-connoît plus l'homme qu'il doit diriger & conduire ; ou plutôt, la raifon déplore la trifte manie qui s'eft emparée de quelques efprits, affez malheureux pour s'être perfuadés qu'ils fe rendront fameux en avançant les paradoxes les plus extraordinaires. Les principes reçus leur paroiffent anéantis par la vetufté. Ce qui devroit les faire refpecter les fait profcrire. C'eft en foutenant les principes oppofés qu'ils croient fe faire un nom & parvenir à la célébrité.

Que diroient les grands Perfonnages de l'antiquité, dont les noms refpectables fe font tranfmis d'âge en âge, & qui font encore les objets de la vénération des hommes ? Que penferoient ces Bienfaiteurs des Nations, s'ils pouvoient être témoins du mépris dans lequel leurs maximes font prêtes à tomber ?

Sortez de vos tombeaux, fages Légiflateurs des Peuples les plus éclairés : venez vous réformer à l'Ecole des Novateurs de notre

ſiecle. La raiſon vous avoit enſeigné que les Loix n'étoient introduites que pour prévenir le trouble dans la Société ; qu'elles
n'étoient néceſſaires que pour punir les coupables , & effrayer
par la terreur du ſupplice. Détrompez vous ; votre prudence
n'étoit qu'une longue erreur. De nouveaux principes viennent
renverſer les monumens de votre ſageſſe. *Les Loix doivent créer
les événemens , & ce ſont les événemens qui créent les Loix* (1).

Immortel Légiſlateur d'Athenes, vous avez penſé qu'il ne falloit point de Loi contre les parricides : vous ne ſuppoſiez pas
qu'il pût exiſter un fils aſſez dénaturé pour porter une main ſacri-
lege ſur l'auteur de ſes jours. La prévoyance vous ſuggeroit qu'il
ſeroit imprudent de prononcer des peines contre un crime juſqu'alors inconnu dans la République. Vous avez craint de publier
que l'événement fût poſſible , & vous fremiſſiez en quelque façon
de créer l'événement ſi vous euſſiez voulu le prévenir. Vous avez
attendu que la nature fît naitre un monſtre pour prouver la néceſſité de la Loi.

O trop prudent Solon , votre ſageſſe n'étoit que puſillanimité.
La Loi devoit créer l'événement : voilà les maximes qu'on veut nous
faire adopter. L'eſprit humain peut-il s'abandonner à un tel excès
d'extravagance & de folie ?

Reſtons à jamais, reſtons attachés à ces regles antiques qu'on
veut en vain traiter de vieilles erreurs. Le crime appelle la Loi
vengereſſe ; & la Loi ne doit pas créer un crime qui n'a jamais
encore été commis : diſons avec le Légiſlateur des Athéniens,
qu'il eſt des crimes ſi atroces qu'il y auroit plus que de l'imprudence à les prévoir : la Loi qui en ordonneroit la punition, les
réaliſeroit en quelque ſorte ; elle avertiroit du moins que ce genre

---

(1) L'Auteur auroit-il en vue les loix de Sylla, *qui ſembla ne faire des réglemens que pour
établir des crimes. Ainſi en qualifiant une infinité d'actions du nom de meurtre , il trouva par-
tout des meurtriers , & cette pratique ouvrit des abymes ſur le chemin de tous les Citoyens.*
Cette réflexion eſt tirée d'un grand Philoſophe que l'Auteur du Mémoire a voulu copier ;
mais qu'il n'a pas ſçu comprendre.

de crime exiſte, & qu'il eſt poſſible de le commettre. L'ignorance du mal eſt ſouvent le principe de la vertu.

Mais ne prévenons point les réflexions que nous avons à préſenter dans notre derniere Partie ſur les vices imputés à la Légiſlation Françoiſe. Continuons l'examen du *MÉMOIRE* prétendu *JUSTIFICATIF*.

§. I V.

Nullités de la IV Claſſe.

Nullités de la procédure faite au Bailliage de Chaumont.

Mém. p. 93.

Reprife de la Procédure.

Aux nullités reprochées aux procédures faites en la Juſtice de Vinet, ſuccedent les nullités de la procédure faite au Bailliage de Chaumont. Pour mieux les faire comprendre, il faut expoſer ſous vos yeux un tableau très-raccourci de cette même procédure.

Le Juge de Vinet, comme on vient de le voir, avoit délaiſſé l'inſtruction au Bailliage de Chaumont, & le Bailliage avoit accepté le délaiſſement. On s'éleve dans le Mémoire contre cette acceptation, parce que *l'Aſſeſſeur criminel n'a pas pu par ſon Ordonnance déclarer lui ſeul ſon Tribunal compétent.* Nous répondons à cette critique déplacée, que le Procès-verbal d'acceptation n'étoit pas néceſſaire, il ſuffit en pareil cas d'ordonner la continuation de la Procédure: & même ſi le Juge de Vinet eût gardé la connoiſſance de l'affaire, & qu'il ne ſe fût pas mis en devoir de l'inſtruire, le Juge Royal auroit pu l'attirer à lui, ſoit comme préſentant un cas Royal dont lui ſeul pouvoit connoître, ſoit à cauſe de la négligence du premier Juge. Toutes les anciennes Ordonnances s'accordent ſur ce point de diſcipline, & enjoignent aux Subſtituts de M. le Procureur Général, de veiller au Jugement des Procès dans les Juſtices inférieures de leur reſſort.

Nous ne diſconviendrons pas que les Officiers du Bailliage de Chaumont auroient pu mettre plus d'activité dans la continuation de la procédure qu'ils avoient dans le Greffe de leur Juriſdiction. Il s'eſt écoulé un temps conſidérable entre le délaiſſement & le premier acte judiciaire fait par le Bailliage. Dire avec l'Auteur du Mémoire que cet intervalle a été rempli *des iniquités des trois premiers Juges & des souffrances des trois hommes :* ce n'eſt pas ſeulement une invective atroce, c'eſt une calomnie.

L'intention du Souverain eſt la plus prompte expédition : & il y a de la négligence à laiſſer dans un cachot des malheureux qui peuvent être innocens. Le retardement qu'on a apporté à l'inſtruction eſt contraire à toutes les regles, qui exigent la celérité ſur-tout dans les Procès criminels. Mais on ne peut pas en faire naître *une nullité.*

Si nous reprochons cette ſorte d'inſouciance aux Officiers du Bailliage de Chaumont, faudra-t-il nous contenter de blâmer le tableau indécent que le Mémoire préſente de la maniere dont la Procédure a été repriſe?

C'eſt par les chemins, dit l'Auteur, *c'eſt en Campagne ; ce fut une partie de Campagne que la continuation de cette procédure.*

Le Juge, le Procureur du Roi & le Greffier, partent un matin de Chaumont, la Procédure ſous le bras, & les trois Accuſés derriere. . . . . . . Ils conſomment en courant la Procédure.

Mém. p. 61.

Tranſlation des Accuſés à Piney.

Quel ſpectacle ! trois malheureux accuſés, arrachés de la Priſon. . . . . . traînés par des ſoldats à la ſuite d'un Procureur du Roi, d'un Juge & d'un Greffier.

Vous aveȝ oublié les Bourreaux.

Peut-on tracer une peinture plus révoltante ? Et l'atrocité de cette courte réflexion, *vous aveȝ oublié les Bourreaux,* n'y ajoute-t-elle pas un dernier degré d'horreur.

Quel eſt donc le but de l'Auteur ? A-t-il pu ſe permettre cette infâme plaiſanterie, dans un Mémoire qu'il annonce comme deſtiné à paſſer ſous les yeux du Souverain ? A-t-il cru faire une deſcription réelle de la marche des Officiers du Bailliage? Nous ne pouvons nous empêcher de l'accuſer de calomnie. L'impoſture eſt prouvée par la Procédure même. Il ſuffit d'en conſulter les actes.

L'Aſſeſſeur criminel ſe tranſporte à Piney, Chef-lieu de la Juſtice de Vinet, non pas pour reprendre le Procès renvoyé par le Juge de Vinet, mais pour raiſon d'une Procédure commencée contre d'autres Particuliers accusés d'un autre crime. Ce premier fait est constant. Le Substitut de M. le Procureur Général saisit cette occasion pour demander la continuation de la Procédure contre Lardoise, Simare & Bradier. Il présente son Requisitoire. Il y expose, que pour éviter les frais, & épargner aux témoin sun voyage à plus de vingt lieues de leur domicile, il a fait transférer à Piney, attendu le défaut de Prison en la Justice de Vinet, les trois Accusés détenus dans les Prisons du Bailliage.

Le Juge, le Procureur du Roi ne se font pas fait suivre par les Accusés, traînés par des Soldats. C'est une translation faite par la Maréchaussée.

Cette translation n'est pas tout-à-fait réguliere : nous en convenons. Il falloit une Ordonnance qui prononçât l'extraction des Accusés des Prisons du Bailliage, pour les conduire dans celles du lieu du délit. Mais cette irrégularité ne change rien au fait en lui-même, & on ne peut pas la transformer en *nullité* d'Ordonnance.

Les Officiers de la Maréchaussée, plus occupés du soin de faire juger leur compétence que de constater le délit, n'avoient pas dressé le Procès-verbal des effractions qui caractérisoient le vol nocturne commis chez les Thomassin. Les Officiers du Présidial de Troyes qui n'avoient à juger que la compétence du Prévôt n'avoient pas droit de le faire. Le Juge de Vinet, qui avoit délaissé au Juge Royal, ne s'en étoit pas occupé. La premiere démarche du Substitut de M. le Procureur Général fut de requérir que la Procédure seroit continuée en la Justice de Piney ; & que le Juge & le Greffier, ainsi que lui Procureur du Roi, se transporteroient en la maison dudit Thomassin pour y constater les effractions intérieures & extérieures faites la nuit du 29 au 30 Janvier 1783. L'Assesseur en conséquence, faisant droit sur le Requisitoire, ordonna la continuation de la Procédure audit. lieu de Piney, il ordonna en même tems son transport en la maison des Thomassin, pour y dresser le Procès-verbal en préséance du Substitut de M. le Procureur Général.

Cette Ordonnance eſt du 18 Juin 1785. Le même jour, notre Subſtitut préſenta un ſecond Requiſitoire à l'effet de faire régler le Procès à l'extraordinaire, & de faire entendre de nouveaux Témoins. Seconde Ordonnance du même jour, qui ordonne le récolement & la confrontation, & permet une addition d'information.

On a dit affirmativement dans le Mémoire : *Ces deux Ordonnances n'ont point été rendues dans l'Auditoire de Piney, elles l'ont été dans l'Auberge du Juge.* Ce ton affirmatif eſt bien ſingulier. Ces deux Ordonnances ſont rendues le même jour, & à la ſuite l'une de l'autre. La premiere porte qu'elle a été rendue dans l'Auditoire de Piney ; & comme la ſeconde eſt en quelque ſorte du même moment, rien ne prouve qu'elle a été rendue dans l'Auberge du Juge. Il eſt à préſumer qu'elle a été faite de même dans l'Auditoire : & cet oubli d'indiquer le lieu comme dans la premiere, n'eſt pas une véritable nullité, parce que le premier Juge n'eſt pas aſtreint à répondre une Requête de notre Subſtitut dans ſon Tribunal.

Il eſt encore dit dans le Mémoire, que dans toute cette nouvelle Procédure, faite *avec une précipitation inouie, conſommée en ſept jours,* pour entendre cinq Témoins, en récoler & confronter un très-petit nombre, & dreſſer un Procès-verbal, (eſt-ce donc là *une précipitation inouie ?*) On a dit, nous le répétons, qu'on a procédé à toutes ces opérations, indifféremment *dans l'Auditoire de Piney, dans l'Auberge de Piney, dans la Maiſon du Curé de Vinet.* Nous releverons encore cette inexactitude. Tous les Témoins ont été récolés & confrontés dans l'Auditoire de Piney. Les deux premiers Témoins de la nouvelle Information ont été entendus dans l'Auditoire de Piney. Et l'un des jours que l'Aſſeſſeur Criminel ſe tranſporta à Vinet pour y dreſſer Procès-verbal des efractions, avant ſon tranſport dans la maiſon des Thomaſſin, il deſcendit dans la Maiſon Curiale, & entendit dans une des ſalles du Presbytere, trois Témoins qui ne s'étoient pas préfentés à Piney le 20 Juin précédent, jour où il avoit déja entendu les premiers. Nous voyons bien que ces trois Témoins avoient été affignés; ils ont repréfenté l'Exploit d'affignation avant de dépofer. Mais comme cet Exploit n'eft jamais joint à la Procédure, nous ne pouvons affurer s'ils avoient été affignés pour venir dépofer devant l'Affeffeur, lors de fon tranfport au Village de Vinet : on doit pourtant le préfumer, car le Juge a eu l'attention de déclarer qu'il les avoit entendus dans la Maifon Curiale de Vinet; & un Juge, qui fe tranfporte hors de fon Siege pour faire une Inftruction, établit fon Tribunal dans l'endroit qui lui paroît le plus convenable. Enfin ce qui détruit toute objection, c'eft que ces trois Témoin, entendus dans la Maifon Curiale, n'ont point été confrontés, & par conféquent ils ne font pas charge au Procès : ce font des dépofitions abfolument inutiles.

Procès-verbal d'effractions.

Ce fut après l'audition de ces trois Témoins, que l'Affeffeur fit fa defcente en la maifon des Thomaffin. Il y dreffa fon Procès-verbal, & la rédaction n'en put être terminée que dans deux Séances. Il commença le 23 Juin; l'opération fut interrompue par la nuit; & à la fin de cette premiere partie, il continua la vacation au lendemain 24 Juin. On reproche encore à cette Ordonnance de continuation du Procès-verbal, *qu'elle n'a point été rendue dans l'Auditoire de Piney; qu'on ne fait où elle a été rendue; qu'elle n'eft point datée; que le quantieme feul y eft exprimé, mais que le lieu ne l'eft pas.*

Mém. p. 96.

Si l'Auteur du Mémoire avoit pris la lecture de tout le Procès-verbal, dont il a néanmoins tiré tant d'inductions, il auroit vu 1°. en tête de ce Procès-verbal, que l'Affeffeur Criminel s'eft tranfporté à Vinet en la maifon des Thomaffin, le 23 Juin, en exécution de l'Ordonnance du 18 Juin précédent.

2°. Il auroit vu à la fin de la premiere Séance : *Et attendu qu'il eft fept heures fonnées, nous avons remis la continuation du Procès-verbal à demain 24 du préfent, huit heures du matin.*

3°.

3°. Il auroit vu en tête de la feconde Vacation : *Et le 24 Juin audit an, heures de huit du matin, nous nous fommes de nouveau tranfportés, &c.*

Ainfi l'Ordonnance qui continue la Séance au lendemain, n'eft pas rendue dans l'Auditoire de Piney ; mais elle eft rendue dans le cours de l'opération, à la fin de la premiere Séance. L'Affeffeur étoit en droit de continuer fon Procès-verbal au lendemain. Elle eft datée, le lieu y eft exprimé, puifqu'elle fe trouve à la fin de la Séance du 23 Juin, qui n'a pu finir que dans la maifon même où l'on dreffoit le Procès-verbal. Ce détail fans doute eft faftidieux ; mais au moins il fera voir tous les replis que l'Auteur du Mémoire a fait fur lui-même, pour inventer des nullités qui n'exiftent que dans fon imagination prévenue.

C'eft en cet état que le Bailliage de Chaumont a prononcé le 12 Août 1785, après avoir interrogé les Accufés fur la fellette, & fans avoir ordonné la preuve d'aucuns faits juftificatifs. La Sentence déclare les trois Accufés *atteints & convaincus du vol nocturne* dont eft queftion ; en détaille les circonftances ; & pour réparation, les condamne *aux Galeres perpétuelles.*

L'expofé que nous venons de faire pour l'intelligence de la Procédure, fuffit pour écarter les vices légers qu'on accumule comme pour faire nombre. Il en eft de plus effentiels que nous allons parcourir.

L'Auteur du Mémoire les a divifés en deux claffes. Les *premieres annullent les actes particuliers où elles fe trouvent ; les fecondes anéantiffent toute la Procédure.* Mém. p. 83.

Les nullités qui ne portent que fur quelques actes particuliers de la Procédure, réfultent, ou de l'acte en lui-même, comme les Récolemens des Témoins, & les Confrontations des Thomaffin avec les Accufés, eux dont on ne devoit pas entendre la dépofition ; ou du défaut d'un acte qui auroit dû exifter, comme la non-Confrontation des Témoins entendus dans l'Auditoire de Piney, & le défaut d'Interrogatoire après la

Nullités des
confrontations nouvelle information, & après la rédaction du Procès-verbal d'effraction.

En termes beaucoup plus simples, les Thomassin ne devoient pas être confrontés.

Les nouveaux Témoins devoient être confrontés.

Les Accusés devoient être interrogés sur les faits résultans de la nouvelle Information & du Procès-verbal d'effraction. De-là trois nullités : à peine méritent-elles d'être réfutées.

D'abord, à l'égard des Thomassin : ils avoient été entendus en déposition, ils devoient donc être confrontés. Si leur déposition n'est pas nulle, la confrontation est valable.

En second lieu, la non-confrontation de quelques Témoins ne peut jamais être une nullité. Il est laissé à la prudence du Juge de déterminer ceux qui doivent être confrontés.

Ordonnance de 1670, Tit. 15, art. 9. « Les Juges pourront ordonner le récolement & la confrontation des » témoins qui n'aura été faite, si leur déposition fait charge considérable ».

C'est donc au Juge à décider dans l'Instruction, si le Témoin mérite ou non d'être confronté ; & lors du Jugement, quand la déposition fait charge considérable, le Juge peut encore ordonner que le Témoin sera confronté. Il est même d'autant plus étonnant qu'on se plaigne du défaut de confrontation, qu'un Témoin non confronté existe au Procès comme s'il n'existoit pas. L'Ordonnance dit strictement que,

Même Titre, art. 8. « Les témoins qui n'ont pas été confrontés ne font pas preuve..... à peine » de nullité ».

A l'égard du défaut d'Interrogatoire après la nouvelle Information, & après le Procès-verbal d'effraction, il est souvent nécessaire d'interroger sur les faits nouveaux qui en résultent ; mais cet Interrogatoire n'est pas prescrit par l'Ordonnance. Elle dit au contraire que,

Ordonnance de 1670, Tit. 14, art. 15. « L'interrogatoire pourra être réitéré toutes les fois que le cas le re- » querra ».

C'eft donc une pure faculté. C'eft au Juge à fentir la néceffité d'un nouvel Interrogatoire. Mais ce qui eft purement facul-
tatif, ne peut jamais être changé en *nullité* : elles doivent toujours
être prononcées par l'Ordonnance. D'ailleurs, cet Interrogatoire
a été fait après la vifite du Procès, dans l'Interrogatoire d'Office.
Tous les Accufés ont été interrogés fur la fellette. Ces Interrogatoires font très-étendus; ils reprennent tous les faits du Procès.
Le vœu de l'Ordonnance a donc été rempli.

La feconde claffe de nullités reprochées à la Procédure faite
au Bailliage de Chaumont, en préfente qui ont au moins un
prétexte plus fpécieux. Sont-elles mieux fondées ?

La premiere confifte dans l'Ordonnance de l'Affeffeur qui a
réglé lui feul le Procès à l'extraordinaire.

Premierement, ce **Réglement** à l'extraordinaire eft un Jugement important.

Secondement, il feroit abfurde qu'il fût déterminé par le Com-
miffaire qui a fait l'Inftruction.

Troifiemement, il réfulte de plufieurs Articles de l'Ordonnance, que trois Juges au moins doivent concourir à le rendre.

Quatriemement enfin, des Déclarations ont expliqué le vœu
de l'Ordonnance.

La réponfe à ces quatre Objections n'eft pas difficile. L'Ordonnance eft impérative dans toutes les Regles qu'elle a prefcrites: mais quand l'Ordonnance eft muette, c'eft l'Ufage qu'il
faut confulter ; l'Ufage eft l'interprete de la Loi.

Le Reglement à l'extraordinaire eft un Jugement important;
c'eft la bafe d'un Procès Criminel. Mais quelqu'important que
foit ce Reglement, ce n'eft encore qu'un Jugement d'Inftruction;
& dans les Tribunaux qui jugent à la charge de l'appel, l'Ufage
eft affez conftant. Le Lieutenant Criminel feul regle le Procès
à l'extraordinaire, s'il le juge à propos, ou en fait le Rapport à
la Chambre dans des accufations délicates; & ce Reglement

n'eft jamais dangereux, parce que les Accufés ont la faculté d'en interjetter appel.

Quand nous difons que c'eft un *ufage*, nous n'entendons pas ufage uniquement fondé fur la pratique : c'eft un ufage qui dérive de la Loi elle-même.

L'Ordonnance, au Titre des Récolemens & confrontations, femble avoir décidé la queftion. Elle s'explique ainfi :

Ordonnance de 1670, Tit. 15, art. 1.

« Si l'accufation mérite d'être inftruite, le Juge ordonnera que les témoins » ouis ès informations, & autres qui pourront être ouis de nouveau, feront » récolés en leurs dépofitions, & fi befoin eft confrontés à l'accufé, &c.»

Mém. p. 100.

L'Auteur du Mémoire fertile en farcafmes, dit à cette occafion, que *l'Ordonnance fouvent a oublié que les Accufés étoient des hommes, rarement que les Juges en étoient.*

Ibidem.

Et voici comme il prouve fa maxime. *Le mot, Juge, femble, à la vérité, ne préfenter qu'un feul homme ; mais qu'on confidere qu'aucun Membre du Tribunal n'eft Juge qu'avec le Tribunal entier. Le Juge eft ici un terme générique qui comprend toutes les perfonnes qui compofent enfemble l'être moral qui prononce.* Si cette expreffion, *le Juge,* devoit néceffairement s'entendre de tout le Tribunal, & que le Juge ne fût *Juge* qu'avec le Tribunal ; aucun Officier ne pourroit recevoir une plainte, ne pourroit permettre d'informer, ne pourroit décréter, ne pourroit ordonner fon tranfport fur les lieux, parce que dans tous ces cas il fait fonction de Juge : & d'après l'interprétation du Mémoire, il n'en auroit pas le pouvoir. S'il y avoit du doute fur l'étendue de la fignification du mot *le Juge ordonnera,* c'eft par l'ufage qu'elle peut être fixée ; & dans l'ufage, le Réglement à l'extraordinaire eft le plus fouvent prononcé par les Lieutenans Criminels feuls, ou par ceux qui les remplacent.

Il n'eft donc pas abfurde que ce Réglement foit prononcé par celui qui inftruit la procédure, puifque ce n'eft encore qu'un Jugement d'inftruction.

Il est vrai que dans un autre Titre, l'Ordonnance s'est servi de la même expression, mais au pluriel.

« Les Juges ordonneront que les témoins seront récolés en leurs dépofi- » tions, &c. »

C'est dans un cas particulier que l'Ordonnance parle ainsi ; mais il ne s'enfuit pas encore de cette difpofition, que la Loi ait ordonné dans tous les cas le concours de tout le Tribunal ; parce que dans tous les cas où elle a employé la même expreffion en nom collectif, il faudroit conclure de même la néceffité d'affem- bler tout le Tribunal. On pourroit établir avec la même folidité, qu'il faut la préfence du Tribunal entier pour dreffer un Procès- verbal. L'article 1er du Titre 4, porte de même.

« Les Juges drefferont fur le champ & fans déplacer procès-verbal, &c. »
L'article fecond du Titre 5, porte également.

« Pourront les Juges ordonner une feconde vifite, &c. »

Et cependant dans l'un & dans l'autre cas, un Juge fuffit. Il en eft d'autres où l'Ordonnance s'eft encore exprimée de même, dont on peut tirer la même conféquence. Ces exemples fuffifent ; car il feroit abfurde de prétendre qu'il faut la préfence de tous les Officiers d'un Siege pour dreffer un Procès-verbal, ou pour or- donner une feconde vifite de Médecin & de Chirurgien.

Revenons à l'article cité dans le Mémoire, où l'Ordonnance dit :

« Les Juges ordonneront que les témoins feront récolés, &c. »

Le Mémoire ne montre point à quelle occafion l'Ordonnance s'explique, & cette réticence a befoin d'être éclaircie, au moins vis-à-vis de tout le Public.

L'article 13 du Titre 17, porte il eft vrai.

« Les Juges ordonneront que les témoins feront récolés, &c. »

Nous pourrions dire que ce mot, *les Juges*, doit s'entendre de tous les Juges qui travaillent à l'inftruction d'un procès ; mais cet article ne reçoit pas d'application au Réglement à l'extraor- dinaire. Il fuppofe au contraire que le Réglement à l'extraordi-

naire eſt prononcé ; & l'article prévoit le cas où il ne peut pas
y avoir de confrontation. Il s'agit du Jugement de contumace :
l'Ordonnance décide que ,

Ordonnance
de 1670, Tit.
17, art. 13.

« Si la procédure eſt valablement faite, les Juges ordonneront que les
» témoins feront récolés, & que le récolement vaudra confrontation ».

Si la procédure eſt valablement faite, l'inſtruction eſt donc
finie : on va juger cette inſtruction. Ce n'eſt plus un Juge qui
prononce, c'eſt le Tribunal entier : ce font tous les Juges.

L'Auteur du Mémoire triomphe en ce moment : il s'écrie, *le*

Mém. p. 100. *mot décifif eſt échappé. Les Juges.* . . . . . . Non, le mot décifif
n'eſt pas échappé, puiſqu'il s'agit, non d'ordonner une confrontation, mais de juger qu'il n'y en aura pas, mais de juger que le
récolement vaudra confrontation. Le mot de *Juges* eſt employé
non pas relativement à une Ordonnance de pure inſtruction,
mais relativement à un Jugement, en vertu duquel la contumace
fera déclarée bien & valablement inſtruite : puiſque l'on ne peut
ordonner que le récolement vaudra confrontation, que dans le
cas où la procédure fera valablement faite. Et c'eſt le Tribunal
entier qui juge de la validité de la procédure fur contumace.

Pour épuiſer toute l'érudition de l'Auteur du Mémoire, il
nous reſte encore un Article de l'Ordonnance de 1670, & une
Déclaration du Roi à vérifier. Commençons par l'Ordonnance.

C'eſt l'Article 10 du Titre 25 : il prononce

Ord. Tit. 25,
Art. 10.

« Qu'aux procès qui feront jugés à la charge de l'appel par les Juges
» Royaux ou ceux des Seigneurs, efquels il y aura des conclufions à peine
» afflictive, affifteront au moins trois Juges qui feront Officiers, fi tant il y
» en a dans le Siege, ou Gradués ; & fe tranſporteront au lieu où s'exerce la
» Juſtice, fi l'accufé eſt prifonnier, & feront au dernier interrogatoire ».

Cet Article eſt abfolument étranger à la queſtion actuelle,
parce que des conclufions à peines afflictives ne peuvent jamais
précéder le Réglement à l'extraordinaire. L'Ordonnance parle des
procès jugés à la charge de l'appel ; c'eſt-à-dire des Jugemens
dont le Subſtitut de M. le Procureur Général eſt obligé d'inter-

jetter appel, quand même l'Accusé ou la Partie civile ne réclameroit pas. C'est donc un Jugement définitif, & l'Ordonnance prononce

« Qu'il y aura au moins trois Juges, si les conclusions tendent à peine
» afflictive ».

La présence de ces *trois Juges* est de rigueur. A défaut d'Officiers dans le Siege, il faut appeller des Gradués ; & ce nombre est fixé pour que le procès soit plus mûrement examiné, les preuves plus attentivement discutées, & le Jugement plus réfléchi.

Article bien étrange ! dit l'Auteur du Mémoire. *Car d'après cette disposition de l'Ordonnance, pourvu que les conclusions ne* Mém. p. 101. *soient pas à peine afflictive, un seul Juge royal ou seigneurial, un seul, peut non - seulement ordonner le Réglement à l'extraordinaire, mais encore absoudre l'Accusé ou le condamner.*

La conséquence est évidente ; toutes les fois que les conclusions ne sont point à *peine afflictive*, l'assistance de trois Juges n'est pas ordonnée ; mais où est l'inconvénient, puisqu'il y a un appel de droit, si le Juge prononce des peines afflictives ? Le Jugement rendu par trois Juges ou par un seul, n'est pas plus authentique. Et soit que le nombre prescrit ait assisté au Jugement, soit que la Sentence ait été rendue par un seul Juge, s'il n'y a pas de conclusions à peines afflictives, & que le premier Juge en ait prononcé, ces Jugemens, étant soumis à l'examen de la Cour, peuvent être facilement réparés ou rectifiés ; à la différence des procès qui se jugent en dernier ressort, dans lesquels l'exécution suit de près le Jugement. La citation du Mémoire prouve donc qu'il n'est pas nécessaire de réunir tous les Juges pour le Réglement à l'extraordinaire. L'Auteur en convient lui-même. L'Ordonnance *semble n'exiger le concours du Tribunal, ... que dans* Mém. p. 100. *le cas où les conclusions sont à peine afflictive.* Finissons par la Déclaration du Roi.

Cette Déclaration est celle du 3 Octobre 1694 ; qui ordonne

que le Réglement à l'extraordinaire fera jugé par le Tribunal entier. L'Auteur ne dit pas ce que prononce cette Déclaration. Il eft bien étrange d'annoncer une autorité fi décifive, & de ne pas rapporter la difpofition de la Loi; c'eft donc à notre Miniftere de la faire connoître.

Cette Déclaration *ordonne l'exécution de l'Article 24 du Titre 2 de l'Ordonnance de 1670* (1); & en conféquence que le Réglement à l'extraordinaire dans les Procès Prévôtaux, fera rendu par le même nombre de Juges que le Jugement définitif.

L'Article 24 du Titre 2 de l'Ordonnance, porte en général,

« Qu'aucune Sentence Prévôtale, préparatoire, interlocutoire ou défini-
» tive, ne pourra être rendue qu'au nombre de fept Officiers ou Gradués....
» qui feront tenus de figner la minute, à peine de nullité ».

La Déclaration de 1694 n'a fait qu'interprêter cet Article 24, en matiere d'inftruction faite par les Prévôts. Quand la compétence eft jugée, l'inftruction fe fait auffi prévôtalement. Qu'y a-t-il de commun entre un Procès Prévôtal, où tout fe juge en dernier reffort, & un Procès ordinaire dont tous les actes peuvent être réformés fur l'appel ? Ne doit-on pas dire au contraire de ce qu'il eft ordonné, *à peine de nullité*, qu'il y aura fept Juges *même* pour le Réglement à l'extraordinaire dans un cas Prévôtal, qu'il eft évident que le nombre fixé pour juger un Procès Criminel ordinaire n'eft pas requis pour ordonner le récolement & la confrontation. L'exception confirme la regle.

La derniere nullité que l'Auteur du Mémoire a relevée dans la procédure faite au Bailliage de Chaumont, eft tirée du refus prétendu fait d'admettre les Accufés à la preuve de leurs faits

______

(1) A ces Caufes.... Voulons & Nous plaît que l'Art. 24, du Tit. 2, de notredite Ordonnance.... foit gardé & obfervé dans toutes les *Sentences Prévôtales*, préparatoires, interlocutoires, ou définitives, *même* celles portant que les Témoins feront récolés & confrontés aux Accufés, par les Prévôts.... lefquelles Sentences ne pourront être rendues qu'au nombre de fept au moins.... Et feront tenus ceux qui auront affifté de figner la minute, le tout à peine de nullité. *Déclar. du 3 Oct. 1694.*

justificatifs.

justificatifs. Pour éviter une double discussion, nous allons examiner ce moyen avec les nullités proposées contre l'Arrêt de la Cour, auquel on fait le même reproche.

§. V.

Nullités de la Ve classe.

Nullités particulieres à l'Arrêt.

Jusqu'à présent aucune nullité, ni dans la procédure faite en la Maréchaussée, ni dans la procédure de la Justice de Vinet, ni dans la procédure faite au Bailliage de Chaumont : en existe-t-il dans la procédure faite en la Cour ?

Le Mémoire prétendu justificatif oppose deux* nullités particulieres à la procédure sur laquelle est intervenu l'Arrêt du 20 Octobre dernier.

* Il en compte même trois, parce qu'il en fait deux distinctes, du *refus* d'admettre les faits justificatifs, & de l'*omission* d'y prononcer.

Premiere nullité. *Défaut de rédaction par écrit des interrogatoires sur la sellette.*

Seconde. *Refus d'admettre les faits justificatifs proposés par les trois Condamnés, & omission de prononcer sur lesdits faits.*

Ire Nullité: Défaut de rédaction par écrit de l'interrogatoire sur la sellette.

Nous avons interverti l'ordre de ces deux propositions. Le dernier interrogatoire étant beaucoup moins important que ce qui concerne les faits justificatifs, nous commencerons par la nullité de l'interrogatoire sur la sellette.

L'Auteur commence par avouer que le *défaut de rédaction par écrit est un usage dans le Parlement de Paris, & peut-être dans d'autres;* mais il soutient *que ce défaut de rédaction est une nullité radicale*, & qu'il n'est en ce moment *que l'organe des Tribunaux Souverains qui n'ont point adopté cet usage.* Mém. p. 116.

Nous croyons pouvoir avancer les deux propositions contraires. 1°. L'usage du Parlement est de rédiger par écrit l'interrogatoire que les Accusés subissent sur la sellette. 2°. L'Ordonnance n'a point prononcé la peine de nullité sur le défaut de rédaction par écrit de ces sortes d'interrogatoires dans les Cours. Après avoir prouvé l'[illegible] autre proposition, il nous sera permis de douter que l'Auteur [illegible] l'*organe des autres Tribunaux Souverains* du Royaume.

Quatre propofitions viennent à l'appui de fon fyftême.

Mém. p. 116. Premiere. *L'interrogatoire fur la fellette eft important.*

Seconde. *La rédaction par écrit eft néceffaire.*

Troifieme. *L'Ordonnance l'exige à peine de nullité.*

Quatrieme. *L'ufage contraire d'un Tribunal Souverain ne fauroit en légitimer l'omiffion.*

Etabliffons d'abord chacun des différens points d'appui fur lefquels le fyftême du Mémoire eft fondé. Nous y répondrons, après l'avoir expofé dans toute fa force.

Premiérement. L'interrogatoire fur la fellette eft important : cette maxime en général n'a jamais été conteftée. Mais l'Auteur du Mémoire paroît fuppofer qu'elle a éprouvé une apparence de Mém. *ibidem.* contradiction. *Je fais,* dit - il pofitivement, *qu'on regarde dans plufieurs Tribunaux, le dernier interrogatoire des Accufés fur la fellette, comme peu important en lui-même, comme une vaine formalité qui confomme inutilement le tems précieux de la Juftice.*

Et voilà pourquoi, dans ces Tribunaux, on expédie à la hâte, & comme pour la forme, ce dernier interrogatoire.

Voilà pourquoi ne pouvant s'en délivrer tout-à-fait, on l'abrege du moins autant que l'on peut, en retranchant la rédaction par écrit.

Quels font ces Tribunaux que l'Auteur connoît, & qu'il n'a pas jugé à propos de nommer ? Ce ne peut être que le Parlement ; car c'eft à lui feul que l'Auteur fait un crime de ne pas rédiger par écrit cet interrogatoire. C'eft donc à lui feul qu'il reproche de regarder cet interrogatoire comme une vaine formalité.

L'Auteur fe feroit-il flatté d'en être cru fur fon feul témoignage, fans examen, fans vérification. Il y auroit bien de l'amour propre dans cette perfuafion. Pourquoi donc s'eft-il permis d'articuler, de mettre en fait, qu'on *expédie à la hâte & pour la forme* cet interrogatoire ? Pourquoi s'eft-il permis une inculpation téméraire contre une Cour Souveraine, dont l'Ordonnance a tellement refpecté les ufages, qu'en plus d'une difpofition elle les a exceptés de fa réformation ?

Il n'eſt pas difficile d'appercevoir le motif de l'Auteur du Mémoire. Il avoit beſoin d'articuler un fait abſolument faux, pour être en droit de faire aux Magiſtrats une apoſtrophe vive & inſultante. Il vouloit, dans un grand mouvement, interpeller le premier Parlement du Royaume & lui dire :

Quoi, vous appellez l'interrogatoire ſur la ſellette dans les Tribunaux Souverains une formalité frivole, greveuſe, un tems perdu !... Un tems perdu, que ce moment ſacré..... où les Accuſés comparoiſſent devant les Magiſtrats ſuprémes qui, d'un mot & dans une minute, vont leur permettre de vivre, ou leur ordonner de mourir. Mém. p. 117.

Nous ne ſuivrons point l'Auteur dans tous les détails des avantages que *la Juſtice, l'Accuſé & l'Accuſateur* lui-même attendent *de ce moment unique, où les Magiſtrats peuvent enfin voir l'Accuſé en face, & l'entendre parler de près.* A quoi bon cette énumération pathétique des idées, des mouvemens, des réflexions que produit cet événement, funeſte ou ſalutaire ſuivant ſon effet ?

On ne diſconviendra jamais que le dernier interrogatoire ne ſoit d'une grande importance. Il n'y a que les ſcélérats déterminés qui perſiſtent : le répentir ſouvent arrache un aveu, & le remords quelquefois fait déclarer la vérité.

Le ſecond point d'appui de l'Auteur, eſt la néceſſité de rédiger par écrit l'interrogatoire ſur la ſellette.

Cette néceſſité eſt la même, dit l'Auteur, lorſque l'on procede ſur le champ aux jugement du procès, & lorſque le jugement eſt différé.

Dans le premier cas, la rédaction par écrit eſt néceſſaire *pour fixer les réponſes de l'Accuſé,* & les rappeller au Juges eux-mêmes *dans le cours des opinions.* Page 118.

Dans le ſecond, la rédaction par écrit eſt encore plus indiſpenſable, pour replacer ces réponſes ſous les yeux des Magiſtrats, dont *la mémoire* n'eſt pas toujours *fidele,* & auroit de la peine à *garder intacte l'empreinte légere d'un interrogatoire ſi fugitif.* Page 119.

T 2

Mém. p. 120. *Enfin , il eſt impoſſible que des Magiſtrats prennent avec ſoin un interrogatoire dont ils ſavent d'avance, qu'il ne reſtera point de trace , qu'il ne produira nul effet ; qu'ils regardent par conſéquent comme inutile , greveux même , comme une vraie diſſipation du tems.*

Sont - ce là des moyens de nullité ? C'eſt toujours le même reproche de n'enviſager l'interrogatoire ſur la ſellette que comme une formalité frivole. Mais, qu'il nous ſoit permis de le deman-der, où l'Auteur a-t-il donc été inſtruit de cette façon de penſer des Magiſtrats ? Sur quelles preuves avance-t-il cette aſſertion ? Sur quels indices même peut-il la préſumer ?

Ce n'eſt point aſſez de la déſavouer publiquement. Notre Miniſtere eſt en droit de la regarder comme une véritable ca-lomnie ; & nous rendons juſtice à tous ceux qui nous font l'hon-neur de nous écouter, en repouſſant loin du Sanctuaire le doute injurieux dont l'Auteur veut faire un des principes des Miniſtres de la Juſtice.

L'interrogatoire ſur la ſellette eſt preſque toujours ſurabondant, quelquefois néceſſaire , ſouvent indiſpenſable.

Il eſt ſurabondant, quand l'Accuſé a contre lui la dépoſition unanime des témoins, dans un crime ſimple où il ne peut y avoir qu'un coupable, quand il a reconnu les pieces de conviction , quand il eſt convaincu par ſon propre aveu dans les interroga-toires précédens & dans les confrontations. On ne s'en diſpenſe pas néanmoins : parce qu'il eſt preſcrit par l'Ordonnance , parce qu'il faut au moins s'aſſurer par ſes noms, ſurnoms, âge, qualité & demeure, ſi c'eſt le même accuſé qui a paru devant les pre-miers Juges , & dont les témoins ont parlé dans leurs dépoſitions, auquel ils ont été confrontés & qu'ils ont reconnu.

L'interrogatoire devient plus néceſſaire quand les Accuſés ont des complices, quand il faut arracher de leur bouche les rela-tions qu'ils ont eues les uns avec les autres, quand il faut confir-mer la vérité du fait par les circonſtances même que chaque Accuſé adapte à la maniere dont il raconte le délit. Ces différentes nuances répandent la lumiere dans l'esprit des Juges : la contradiction démasque l'artifice, & un mot échappé à un coupable opere souvent la conviction de ses complices.

Enfin l'interrogatoire est indispensable quand l'Accusé propose des faits justificatifs, parce que c'est dans les réponses même de l'Accusé que les Magistrats doivent choisir ceux dont ils ordonnent la preuve, si les faits articulés sont de nature à démontrer son innocence.

Nous sommes bien éloignés de contester les maximes que l'Auteur du Mémoire entasse à ce sujet dans l'établissement de ces deux premieres propositions. Mais jusqu'ici elles n'ont d'autre effet que de prouver l'importance de l'interrogatoire sur la sellette, & la nécessité de sa rédaction par écrit. Ces vérités sont reconnues, & aucun Magistrat ne les a désavouées.

L'Auteur, dans sa troisieme proposition, s'étaye de l'Ordonnance qui exige la rédaction par écrit de l'interrogatoire sur la sellette *à peine de nullité*. Cherchons cette nullité dans l'Ordonnance. Notre discussion sera méthodique, & pour arriver à la démonstration, nous serons forcés de retracer des principes qui vous sont si familiers qu'il suffira de vous en rappeller le souvenir.

Le Mémoire cite trois Articles de l'Ordonnance de 1670 , sans suivre l'ordre dans lequel ils sont placés. Nous faisons cette observation, parce que les différens Articles de l'Ordonnance, quoique détachés, ont néanmoins une liaison intime, une correspondance des uns aux autres, qui ne subsiste plus dès qu'on les rapproche indifféremment, sans faire attention à ce qui précede & à ce qui suit. On ne peut saisir tout l'esprit de la Loi qu'en suivant la progression des idées du Législateur.

Les trois Articles cités dans le Mémoire, sont l'Article 13 du Titre 14, l'Article 22, & l'Article 21. Nous ignorons le motif de cette transposition ; mais fut-il indifférent, replaçons-les dans leur ordre naturel.

L'Article 13 est ainsi conçu :

Ordonnance de 1670, Tit. 14, art. 13.

« L'interrogatoire fera lu à l'accufé à la fin de chaque féance, cotté & pa-
» raphé en toutes fes pages, & figné par le Juge & par l'accufé, s'il veut ou
» s'il fait figner ; finon il en fera fait mention, le tout à peine de nullité, &
» de tous dépens, dommages & intérêts contre les Juges ».

On veut induire de la généralité de cette difpofition, que la Loi s'applique à l'interrogatoire fur la fellette, comme à tout autre interrogatoire. *L'interrogatoire, ou tout interrogatoire, c'eft la même chofe ; cet article (le) embraffe le premier de tous comme le dernier.*

Mémoire, page 124.

Raifonnons cependant. A ce mot on nous arrête ; & l'on nous dit : Quoi, raifonner fur la Loi ! Il faut s'attacher à la lettre, & non pas vouloir en pénétrer l'efprit. Quand la Loi a prononcé une décifion formelle, il ne s'agit plus d'interprêter, il faut fe foumettre. Sans doute, le Magiftrat doit obéir lorfque le texte de la Loi a une application directe, immédiate & littérale à la procédure pour laquelle la Loi a été portée. Mais lorfque la dif-pofition de la Loi n'eft pas générale ; puifque le Magiftrat doit en faire l'application, il faut lui permettre de l'interroger, & il ne peut l'entendre, qu'en faififfant fon efprit pour faire l'appli-cation de la regle qu'elle a prefcrite.

Raifonnons donc avec la Loi ; & voyons quelle eft fa marche, dans le Titre confacré à regler ce qui concerne tous les inter-rogatoires.

Ordonnance de 1670, Tit. 14, art. 1.

L'Ordonnance veut d'abord que :

« Les prifonniers pour crime foient interrogés, & les interrogatoires
» commencés, au plus tard dans les vingt-quatre heures de leur emprifon-
» nement, à peine de dommages & intérêts contre le Juge qui aura fait l'in-
» terrogatoire ».

Le Juge doit de même,

Article 2.

« Vaquer en perfonne à l'interrogatoire, qui ne pourra en aucun cas être
» fait par le Greffier, à peine de nullité & d'interdiction » contre l'un & l'autre

Article 3.

« Les Procureurs du Roi & ceux des Seigneurs peuvent donner des Mé-
» moires au Juge, qui s'en fervira ainfi qu'il avifera ».

« Il doit être procédé à l'interrogatoire au lieu où fe rend la Juſtice, dans » la Chambre du Conſeil ou de la Geole ; défenſe de le faire dans la maiſon » du Juge ».

Article 4.

« Les accuſés pris en flagrant délit peuvent être interrogés par-tout ».

Article 5.

« S'il y a pluſieurs accuſés, ils feront interrogés féparément & ſans aſſiſ- » tance de perſonne ».

Article 6.

« L'accuſé doit prêter ſerment, & en ſera fait mention, à peine de nul- » lité ».

Article 7.

« Les accuſés, de quelque qualité qu'ils ſoient, tenus de répondre par leur » bouche, ſans le miniſtere de Conſeil, » ſinon ès cas prévus & ſpécifiés dans le même article.

Article 8.

« Pourront les Juges, après l'interrogatoire, permettre aux accuſés de » communiquer avec qui bon leur femblera, ſi le crime n'eſt pas capital ».

Article 9.

« Lors de l'interrogatoire, on repréſentera aux accuſés » les pieces de conviction.

Article 10.

« Si l'accuſé n'entend pas la Langue Françoiſe, » on lui donnera un in- terprête.

Article 11.

« Il n'y aura aucune rature ni interligne dans la minute des interroga- » toires ».

Article 12.

Après cette longue énumération de toutes les formalités à remplir, des interrogatoires qui ſe font dans le principe de la procédure, l'Ordonnance dit que,

« L'interrogatoire ſera lu à l'accuſé à la fin de chaque féance, cotté & pa- » raphé en toutes ſes pages, & ſigné par *le Juge* & l'accuſé, s'il veut ou ſait » ſigner ; ſinon ſera fait mention de ſon refus ; le tout à peine de nullité, & » de tous dépens, dommages & intérêts contre *le Juge* »

Article 13.

ſeul, car l'Article ne fait pas même mention du Greffier.

En rapprochant ainſi les Articles de l'Ordonnance, il eſt dif- ficile de ſe méprendre ſur ſes véritables diſpoſitions. Ils ſont tous une conféquence l'une de l'autre ; & le rapport qu'ils ont entr'eux démontre avec évidence qu'il ne s'agit encore que du premier interrogatoire, & de ceux que les Accuſés ſubiſſent dans le cours de l'inſtruction. Ils ſont faits par un ſeul Juge ; il peut y avoir pluſieurs féances : enfin les dépens , les dommages & intérêts qui réfultent de la peine de nullité, ne font prononcés que contre *le Juge* qui a procédé à l'interrogatoire, & qui n'a pas obfervé les formes preſcrites par la Loi. La ſuite même de l'Ordonnance eſt une nouvelle preuve de l'intention du Légiſlateur.

Elle autoriſe,

Article 14. « Les Commiſſaires au Châtelet de Paris à interroger, pour la premiere » fois, les accuſés pris en flagrant délit ».

Elle permet de

Article 15. « Réitérer l'interrogatoire, s'il en eſt befoin; mais chaque interrogatoire » doit être écrit dans un cahier féparé ».

Elle défend de

Article 16. « Prendre aucunes choſes pour les interrogatoires ».

Elle ordonne que

Article 17. « Les interrogatoires feront communiqués à la Partie publique : & elle » permet d'en donner communication à la Partie civile en toutes fortes de
Article 18. » crimes, & à l'accufé lui-même, pour prendre droit par les charges après
Article 19. » fon interrogatoire, s'il n'y a pas lieu à peine afflictive ».

Enfin

Article 20. « Si les Procureurs du Roi & la Partie civile font reçus à prendre droit par » l'interrogatoire, & l'accufé par les charges; la Partie civile pourra donner » fa requête contenant fes demandes, & l'accufé fes réponſes, dans un délai » certain, paſſé lequel il fera procédé au Jugement, encore que les requêtes » & les réponſes n'aient pas été fournies ».

Par la progreſſion de ce tableau, on voit que l'Ordonnance dirige la procédure depuis la plainte juſqu'au moment même du Jugement : & par la nature même des formalités qu'elle introduit, on eſt convaincu que tout ce qu'elle a preſcrit ne peut recevoir d'application que relativement à l'inſtruction de la procédure, avant la viſite du procès.

Comment

Comment en effet concevoir que l'Ordonnance ait voulu parler de l'interrogatoire fur la fellette, lorſqu'elle permet de donner communication de tous les interrogatoires à la Partie civile en toutes fortes de crimes, d'en donner communication à l'Accuſé lui-même, s'il n'y a pas lieu à peine afflictive : & par conſéquent point d'interrogatoire fur la fellette ?

Lorſqu'elle permet à la Partie civile de prendre droit par l'interrogatoire, & à l'Accuſé par les charges, en autoriſant l'une à donner ſa Requête & l'autre à donner ſes réponſes dans un délai déterminé, & que faute par eux de les fournir, elle ordonne qu'il ſera paſſé outre au Jugement ?

Jamais une Partie civile a-t-elle requis que cet interrogatoire lui fût communiqué avant de prendre ſes concluſions définitives ? Et comment lui communiquer un acte qui n'exiſte pas encore, & qui ne peut ſe conſommer que lorſque la procédure eſt ſous les yeux des Juges, en procédant à la viſite du Procès, après même cette viſite, & au moment où le Tribunal va prononcer ? Quelques défauts que l'Auteur reproche à la Loi, on ne peut pas lui prêter une pareille abſurdité.

Les formalités juſqu'à préſent preſcrites par l'Ordonnance, n'intéreſſent donc que la procédure néceſſaire pour mettre le Procès en état de recevoir ſa déciſion. Elles ſont toutes de rigueur. Les nullités ſont de droit poſitif : c'eſt un bienfait de la Loi : il appartient au toupable qui peut le revendiquer. La puiſſance royale elle-même ne peut valider un acte nul dans une procédure criminelle. M. d'Agueſſeau parloit en Chancelier rigide obſervateur des regles, quand il écrivoit.

La forme des inſtructions criminelles eſt ſi rigoureuſe parmi nous, Mém. p. 123. *qu'il ſeroit contraire à l'humanité comme à la juſtice, d'employer l'autorité du Roi à priver un Accuſé de la reſſource qu'il peut trouver dans l'irrégularité d'une procédure.*

Avant de juger, il eſt de regle dans tous les Tribunaux de faire amener le priſonnier devant les Juges aſſemblés pour procé-

V

der au Jugement. C'eſt ce qu'on appelle le dernier interrogatoire, ou l'interrogatoire d'office. Il ne peut avoir lieu qu'après la viſite du Procès, quand le rapport eſt entiérement terminé, & après la leĉture des concluſions de la Partie publique.

En quel lieu l'Accuſé doit-il être interrogé ? La Loi a mis une différence entre les Accuſés, que le Miniſtere public regarde d'avance comme coupables d'un crime capital, & contre leſquels il requiert des peines infamantes & affliĉtives, & les Accuſés contre leſquels il n'a pas cru devoir conclurre avec tant de ſévérité.

Elle ordonne que,

Article 21. « Si, pardevant les premiers Juges les concluſions de nos Procureurs ou » ceux des Seigneurs, & dans nos Cours les Sentences dont eſt appel ou les » concluſions de nos Procureurs Généraux, portent condamnation de peine » affliĉtive, les accuſés feront interrogés ſur la ſellette ».

L'Ordonnance ne déterminoit point la place de l'interrogatoire dans le cas où les concluſions ne tendroient point à peine affl.ĉtive. Par une Déclaration du 12 Janvier 1681, & par une ſeconde du 13 Avril 1703 regiſtrée en la Cour le 28, confirmative de la premiere, le Roi a ordonné que

Décl. de 1681 & 1703. « Lorſqu'il n'y auroit ni concluſions ni condamnation à peine affliĉtive, » les Accuſés feroient entendus par leur bouche derriere le Barreau ».

Article 23. C'eſt ce qui étoit déja preſcrit par l'Ordonnance, Article 23, à l'égard des Curateurs & Interprêtes, *encore que les Concluſions & la Sentence portent peine affliĉtive contre l'Accuſé*, parce qu'il n'étoit pas juſte que les Curateurs & les Interprêtes, pour avoir prêté leur miniſtere, reçuſſent une eſpece de note d'infamie, au moins momentanée.

Nous devons vous faire obſerver, que l'Article 21 & le ſuivant ſont les ſeuls où il ſoit parlé des Cours Souveraines, dans le **Titre** de l'Ordonnance qui traite des Interrogatoires des Accuſés.

Dans l'Article 21, l'Ordonnance prévoit deux cas : celui de l'interrogatoire devant les premiers Juges, & celui de l'interro-

gatoire lors du Jugement fur l'appel de la Sentence. Dans l'un &
l'autre cas, elle ordonne impérativement que les Accufés *feront
interrogés fur la fellette*. Mais elle ne dit rien de plus ; elle ne
prononce aucune peine ; elle ne dit point que l'interrogatoire
fera lu à l'Accufé à la fin de chaque féance ; elle ne dit pas
qu'il fera cotté & paraphé en toutes fes pages ; elle ne dit point
qu'il fera figné par le Juge & par l'Accufé, à peine de nullité.
Et cependant, toutes les fois qu'elle a voulu attacher la peine de
nullité, ou une autre peine quelconque, elle eft toujours exprimée dans l'Article. *Les Accufés feront interrogés fur la fellette* :
Voilà fon unique difpofition.

L'Article fuivant parle de l'interrogatoire fur la fellette, fubi
devant le premier Juge ; & il décide qu'il fait partie du Procès
fur l'appel. Cette obfervation n'eft pas à négliger.

Il eft ainfi conçu :

« L'interrogatoire prêté fur la fellette pardevant les Juges des lieux fera
» envoyé en nos Cours avec le procès, quand il y aura appel, à peine de
» 100 livres d'amende contre le Greffier ».

Article 25.

Nous avons fait mention du dernier Article (le 23e) qui concerne les Curateurs & les Interprêtes. Nous n'avons plus à y
revenir.

Voilà, MESSIEURS, le précis de l'Ordonnance fur la matiere des interrogatoires.

Il en réfulte, 1°. que tous les interrogatoires qui fe font dans
le cours de l'inftruction, doivent être rédigés par écrit, être lus
à l'Accufé à la fin de chaque féance, cottés & paraphés à chaque
page, & fignés par le Juge & l'Accufé, *à peine de nullité*.

Il en réfulte, 2°. qu'avant l'Ordonnance de 1670, on ne
regardoit pas l'interrogatoire fur la fellette comme faifant partie du Procès, parce que cet interrogatoire ne fe fait qu'après
la vifite du Procès, lorfque le rapport eft entièrement fini, avant
les opinions, & qu'il ne paffe pas fous les yeux du Miniftere

Public , qui a donné d'avance fes conclufions. Peut-être, antérieurement à l'Ordonnance , les Juges eux-mêmes regardoient-ils cet interrogatoire comme un acte extrajudiciaire , uniquement deftiné à éclaircr leur religion, en les mettant à portée de s'inftruire , par la bouche des Accufés, des circonftances du fait, qui ne font quelquefois pas affez détaillées dans le refte de la procédure. Nous ne connoiffons point d'Ordonnance où il foit queftion de l'interrogatoire fur la fellette , autre que celle de 1670. Elle eft la premiere qui ait parlé de cet ufage.

Il feroit à fouhaiter, dit un Jurifconfulte* très-inftruit, que nos Auteurs nous euffent laiffé quelque tradition fur l'origine & même fur la raifon de la différence entre les interrogatoires fur la fellette, & les interrogatoires derriere le Barreau. La formalité de la fellette paroît très-ancienne.

Mᵉ Claude-Jofeph Prévôt, Avocat au Parlement.

Dans un livre intitulé : *Praxis criminis perfequendi , Authore Joanne Milleo ,* imprimé à Paris en 1541 , avec des figures qui repréfentent toute l'inftruction, on remarque que les Accufés font repréfentés , à la confrontation , affis fur une fellette , & même qu'ils font égalemen: ainfi repréfentés dans les premiers interrogatoires. Ces figures peuvent faire penfer que cette maniere d'entendre les prifonniers affis n'a été introduite que parce qu'ils ne pouvoient fe tenir debout pendant les interrogatoires & les confrontations , qui exigent fouvent un tems très-confidérable. C'eft dans ces images, ou gravures , que l'Auteur du Mémoire a été prendre que les Accufés aujourd'hui entrent à la Tournelle , *traînans des fers ,* comme vous le verrez dans la defcription qu'il fait d'un interrogatoire fur la fellette.

En général , la fellette n'emporte point l'infamie : ce qui fe concilie parfaitement avec le texte de l'Ordonnance de 1670 , puifque celui qui eft abfous par les premiers Juges, y eft interrogé , s'il y a appel *à minimâ* de M. le Procureur Général. Il en eft de même de celui qui a obtenu des Lettres de remiffion. Et dans le cas où il y a des conclufions à peines afflictives ou in-

famantes, l'Accufé peut être déclaré innocent malgré les conclufions : elles ne rendent point infâme ; c'eft le Jugement.

Les Accufés ne fubiffent aujourd'hui que le dernier interrogatoire fur la fellette. On a attaché une forte de turpitude à cette
pofition. Il eft malheureux que ceux qui, par l'événement, font
déclarés innocens, en partagent le déshonneur avec ceux qui font
jugés coupables. Un honnête homme pourfuivi rougit de cette
formalité humiliante. A l'égard des fcélérats, que leur importe la
honte ? ils ne la connoiffent pas.

L'Ordonnance borne prefque toute la procédure en Caufe
d'appel, à interroger les Accufés fur la fellette ou derriere le
Barreau. Mais il a fallu déterminer la place & fixer le moment.

La fageffe du Légiflateur a cru devoir ordonner que les conclufions du Miniftere public fuffiroient pour traiter d'avance un
Accufé comme un homme dévoué à la mort ou à l'infamie. Il
faut refpecter fes motifs. Mais il a ordonné en même tems que
cet interrogatoire feroit envoyé avec le Procès, quand il y auroit
appel : ce qui annonce, ou qu'on ne le rédigeoit pas par écrit
anciennement, ou qu'on n'étoit pas dans l'habitude de le joindre
au Procès. Et ce qui fe paffe à cet égard, depuis tant de fiecles,
en la Cour, dépofe de cet ufage. Nous ne pouvons même nous
difpenfer de remarquer que l'Ordonnance ne prononce d'autre
peine, que *cent livres d'amende* contre le Greffier qui n'auroit pas
joint cet interrogatoire. C'eft depuis cette époque, que l'interrogatoire d'office, comme on l'appelloit anciennement, a commencé à faire partie de la procédure.

Il exifte, comme on le voit, une différence réelle entre l'interrogatoire fur la fellette & les autres interrogatoires.

Pourquoi l'Ordonnance, Article 13, a-t-elle prefcrit que les
premiers interrogatoires feroient rédigés par écrit, lus aux Accufés à la fin de chaque féance, cottés & paraphés à toutes les
pages, & fignés du Juge & des Accufés ? La raifon en eft fenfible. Ces actes de procédure fe font entre le Juge & l'Accufé,

ſeuls dans l'intérieur du Tribunal. Il a donc été indiſpenſable de conſtater, de rendre invariable par la ſignature du Juge, par celle du Greffier, par celle de l'Accuſé, les réponſes de ce dernier. Le Greffier & le Juge deviennent deux Témoins qui, indépendamment de la ſignature de l'Accuſé, atteſtent la vérité d'un acte auſſi important. L'Ordonnance même exige qu'il n'y ait, ni ratures, ni interlignes dans la minute du Procès-verbal d'interrogatoire, pour diſſiper juſqu'au moindre ſoupçon ; &, ſans cette précaution, l'Accuſé, par une dénégation tardive, détruiroit tous ſes précédens aveux, ſi l'interrogatoire n'en contenoit pas la preuve.

Dans le Procès même actuel, nous trouvons un des Accuſés qui, ne pouvant détruire un aveu fait dans un précédent interrogatoire, dit pour toute réponſe : *ils ont écrit ce qu'ils ont voulu.* Ces dénégations réfléchies diſparoiſſent, quand les Juges, en procédant au Jugement, ont continuellement ſous les yeux les queſtions qui ont été faites à l'Accuſé dans ces différens interrogatoires, & la défenſe qu'il y a oppoſée. Aucune diſtraction ne peut alors altérer la force des moyens qu'il a employés pour ſa juſtification. C'eſt l'Accuſé lui-même qui parle à la Juſtice dans l'interrogatoire que le Juge lui a fait ſigner. Et lorſqu'il faut prononcer ſur l'appel, les Cours Souveraines ont entre les mains la réunion de toutes les preuves qui ont pu influer ſur l'opinion des premiers Juges. Elles ſont plus en état de peſer les motifs du Jugement, &, après un examen rigoureux de la procédure même, d'augmenter ou de diminuer la peine, ſuivant la nature & la force des dépoſitions.

Pourquoi l'Ordonnance a-t-elle de même ordonné que l'interrogatoire ſur la ſellette, prêté devant les premiers Juges, ſeroit envoyé avec le reſte de la procédure ? C'eſt parce que l'Accuſé pouvoit, dans cet interrogatoire, avoir articulé des faits juſtificatifs, dont la preuve, ſi elle eût été admiſe, auroit pu détruire l'accuſation en elle-même, ou rejetter ſur un autre coupable le crime dont l'Accuſé avoit à ſe juſtifier.

Les Cours ne peuvent prononcer fur le bien ou le mal jugé d'une Sentence, qu'après avoir mûrement apprécié tous les genres de preuves qui exiftoient au moment du premier Jugement, même après avoir fcrupuleufement examiné la forme de l'inftruction. Un vice de procédure peut quelquefois fe réparer, quelquefois il eft irréparable. Les nullités, comme nous l'avons dit, font une ref-fource que la fageffe de la Loi accorde à l'humanité ; & plus d'un coupable a échappé à la condamnation, par l'irrégularité d'une procédure contraire aux Ordonnances.

L'interrogatoire fur la fellette n'a aucun inconvénient, en quelque maniere qu'il foit fubi, dans les Procès qui fe jugent en dernier reffort dans les Cours Souveraines. C'eft dans cet interrogatoire fubi devant les premiers Juges, qu'eft renfermée toute la défenfe de l'Accufé. Les preuves fe tirent du refte de l'inftruction.

Cet interrogatoire en la Cour eft le moment où l'accufé peut propofer fes griefs contre la Sentence, & par conféquent fa juftification. C'eft pour cela que dans les Arrêts on met toujours : *ouï ledit Accufé en fes caufes d'appel & cas à lui impofés.*

Il fe fait après la vifite entiere du Procès. Tous les Juges en font témoins ; ils peuvent même interpeller l'Accufé par la bouche de celui qui préfide. L'opinion commence auffitôt que l'Accufé s'eft retiré. L'on pourroit dire, en quelque façon, qu'il ne fait pas partie du Procès : car il n'eft jamais communiqué au Procureur Général, que dans le cas où il donneroit lieu à une nouvelle inftruction ; & la Partie civile, qui a droit de demander la communication des interrogatoires en toutes fortes de crimes, n'en a jamais pris connoiffance.

On inftruit en la Cour des procédures de deux efpeces ; & l'une & l'autre donnent lieu à un interrogatoire fur la fellette. La premiere eft celle où la Cour prononce après avoir fait elle-même l'inftruction. La feconde, qui eft la plus ordinaire, eft celle où elle prononce fur l'appel d'une Sentence rendue dans l'un des Tribunaux de fon reffort. Dans le premier cas, l'interrogatoire peut-être regardé comme indifpenfable , parce qu'il eft le complément de la procédure.

Dans le cas, au contraire , où la Cour prononce fur un appel, comme la procédure eft complette avant d'être mife fur le Bureau , comme l'interrogatoire fur la fellette a déja été fubi en premiere inftance ; incontinent après la vifite du Procès, on mande l'Accufé en la Chambre, plutôt pour conftater fon identité avec l'Accufé qui a comparu devant les premiers Juges , que pour en obtenir de nouveaux aveux. On a coutume de lui demander fes noms, furnoms, âge, qualité & demeure ; en quel lieu il étoit, lorfque le crime a été commis ; s'il étoit feul, ou s'il avoit des complices, & autres queftions de cette nature. Cet interrogatoire fe conferve dans un regiftre deftiné à ce dépôt : ufage antique, folemnel , & pour ainfi dire devenu légal ; car avant l'Ordonnance de 1670 , il n'exiftoit aucune Loi fur la forme de cet interrogatoire. Elle a toujours été la même dans le plus ancien de tous les Tribunaux du Royaume. Il feroit facile d'en rapporter la preuve par la fuite des regiftres où tous ces interrogatoires font confignés depuis les tems les plus reculés.

Cet ufage , dit-on, quoique confacré par la plus haute antiquité , ne peut légitimer l'omiffion d'une formalité prefcrite par la derniere Ordonnance.

C'eft le quatrieme moyen préfenté dans le Mémoire.

Cette Loi ne reçoit-elle pas fon exécution ? N'eft-elle pas obfervée dans les Jugemens ? Par qu'elle fatalité vient-on révoquer en doute l'attention des Magiftrats à fe conformer à la Loi ? L'interrogatoire fur la fellette eft toujours rédigé. L'Accufé peut, en préfence de fes Juges, articuler un fait juftificatif, propofer un fait évidemment à fa décharge ; en un mot, offrir de prouver, par des circonftances certaines, qu'il y a erreur dans fa perfonne, & que le crime a été commis par un autre que par lui.

Et comment la Cour pourroit-elle négliger un moyen auffi décifif, il eft d'autant plus indifpenfable de faire écrire cet interrogatoire,

rogatoire, que c'eſt dans les faits juſtificatifs allégués par l'Accuſé, qu'elle doit choiſir ceux dont elle admettra la preuve? Comment les choiſir, s'ils n'exiſtent pas au Procès? Les dépôts du Greffe fourniroient mille exemples d'interrogatoires rédigés toutes les fois que la Cour a jugé qu'il y avoit lieu à l'admiſſion des faits propoſés par l'Accuſé pour ſa juſtification.

S'il eſt prouvé (nous nous contentons de l'aſſurer en ce moment, nous le prouverons dans la ſuite), que le dernier interrogatoire ſe rédige en forme, toutes les fois que la défenſe légitime de l'Accuſé paroît l'exiger; quelle relation peut-il y avoir entre l'interrogatoire & la maniere incroyable dans laquelle l'Auteur prétend qu'on le fait ſubir aux Accuſés?

On eſt bien malheureux d'avoir reçu de la nature une imagination ſombre, toujours enveloppée de voiles funéraires, & qui ne réfléchit d'autres images que celles de la douleur & du déſeſpoir. Il faut s'être formé une idée bien affreuſe des Magiſtrats, pour créer la ſcene horrible qui ſe lit dans le Mémoire. Voici quelques traits du pinceau de l'Auteur.

On tire l'accuſé de ſon cachot, on le preſſe, on l'emmene. Tout-à- Mém. p, 121. *coup, comme un ſpectre échappé du tombeau, il entre dans le ſanctuaire de la Juſtice, traînant des fers. Voilà donc mes Juges, dit-il. Il les regarde. Que dis-je: à peine a-t-il le tems de leur jetter à chacun un regard. On le fait aſſeoir ſur la ſellette; on lui fait prêter ſerment, ſerment de ſe trahir lui-même, s'il eſt coupable. Puis chacun l'accable coup ſur coup, en une minute, d'une multitude de queſtions qui ſe croiſent, qui ſe heurtent, qui ſe combattent. «On n'écrit point» dit-il....... Son cœur ſe ſerre, ſa raiſon ſe trouble, ſa mémoire s'égare; il balbutie; il cherche....... Mais déja, en levant les yeux, il apperçoit l'ennui ſur le front de ſes Juges, l'impatience dans leurs regards; & ces Juges ont entre leurs mains ſa deſtinée. Il tremble; il abrege; il ſe tait; on l'entraîne.... A peine a-t-il franchi le ſeuil: mais je n'ai pas dit cela; mais je ne*

X

suis trompé. . . . Malheureux ! c'en est fait ; il n'est plus tems ; tu ne les verras plus ; & déja même ils prononcent.

Reconnoissez-vous, à cette peinture, la description fidele du moment de l'interrogatoire sur la sellette ?

Un Poëte peut s'égarer dans le pays des fictions ; on lui permet des licences. Mais la vérité ne veut pas être défendue avec des suppositions & des impostures.

Que l'Auteur nous dise donc dans quel Tribunal on amene le prisonnier *traînant des fers*....... Quoi ! des fers dans le Temple de la Justice ! des fers au milieu des Magistrats ! L'Accusé est libre au milieu du Tribunal ; il est assis sur la sellette, sans chaînes & sans Gardes, à moins que ses violences dans la prison n'obligent de prendre des précautions contre un accès de fureur. Il est aussi libre que l'Auteur lui-même, lorsque sa plume traçoit cet infame tableau (1).

On lui fait prêter serment, serment de se trahir lui-même.

Quel est donc le Peuple chez lequel un Témoin, un Accusé ait été dispensé du serment ? Si la seule probité ne suffit pas pour inspirer la honte du parjure, si la terreur du supplice doit rendre le coupable nécessairement parjure par l'espoir d'échapper à la condamnation, le frein de la Religion est-il toujours impuissant ? Il faudra donc abolir le serment, parce qu'il est souvent criminel ? C'est précisément ce motif qui fit introduire le combat judiciaire. Gondebaud, Roi de Bourgogne, fut celui qui l'autorisa le plus ouvertement : & il donne la raison de sa Loi dans sa Loi même. « C'est afin que nos sujets ne fassent plus de » faux sermens sur des faits obscurs, & ne se parjurent point sur » des faits certains. »

Loi des Bourguignons, ch. XLV.

Les hommes ne sont pas changés. Il est plus que vraisem-

---

(1) *Nota.* L'Auteur paroît avoir consulté les Images du Livre de *Joannes Mileus*, imprimé en 1541.

blable que plus d'un Accusé a fait un faux serment. Mais parce qu'un Accusé se rend coupable d'un nouveau crime, faut-il débarrasser sa conscience d'un motif religieux, qui peut en retenir un grand nombre ? Si l'Accusé n'avoit d'autre vérité à attester à la Justice, que celle de son innocence ou de son crime, il seroit presque inutile de l'exposer à un parjure. Mais quel est l'homme raisonnable qui osera soutenir qu'il est injuste d'exiger d'un Témoin qu'il fasse serment de dire la vérité ?

Les Moralistes les plus relâchés, ceux même qui décident qu'on peut mentir en sûreté de conscience lorsqu'il s'agit de la vie, tous conviennent que le serment est indispensable dans la bouche d'un Témoin.

Jugeons-les par leur propre décision. Un Accusé n'est-il donc pas témoin, lorsqu'il dénature les circonstances du crime, de maniere à faire retomber l'Accusation, même sur un inconnu ? N'est-il pas Témoin, lorsqu'il est confronté aux Témoins ? Ne l'est-il pas enfin, lorsqu'il revele ses complices ? L'obligation où il se trouve alors de se trahir lui-même, peut-elle être balancée avec le danger de l'autoriser à inculper sans remords un autre Citoyen, dans l'espérance de se soustraire à la punition du crime qu'il a commis ?

Mais si l'Accusé que l'on soulage de la pesanteur du serment à son interrogatoire, est néanmoins dans la nécessité de le prêter à sa confrontation, qu'on nous dise donc «la différence qu'il y » a entre le serment de l'interrogatoire, & le serment de la con- » frontation : » puisque, dans l'un & dans l'autre, le Témoin & l'Accusé soutiennent également, l'un la vérité de ce qu'il a dit dans sa déposition, l'autre la vérité de ce qu'il a répondu dans son interrogatoire. L'obligation d'être véridique est donc égale ; elle doit produire le même effet, la justification ou la condamnation. L'usage de faire prêter serment aux Accusés est si solemnel, qu'il s'est établi de lui-même : il est prescrit par les Ordonnances de

M. Talon, Avocat Général, Procès-verbal de l'Ordonnance de 1670.

1535 & 1539, au moins quant à la confrontation. Ainfi il exiſtoit déjà depuis pluſieurs ſiecles, ſoit légalement, ſoit par l'uſage, lorſque l'Ordonnance en a impoſé la néceſſité.

Après avoir juſtifié l'obligation du ſerment, reprenons le tableau dont nous avons detourné un moment votre attention.

Ce n'eſt plus ſur l'Accuſé que nous avons à fixer vos regards. C'eſt ſur les Magiſtrats eux-mêmes.

Dans quel Tribunal encore l'Auteur a-t-il trouvé l'original de la peinture odieuſe qu'il offre à la curioſité publique ? Où a-t-il vu que *les Juges accablent l'Accuſé en une minute, coup ſur coup, d'une multitude de queſtions qui ſe combattent ?* Où a-t-il vu que *l'ennui étoit peint ſur leur front, l'impatience dans leurs regards ?*

Où a-t-il vu, enfin, qu'on *entraînoit* l'Accuſé malgré lui-même, & qu'il ne lui étoit plus permis de reparoître devant les Magiſtrats.

Hâtons-nous de détromper le Public ſur une calomnie d'autant plus atroce, qu'elle eſt animée des couleurs de la plus vive déclamation.

Ecoutez Citoyens : le Miniſtere public vous l'atteſte.

Nous avons été plus d'une fois témoin de l'interrogatoire d'un Accuſé, dans ces momens où la Cour nous fait avertir pour le ſervice des Audiences.

On introduit l'Accuſé; le ſilence le plus profond regne dans le Tribunal. Celui qui préſide fait les premieres interrogations; le Rapporteur, par l'organe du Préſident, propoſe enſuite quelques queſtions; chacun des Juges, à ſon rang, fait demander, comme le Rapporteur, l'éclairciſſement de ſes doutes; l'Accuſé a toujours le temps de réfléchir, parce que celui qui préſide la Chambre répete la queſtion ſur laquelle l'Accuſé doit s'expliquer; & l'interrogatoire eſt terminé quand les Juges, éclairés par les réponſes de l'Accuſé, n'ont plus rien à demander pour leur inſtruction. Et avant de faire retirer l'Accuſé, le Préſident lui demande toujours, s'il n'a rien à dire pour sa défense, enforte qu'il peut encore entreprendre sa justification ; & dans une affaire trop fameuse, il y a plusieurs années, le scélérat DESRUES fut entendu pendant près d'une heure & demie sans être interrompu. Nulle trace d'ennui, nul mouvement d'impatience. Et quel est le Magistrat assez peu maître de lui-même pour ne pas donner toute son attention à une affaire, où il s'agit de prononcer sur la vie ou sur l'honneur d'un Citoyen?

Nous irons même plus loin encore. Il est arrivé que des Accusés, au sortir de l'interrogatoire, se sont rappellés qu'ils avoient oublié un fait justificatif. La Cour les a fait rentrer ; la Cour les a entendus ; & lorsque le fait a paru de nature à prouver l'innocence, la Cour en a ordonné la preuve. La gravité des Juges, l'appareil du Tribunal n'ont rien qui épouvante les innocens : les Magistrats eux-mêmes les enhardissent à se justifier ; ils aident leur mémoire chancelante, par des questions qui les mettent à portée de se rappeller les faits ; ils les rassurent ; ils ne cherchent point des coupables. Le criminel seul s'intimide, se trouble, tremble & pâlit en entrant dans le sanctuaire de la Justice ; sa conviction intérieure le tourmente, & pressé par ses remords, il croit lire sa condamnation sur le visage des Magistrats qui ont à prononcer sur sa destinée.

La forme même dans laquelle les interrogatoires sur la sellette se subissent en la Cour, est un obstacle aux fureurs, aux emportemens, au désespoir dont l'Auteur du Mémoire a fait la triste peinture.

Cet interrogatoire ne roule le plus souvent que sur le fait principal. Les questions qu'on fait à l'Accusé sont si simples, qu'il n'a pas la douleur de s'embarrasser dans ses réponses. Un aveu ou une dénégation suffit. Les Juges en quelque sorte n'ont plus besoin d'instruction ; il existe déjà un premier interrogatoire sur la sellette ; & cet acte de la procédure réunit ordinairement tous les faits, tous les aveux, toutes les circonftances, les moyens de défenfe & de juftification, en un mot tous les détails que la Cour pourroit exiger.

Nous avons dit que l'ufage en la Cour étoit de configner ces interrogatoires dans un regiftre particulier, où ils font tranfcrits à la date de l'Arrêt, l'un après l'autre, jour par jour, Accufés par Accufés, procès par procès, fans aucune interruption ; & que cet ufage étoit confacré par la poffeffion la plus foutenue. Les Regiftres les plus anciens font perdus, ou ont été enlevés ; mais depuis 1443, c'eft-à-dire depuis plus de 340 ans, ils exiftent tous en nature, année par année. Il eft difficile de rapporter une preuve plus évidente, & de l'ufage très-ancien, & de la maniere dont l'Ordonnance de 1670 a toujours été entendue & exécutée.

Les Arrêts même de condamnation en font foi. Il eft aifé de le vérifier dans les imprimés. On ne voit jamais dans le Vû de l'Arrêt, dans l'énonciation de tous les actes de procédure qui précedent le difpofitif, *vû l'interrogatoire*, ce qui annonceroit qu'il a été rédigé en forme ; on y lit feulement, *ouis & interrogés en la Cour lefdits Accufés*, parce que la Cour n'a pas jugé fur un interrogatoire rédigé en forme, mais fur un interrogatoire prêté verbalement en préfence de tout le Tribunal.

Lorfque les Accufés font admis à leurs faits juftificatifs, ils font de nouveau confrontés aux Témoins entendus à la requête du Procureur Général ; ils font de nouveau interrogés fur lefdits récolement & confrontation : malgré cette nouvelle procédure, ils font encore interrogés fur la fellette ; & ce dernier interrogatoire eft porté fur le regiftre ; enforte que, dans le Vû de l'Arrêt, on trouve l'énonciation des nouveaux interrogatoires, des récolement & confrontation ; & à l'égard du dernier, il eft dit, *oui & interrogé* : ce qui démontre que la preuve des faits juftificatifs eft indépendante de ce dernier interrogatoire, comme nous l'établirons en examinant dans un inftant les nullités qui concernent les faits juftificatifs.

Peut-on déformais foutenir que l'ufage dans lequel la Cour s'eft maintenue depuis tant de fiecles eft un abus véritable. Sans doute, *l'ufage d'un abus ne peut pas légitimer un abus* : mais il faut prouver qu'il y a un abus. Et où feroit-il donc dans l'efpece particuliere ? Les Accufés n'ont-ils pas été interrogés juridiquement ? La Cour les a-t-elle jugés fans les avoir interrogés fur la fellette ? Leurs interrogatoires ne font-ils pas portés fur le regiftre ? Les Juges avant d'opiner avoient-ils befoin de lire ce qu'ils venoient d'entendre ? Tout ce que l'Ordonnance exige, c'eft qu'ils foient interrogés. Ils l'ont été. L'Ordonnance n'a point dérogé à l'ufage de la Cour ; elle ne ftatue rien de prohibitif à cet égard. L'ufage a interprété ce filence ; il ne peut donc y avoir de nullité, ni de ce que cet interrogatoire n'a pas été écrit fur du papier timbré, ni de ce qu'il n'a pas été lu aux Accufés & figné d'eux avant de procéder au jugement.

Nous venons d'écarter le moyen de nullité oppofé à l'Arrêt de la Cour relativement à l'interrogatoire fur la fellette ; examinons le fecond moyen qu'on emploie contre ce même Arrêt. On le fait fortir du refus d'admettre & de l'omiffion de ftatuer fur les faits juftificatifs.

Avant d'approfondir la réalité de ces deux imputations, nous devons rappeller les vrais principes en matiere de faits juftificatifs. Tous les raifonnemens qui ont été faits, & ceux que nous ferons nous-mêmes, n'ont de folidité qu'autant qu'ils portent fur la bafe inébranlable de la Loi.

C'eft d'après les difpofitions des Ordonnances de Louis XII & de François Ier que l'Ordonnance de 1670 a été rédigée.

Au titre des faits juftificatifs on lit.

« Défendons à tous nos Juges, même à nos Cours, d'ordonner la preuve

» d'aucun fait juſtificatif, ni d'entendre aucun témoin pour y parvenir, qu'a-
» près la viſite du procès ».

Le moment de l'admiſſion ainſi déterminé, quels ſont les faits qui peuvent être admis ?

Article 2.　　» L'accuſé ne ſera point reçu à faire preuve d'aucuns faits juſtificatifs, que
» de ceux qui auront été choiſis par les Juges, du nombre de ceux que l'ac-
» cuſé aura articulés dans les interrogatoires & confrontations ».

Comment la preuve ſera-t-elle admiſe ?

Article 3.　　« Les faits ſeront inſérés dans le Jugement qui en ordonne la preuve ».

Enfin par qui les témoins, & quand ſeront-ils propoſés ?

Article 4.　　« Le Jugement qui ordonnera la preuve des faits juſtificatifs, ſera pro-
» noncé inceſſamment à l'accuſé par le Juge, & au plus tard dans les vingt-
» quatre heures ; & ſera interpellé de nommer les témoins par leſquels il
» entend les juſtifier, ce qu'il ſera tenu de faire ſur le champ, autrement il
» n'y ſera plus reçu ».

Article 5.　　« Après que l'accuſé aura une fois nommé ſes témoins, il n'en peut plus
» nommer d'autres ».

Article 6.　　« Les témoins ſeront aſſignés à la requête du Procureur du Roi, ou de
» ceux des Seigneurs, & ouis d'office par le Juge ».

Toutes ces précautions n'ont d'autre objet que d'empêcher la ſubornation que l'Accuſé pourroit pratiquer, pour prouver les faits que les Juges auroient admis comme vraiment juſtificatifs.

Nous avons recueilli toutes les diſpoſitions de l'Ordonnance qui ont trait aux faits juſtificatifs. Nous placerons ſous vos yeux les différentes nuances que la ſucceſſion des temps & les lumieres de l'expérience ont fait introduire ſur l'admiſſion & la preuve des faits juſtificatifs. Mais toutes ces Loix ne parlent que des faits juſtificatifs en général, ſans ſpécifier ceux qui doivent être admis & ceux qui doivent être rejettés. L'Ordonnance de 1670 elle-même, s'eſt renfermée à cet égard dans une généralité ſi

grande,

grande, qu'elle femble avoir befoin du fecours d'une interprétation fur la nature des faits pertinens & admiffibles pour opérer la juftification.

Ici, nous ne craignons pas de l'avouer, nous avons plus que jamais befoin de lumieres. Pouvons-nous fuivre un guide plus éclairé que l'immortel d'Aguelleau. C'eft l'abrégé de fes réflexions que nous croyons devoir vous préfenter.

« Deux queftions femblent naître des expreffions même de » l'Ordonnance. L'une regarde la qualité des faits qu'elle appelle » juftificatifs, l'autre regarde la qualité de celui qui les propofe.»

M. D'Aguef-feau. Plaid. de la Pivardiere, Tome IV, p. 438.

Qu'eft-ce qu'un fait juftificatif? C'eft M. d'Aguelleau qui va répondre. « Toute accufation renferme deux chofes, quelquefois » inféparables, fouvent très-diftinctes, toujours effentielles, un » crime & un Accufé. »

M. d'Aguef-feau, *ibid.*

Il eft des circonftances où le crime eft tellement attaché à la perfonne, que l'on ne peut divifer l'une d'avec l'autre, comme dans l'adultere. La même preuve qui établit la vérité du crime, établit néceffairement la qualité du criminel.

Dans d'autres événemens, on peut féparer la perfonne de l'Accufé du crime dont on l'accufe. Le crime peut être certain, & l'accufation téméraire. La preuve du crime ne renferme pas la conviction de l'Accufé. Lorfque dans le cas de meurtre, de vol, d'incendie, de facrilege, le crime eft conftant, il ne s'enfuit pas que celui qu'on accufe foit le véritable criminel.

Toute accufation fuppofe donc un crime dont elle détermine la qualité; elle demande enfuite un coupable fur qui l'évidence des preuves faffe tomber le poids de l'accufation.

D'après cette diftinction, on ne peut concevoir le terme de faits juftificatifs que fous deux faces différentes; du côté du crime, & du côté de l'Accufé.

Tout fait juftificatif doit avoir pour but, ou de montrer qu'il n'y a pas de crime, ou de juftifier celui à qui il eft imputé. S'il n'y

a plus de crime, on chercheroit en vain un coupable. Si l'Accu
se juftifie fans anéantir le crime, le crime fubfifte, l'Accufé e
abfous.

On ne peut entendre le terme de fait juftificatif que fo
ces deux acceptions. Dans quel fens l'Ordonnance l'a-t-el
entendu ?

En s'attachant à la lettre, il femble d'abord qu'elle n'a compr
fous le nom de faits juftificatifs, que ceux qui en laiffant fubfifter
crime, n'ont d'autre objet que de juftifier celui qui eft accuf
La Loi diffère l'admiffion des faits juftificatifs jufqu'après la vifi
du procès. La Loi fuppofe donc qu'il y a un crime certain. I
juftification fuppofe une accufation; l'accufation fuppofe u
crime; donc dans la lettre de l'Ordonnance prife à la rigueur
les faits juftificatifs font ceux qui tendent à faire voir que l'Accu
ne peut pas être coupable.

Si l'on paffe à l'efprit de la Loi, les motifs de cette difp
fition rigoureufe qui laiffe gémir l'innocent dans la captivité
tandis que l'Accufateur eft libre, paroiffent ne devoir s'appliqu
qu'aux faits qui combattent la vérité de l'accufation, & non
ceux qui attaquent le corps du délit; & ces motifs font l'impo
tance du fecret & la promptitude dans l'inftruction.

La plupart des Accufés, ne pouvant contefter la réalité d
crime, font tous leurs efforts pour mettre leur perfonne en fûreté
lors même qu'ils ne peuvent fe diffimuler qu'ils font réelleme
coupables. C'eft précifément ce travail continuel d'un Accuf
qui a fait remettre la preuve des faits juftificatifs au mome
même du jugement. La malice des hommes, toujours plus i
génieufe à violer la Loi que la Juftice elle-même n'eft atter
tive à la défendre, a démontré que fi on permettoit enco
aux Accufés de propofer dans le principe de l'accufation leu
faits juftificatifs, le Jugement qui leur accorderoit cette pe
miffion fatale au bien public, feroit pour eux un titre & un

affurance d'impunité. Sous prétexte de faire leurs preuves, les Accufés éluderoient indirectement celles qui pourroient les convaincre; & diminuant la force, l'autorité, le poids des Témoins, fans avoir même prouvé leurs faits juftificatifs, ils mettroient fouvent la Juftice hors d'état de prononcer, & fur le crime & fur l'innocence.

La forme introduite par l'Ordonnance de 1539, & renouvellée par l'Ordonnance de 1670, de n'admettre la preuve des faits juftificatifs qu'après la vifite du procès, ne peut être critiquée, même avec apparence de bonne foi. Au moment où le procès eft rapporté, la Juftice envifage en même temps & les faits prouvés contre l'Accufé, & les faits dont il demande à faire la preuve. Si les faits font admis, l'accufation, qui prévient dans fa marche la défenfe de l'Accufé pour empêcher le dépériffement des preuves, eft obligée d'attendre à fon tour la preuve des faits juftificatifs. Ainfi l'accufation & la défenfe de l'Accufé font comme divifées dans l'inftruction. Mais elles s'attendent & fe réuniffent au moment du Jugement.

Ici l'on peut faire une objection. Pourquoi renvoyer la preuve des faits juftificatifs après la vifite du procès ? S'il n'y a pas de crime, il eft inutile d'inftruire l'accufation : fi l'Accufé attaque le corps du délit, fi les faits qu'il articule tendent à prouver qu'il n'y a point de crime, « Pourquoi hafarder (c'eft M. d'A- » gueffeau qui parle) une inftruction témérairement précipitée, » une inftruction inutile, abfurde, dérifoire, avant de s'affurer » de l'exiftence du délit qui doit fervir de bafe à l'accufation ? » C'eft préférer un phantôme qui s'échappe, à une réalité qui » s'offre, qui fe préfente aux yeux de la Juftice. »

C'eft peut-être dans ce paffage que l'Auteur du Mémoire a cru voir *la cenfure la plus amere* de l'Ordonnance de en ce qui concerne les faits juftificatifs : c'eft auffi d citation que l'erreur fe manifefte. M. d'Agueffeau

M. d'Aguef-feau, Tome IV, p. 441.

vue de cenfurer la Loi ; il rapporte feulement l'objeƈtion qu'on peut faire ; il la préfente dans toute fa force. Mais après l'avoir revêtue de fon éloquence naturelle, il la combat avec la même énergie, & voilà ce que l'Auteur n'a pas voulu voir, ou ce qu'il a voulu diffimuler.

On diroit qu'il a cherché à en impofer par une grande autorité, non pas à la prudence des Magiftrats qui fauront vérifier le paffage, mais à l'indolence & à la crédulité des foibles ou des ignorans, qui croient fur parole, & ne fe donnent jamais la peine de remonter à la fource.

Comment même le Public pourroit-il vérifier le texte rapporté, lorfque l'Auteur du Mémoire ne cite pas même l'endroit où l'on peut confulter la prétendue cenfure de l'Ordonnance ? Comment feuilleter douze volumes des écrits précieux de ce grand Magiftrat, pour rencontrer un paffage ifolé, un paffage qu'on a dénaturé pour en faire une fauffe application ? Nous difons qu'on a dénaturé le paffage de M. d'Agueffeau, il eft facile d'en faire la démonftration. L'Auteur du Mémoire, en parlant l'Ordonnance de 1670, dit que *le dernier titre concernant les faits juftificatifs eft trop rigoureux ;* & il ajoute : *mais d'Agueffeau lui-même a déclaré, après en avoir fait la cenfure la plus amere, qu'il ne reftoit aux Magiftrats que la gloire de la faire exécuter.* C'eft une tranfpofition infidele. M. d'Agueffeau ne parle point de l'Ordonnance de 1670, mais de l'Ordonnance de 1539, & voici fes propres termes :

« Avant l'Ordonnance de 1539, on a pu, dans le doute, » avoir recours aux Oracles de la Jurifprudence Romaine ; non- » feulement on a pu le faire, mais on l'a fait ; il feroit facile » d'en rapporter plufieurs preuves. Mais enfin la Loi a parlé, » il ne nous refte plus que la gloire de lui obéir ». Quelle eft la Loi qui a parlé ? c'eft l'Ordonnance de 1539, qui ordonne que l'inftruƈtion du délit foit achevée avant de faire la preuve des faits qui tendent à la juſtification de l'Accuſé ; & cette regle, toute rigoureuſe qu'elle peut paroître, prévient les inconvéniens qui doivent naître de la diverſité & de la contradiction de deux inſtructions qu'on feroit à la fois ſur des faits oppoſés.

Quelle apparence même que M. d'Agueſſeau ait voulu ſe permettre une cenſure de la Loi, déplacée dans la bouche du Miniſtere chargé de ſon exécution? Il fait l'apologie de l'Ordonnance de 1539.

« Quand ſes motifs nous feroient inconnus, nous devrions » toujours reſpecter ſon autorité. Mais ſa raiſon ne nous eſt pas » moins manifeſte ; & ſans vouloir entreprendre inutilement de » défendre une Loi que perſonne ne peut attaquer, & de juſ- » tifier la Juſtice elle-même, contentons-nous d'obſerver que, ſoit » par rapport à la corruption de la nature, qui ſemble recevoir tous » les jours un nouvel accroiſſement, ſoit par rapport au génie » & au caractere de notre Nation, on a jugé que rien n'étoit » en même-tems plus néceſſaire ni plus difficile, que le ſecret » & la diligence dans l'inſtruction des procès criminels ».

M. d'Agueſſeau, ibid.

Il faut donc reſpecter la Loi lors même que la raiſon de la Loi eſt inconnue ; elle ſe défend par elle-même, & la Juſtice qui la fait exécuter, n'a pas beſoin de juſtifier ſa ſoumiſſion. La gloire du Magiſtrat eſt de lui obéir. Que le fanatiſme ſe permette de l'interroger ; qu'il vienne lui demander compte de ſa déciſion ; qu'il oſe même l'accuſer dans ſa fureur : ſes efforts trahiſſent ſon impuiſſance, & ſes clameurs prouvent ſon aveuglement. Une ſage circonſpection eſt le ſigne caractériſtique d'un eſprit auſſi éclairé que modeſte : il s'applaudit d'être l'Eſclave de la Loi, & ſa conduite donne l'exemple de l'obéiſſance.

Veut-on que M. d'Agueſſeau ait eu en vue l'Ordonnance de 1670 ; tout ce que ce Magiſtrat a dit ſur l'Ordonnance de

François Ier, auroit encore fon application fur l'Ordonnance de Louis XIV. En effet, fi notre Légiflation a changé l'ancienne forme, de quoi les Cenfeurs peuvent-ils fe plaindre, dans l'ordre nouveau que la fageffe de nos Loix a établi? M. d'Aguefleau a expofé tout ce qu'on peut objecter fur l'article concernant les faits juftificatifs. Qu'a-t-il répondu à ces objections? (Et ce font les mêmes que celles qu'on renouvelle aujourd'hui, excepté qu'on les propofoit avec plus de modération). Voici fa réponfe.

M. d'Aguef. page 441.

« Quelques fpécieux que foient ces raifonnemens, nous favons » qu'on peut leur oppofer, qu'ils n'ont qu'une dangereufe & » féduifante fubtilité. L'Ordonnance, en ne diftinguant point, » a condamné par avance la témérité de toutes les diftinctions » qui pourroient diminuer fa force & reftreindre fon autorité. » Il ne faut pas chercher, par de vains raifonnemens, quel eft » le fens naturel du terme de faits juftificatifs. Les idées les » plus fimples font toujours les plus fûres. Tout fait qui juftifie » eft un fait juftificatif. Que la juftification arrive, ou par la » fauffeté du crime, ou par celle de l'accufation, c'eft ce qu'il » importe peu d'examiner. Si le fait allégué peut opérer la dé- » charge de l'Accufé, c'eft un fait juftificatif. La queftion eft » décidée par l'Ordonnance : ce fait, *tel qu'il foit*, eft une dé- » fenfe prématurée avant le jugement du Procès ».

Quel étoit l'objet de la Caufe où M. d'Aguefleau établiffoit ces grands principes? Celle du fieur de la Pivardiere. Il étoit difparu ; fa femme étoit foupçonnée de l'avoir affaffiné. Deux Servantes, dans leurs dépofitions, accufoient leur Maîtreffe.... Nous remarquerons en paffant que M. d'Aguefleau répondit

M. d'Aguef. page 456.

expreffément à l'objection de domefticité qu'on faifoit pour écarter leur témoignage : « *CE SONT DES TÉMOINS NÉCESSAIRES.....* » Après l'information, un Particulier fe préfenta comme étant le véritable mari....... C'étoit véritablement le fieur de la Pivardiere. Le crime étoit éteint par la repréfentation du mari prétendu affaffiné. L'Accufé & fes Complices étoient juftifiés. Etoit-il un moment plus favorable pour déroger à la rigueur de la Loi? Il paroiffoit de toute juftice d'interrompre l'inftruction de la premiere procédure fur l'accufation d'affaffinat, & d'en commencer une nouvelle fur la prétendue exiftence du prétendu mari qui fe repréfentoit. Que n'auroit pas dit l'Auteur du Mémoire dans une pareille pofition? Quel vafte champ à la véhémence de fes déclamations? M. d'Agueffeau propofa un fage tempérament pour concilier la rigueur des principes avec la faveur de l'équité naturelle. Le Particulier qui fe repréfentoit pouvoit être un faux la Pivardiere. La Cour ordonna, conformément aux conclufions du Miniftere public, qu'il feroit informé de l'exiftence ou de la fuppofition du foi-difant la Pivardiere, fans préjudice au Procureur - Général de continuer l'inftruction du Procès intenté pour raifon du prétendu affaffinat.

Le Miniftere public avoit feul rendu plainte ; ce fut auffi le Miniftere public qui requit la nouvelle inftruction, non pas parce que ce fût un fait juftificatif, (c'eût été déroger à l'Ordonnance, & la Cour ne le pouvoit pas) mais parce que le Particulier qui fe préfentoit pouvoit être un impofteur, & que cette fuppofition devenoit un nouveau crime hafardé pour parvenir à détruire l'accufation du premier.

Cet Arrêt folemnel laiffa fubfifter la Loi dans toute fon autorité, & la raifon ne perdit aucun de fes droits. C'eft faire injure à la raifon & à la Loi d'avancer qu'elles puiffent jamais être véritablement contraires.

Il faut donc conclure qu'il n'y a que deux efpeces de faits juftificatifs.

Dans la premiere, nous rangerons tous les faits qui attaquent la fubftance même du crime, ou qui regardent la maniere dont il a été commis.

Si le crime eft douteux, alors il faut diftinguer. Si le fait ne tend point à affurer ou à détruire le crime en lui-même, c'eft une preuve inutile, onéreufe même à l'Accufé, qui n'en aura peut-être jamais befoin, parce que le crime eft incertain. Mais fi, dans le doute & dans l'incertitude, on propofe un fait qui puiffe confirmer ou détruire la réalité du crime, comme dans le fait de la Pivardiere : ce fait n'eft plus un fait juftificatif, il fait partie du Procès; & quand l'Accufé n'en demanderoit pas la preuve, la prudence des Magiftrats l'ordonneroit à notre réquifition, parce qu'il eft de notre miniftere de fixer une preuve qui, en montrant le crime à découvert, ne laiffe d'obfcurité que fur la perfonne qu'on accufe de l'avoir commis.

Dans la feconde nous placerons les faits qui, lorfque le crime eft certain, foit par l'exiftence du corps du délit, foit par un Procès-verbal juridique, foit par la dépofition de Témoins dignes de foi, foit par tout autre genre de preuve que ce puiffe être, tendent à prouver que l'Accufé ne peut pas être coupable. Un fait de cette nature doit être admis pour procurer à l'Accufé le moyen de fe juftifier ; les Juges doivent s'empreffer d'en ordonner la preuve ; leur devoir eft de travailler en faveur de l'innocence, *pro accufati laborare innocentiâ.* Mais le fait n'eft vraiment juftificatif, n'eft admiffible, que lorfqu'il anéantit l'accufation, ou lorfqu'il rejette le crime fur un autre, ou lorfqu'il démontre que l'Accufé ne peut pas en être foupçonné.

Nous venons de remettre fous vos yeux le texte des différentes Ordonnances, nous en avons développé l'efprit, ou plutôt c'eft le plus inftruit, c'eft le plus vertueux des Magiftrats qui vient de vous le développer par notre organe. Le croirez-vous ? L'Ordonnance de 1670, cette Loi fi refpeétable, fi propre à concilier les intérêts de l'humanité avec les intérêts de la fûreté publique, l'Auteur l'annonce comme une Loi qui, *du droit de fe juftifier fait une grace,* comme *une Loi qui attente* à *la Loi naturelle,* comme *une Loi qui attente à la Loi de Dieu même.* Mém. p. 114.

Et comme fi ce n'étoit pas affez de ces qualifications infenfées, l'Auteur interroge les Mânes de l'illuftre Chancelier qui fait l'éloge de l'Ordonnance, & il ofe s'écrier :

Ame pure de d'Agueffeau! le Magiftrat qui fait exécuter une Page 115. *Loi que fa confcience reconnoît contraire à la Loi naturelle, & qui peut fe démettre, eft-il un honnête homme ?*

Cet illuftre Chef de la Magiftrature, appellé à un fi grand Miniftere par le vœu public autant que par le choix du Prince, digne de fa place par fes vertus autant que par fes lumieres, qui a paffé toute fa vie à méditer, à faire, ou à interprêter les Loix ; ce Magiftrat, véritablement Légiflateur, feroit bien étonné de voir la pureté de fon ame atteftée fur des principes oppofés aux premiers préceptes de la raifon.

Eh ! quoi le Magiftrat ofera fe rendre le Juge de la Loi qu'il a juré de garder & d'obferver ? Il ne craindra pas de citer au Tribunal de fa confcience la Loi dont il a fait vœu d'être le Miniftre ? prêt à violer ce ferment auffi folemnel que redoutable, il fe permettra d'oppofer fon opinion particuliere à la volonté publique de la Loi ? il fe demandera à lui-même s'*il peut faire exécuter une Loi que fa confcience reconnoît contraire à la Loi naturelle ?* il fe demandera *fi, pouvant fe démettre, il eft honnête homme ?*

Qu'il nous foit permis d'interpeller l'Auteur à notre tour. Il prend la défenfe de trois condamnés ; nous lui demanderons, fous le voile dont il fe couvre, s'il eft *Jurifconfulte* ou *Magiftrat.*

Comme *Jurifconfulte,* oferoit-il donner à un Magiftrat, qui viendroit le confulter, le confeil de prendre fa confcience pour juge entre lui & la Loi ; le confeil de faire prévaloir fon propre jugement fur la décifion du Légiflateur ; le confeil enfin d'abdiquer fes fonctions, parce que la Loi lui paroît contraire à fes lumieres perfonnelles ?

Comme *Magiftrat*, nous lui demanderons, quel motif peut donc l'attacher à des fonctions auxquelles fa confcience répugne, à un état qu'il croit incompatible avec la qualité d'honnête homme. Pourquoi ne donne-t-il pas l'exemple du noble facrifice qu'il exige de la probité de tous ceux qui, comme lui, ont fait ferment de fe conformer aux Ordonnances du Royaume ? Qu'il choififfe entre l'obfervation fcrupuleufe de la Loi, & le cri impérieux de fa confcience. Il eft bien foible, fi l'honneur du titre l'emporte fur l'auftérité de fes principes !

Ce fyftême d'indépendance introduiroit bientôt l'arbitraire dans les Tribunaux. Chaque Magiftrat auroit un guide différent, parce que les opinions varient à l'infini ; ou fi la crainte idéale d'être injufte avec la Loi le forçoit à remettre au Souverain le dépôt qu'il lui a confié, fi l'honneur d'être le Gardien de la Loi lui paroît un efclavage trop rigoureux, le fanctuaire de la Juftice feroit bientôt défert, & fes Autels abandonnés annonceroient à tous les Sujets du Roi que l'anarchie la plus funefte a dépeuplé le Temple de l'union, de la concorde & de la paix.

Nous n'avons point à redouter cette trifte défertion. L'obfervation de la Loi eft pour nous un précepte de rigueur ; nous lui devons l'hommage plein & entier de notre opinion ; elle feule répond des regles qu'elle fait exécuter. En vain le Magiftrat fe repofe fur la droiture de fon cœur & fur la pureté de fes intentions. La probité même, qui ne fe foumet point à l'empire de la Loi, marche au hafard dans les fentiers de la juftice, ou dans ceux de l'iniquité. C'eft avec la même fécurité qu'elle échappe au danger ou qu'elle s'y précipite. Loin de nous la tentation de faire prévaloir les idées d'équité naturelle fur les difpofitions pofitives de l'Ordonnance. Plus on auroit de lumiere, plus elle feroit à craindre : la Loi eft la confcience du Magiftrat.

Que nous refte-t-il à préfent, fi ce n'eft de faire l'application des principes à la procédure que l'on attaque.

Les premiers Juges, la Cour elle-même, ont refufé, dit-on, d'admettre les faits juftificatifs continuellement offerts par les Accufés. Ils n'auroient point été condamnés fi la preuve en eût été ordonnée.

Les Accufés, fans doute, pouvoient en propofer, pouvoient demander à en faire preuve. Deux queftions à cet égard. Ont-ils propofé quelques faits juftificatifs ? Les faits qu'on prétend qu'ils ont propofés étoient-ils admiffibles ?

Point de faits juftificatifs propofés : par conféquent point de refus.

Il n'y a de leur part ni demande verbale, ni Requête d'atténuation, ni conclufions à l'effet d'être admis à la preuve des faits qu'on *avance* qu'ils ont articulés. Depuis trois ans ils fe font défendus. Leurs moyens de défenfe pouvoient préfenter une forte de juftification ; mais n'ayant rien requis ni devant les premiers Juges, ni en la Cour, on ne peut pas dire qu'il y ait eu un refus de les admettre à prouver leur innocence, ni même qu'ils aient propofé aucun fait véritablement juftificatif. L'Ordonnance n'a pas même fuppofé qu'il pût y avoir un refus de cette nature. Comment auroit-elle pu fonder une nullité, fur une admiffion qu'elle laiffe à la prudence des Dépofitaires de fon autorité ?

Cette prétendue nullité s'évanouit donc avec le prétendu refus. S'il y avoit une demande formée, foit dans un interrogatoire, foit dans une Requête jointe au Procès; s'il y avoit un refus juridique de prononcer fur cette demande, peut-être il y auroit une efpece de nullité. Nous difons, *peut-être*, parce que le Juge doit encore examiner ſi les faits propoſés ſont admiſſibles. Il ne ſuffit pas d'articuler une longue ſuite de faits, de multiplier les indices, de cumuler les vraiſemblances ; enfin, de rapprocher les circonſtances, de les ſéparer encore, & de les réunir enſuite dans un récit bien combiné, & de demander à faire preuve de ces indices, de ces vraiſemblances, de ces faits, & de tout ce qui a précédé ou ſuivi le délit : il faut en outre que le Juge examine en ſa conſcience ſi ces faits ſont de nature à être admis. Il doit en admettre la preuve dans trois hypothèſes différentes, comme nous l'avons établi dans le principe.

1°. S'ils anéantiſſent le crime, parce qu'alors l'accuſation tombe d'elle-même.

2°. S'ils tendent à prouver qu'il y a un autre Coupable, parce qu'alors le premier Accuſé devient innocent.

3°. Si, ſans indiquer un autre Coupable, ils peuvent juſ-tifier que l'Accuſé ne peut pas être coupable.

Des faits de cette nature doivent être écoutés, ſeront toujours admis, n'ont jamais été refuſés ; mais, encore une fois, c'eſt au Juge à décider ſi les faits articulés ſont de nature à opérer cette juſtification. Il y a plus ; c'eſt au Juge à choiſir entre les faits particuliers, ceux qu'il croit dignes de l'attention de la Juſ-tice ; & lorſqu'il n'ordonne la preuve d'aucun fait, il doit de-meurer pour conſtant qu'aucun des faits articulés n'étoit admiſ-ſible. Les articles de l'Ordonnance ne ſont pas ſeulement *facul-tatifs*, mais de néceſſité pour le Juge. Son *honneur & ſa conſcience* répondent des faits qu'il admet, comme de ceux qu'il ne croit pas devoir admettre.

Dans quel moment la preuve peut-elle être ordonnée ? Après la viſite du Procès. Pourquoi l'Ordonnance a-t-elle fixé cet inſ-tant ? C'eſt que le Juge voit alors plus ſûrement le rapport qu'il peut y avoir entre les faits à prouver & les preuves exiſtantes,

& qu'il eſt en état de connoître ſi les faits articulés ne ſont pas détruits d'avance par les dépoſitions des Témoins.

L'Accuſé lui-même ne peut faire preuve que des faits *choiſis par le Juge, du nombre de ceux articulés dans les interrogatoires & dans les confrontations.* Il faut donc que le Juge ait ſous les yeux ces interrogatoires, ces confrontations. Il ne les connoît parfaitement qu'après la viſite du Procès, & puiſque le Juge doit faire un choix, puiſque l'Ordonnance s'en rapporte à cet égard à ſa prudence, il ne peut y avoir refus de ſa part ou omiſſion, quand il ne penſe pas qu'il y ait lieu d'ordonner la preuve. Il juge au contraire qu'aucun fait n'étoit admiſſible, & ce prétendu refus, cette omiſſion légale, ne peuvent opérer une *nullité.*

Ord. Tit. 28, Art. 2.

Le Juge, reprend l'Auteur du Mémoire, eſt donc *le maître d'accorder ou de refuſer la juſtification* demandée. S'en rapporter à ſa prudence, c'eſt rendre ſa déciſion arbitraire. *Plus la Loi retient dans le ſilence & les ténèbres, pendant le cours de la procédure, la juſtification des Accuſés, l'expoſe à tous les caprices du ſort, à tous les efforts de la calomnie ;.... plus auſſi lorſqu'un moment avant le Jugement, & ſe reſſouvenant enfin, comme par haſard, de l'innocence, cette Loi lui permet alors de paroître & de parler un moment ; plus alors du moins cette Loi doit forcer la Juſtice à écouter un moment l'innocence, à lui prêter ſon flambeau.*

Mém. p. 1127

Faudra-t-il donc toujours juſtifier la Loi ? Quel que ſoit le moyen de juſtification que l'Accuſé propoſe, ce n'eſt pas à lui à impoſer aux Juges la néceſſité de le recevoir. Le Juge lui-même ne peut, ne doit l'admettre que lorſqu'il eſt de nature à effacer l'accuſation ; mais, dans cette hypothèſe même, le Juge ne peut recevoir la vérité, quelqu'éclatante qu'elle paroiſſe, que des mains de la Loi, & dans les formes qu'elle a établies.

Ce n'eſt point *par haſard qu'elle s'eſt reſſouvenue de l'innocence,* c'eſt avec ſageſſe qu'elle a renvoyé l'admiſſion des faits juftificatifs entre la lecture des conclufions & l'opinion des Juges. A-t-on jamais refufé d'entendre un Criminel dans ce dernier moment ? On l'écoute avec attention ; & nous pourrions citer un exemple tout récent & bien connu, où le Scélérat le plus déterminé *, accufé & convaincu d'avoir affaffiné la mere & empoifonné l'enfant, a été entendu près d'une heure & demie fur la fellette , pour perfuader qu'il étoit véritablement innocent.

On reproche à la Loi & aux Miniftres de la Loi de ne s'occuper que de la punition des Coupables , & de n'envifager jamais les dangers de l'innocence. Les Ordonnances criminelles font faites pour la punition des délits, pour prefcrire la forme dans laquelle les délits feront juridiquement prouvés, & pour régler la maniere dont un Prévenu pourra fe défendre de l'accufation. Il n'eft donc pas étonnant que le plus grand nombre de fes difpofitions ne tombent que fur les crimes & les Criminels. Mais combien pourrions-nous rapporter d'articles différens, non pas feulement dictés en faveur de l'innocence, mais en faveur même des Accufés , lorfqu'il n'y a qu'une preuve fuffifante aux yeux des hommes, mais incomplette aux yeux de la Loi.

Eft-ce *par hafard* que la Loi fe reffouvient de l'innocence, quand elle ordonne qu'en cas de partage entre la vie & la mort, entre l'abfolution & la condamnation, l'Accufé fera renvoyé abfous ?

Eft-ce *par hafard* qu'elle prononce qu'à nombre inégal de Juges, s'il n'y a d'un côté qu'une voix de plus, comme de fix contre fept, le Jugement doit paffer à l'avis le plus doux ?

Eft-ce *par hafard* qu'elle ordonne que la dépofition des Témoins décédés avant le récolement fera rejettée, & ne fera point lue lors de la vifite du Procès, *fi ce n'eft qu'ils aillent à la décharge de l'Accufé*, auquel cas leur dépofition fera lue ?

Eft-ce *par hafard* qu'après avoir ordonné « que la dépofi- » tion des Témoins récolés & non confrontés, ne fera point

» de preuve » contre l'Accusé; elle ordonne que « dans la visite » du Procès, il sera fait lecture de la déposition des Témoins » qui vont à la décharge, *quoiqu'ils n'aient été récolés ni con-* » *frontés*, pour y avoir égard par le Juge » : la Loi fourniffant ainsi elle-même d'office des faits justificatifs, qui, loin d'être pro-posés par l'Accusé, peuvent lui être inconnus.

Est-ce *par hafard* qu'en matiere de faits justificatifs, quoiqu'il ne soit permis à aucun Accusé de produire des Témoins, la Loi se dépouille de toute son autorité, anéantit ses dispositions les plus féveres, & permet à l'Accusé non-feulement de faire en-tendre toutes fortes de Témoins, même ceux, *quorum fides in aliis minus legitima censetur*, dont le témoignage ne seroit pas admis en toute autre circonstance, mais encore ceux qui lui ont été confrontés, même ceux qu'il a valablement reprochés, fans se départir des reproches qu'il peut avoir allégués contr'eux?

Est-ce enfin *par hazard* qu'oubliant toutes les regles qu'elle a prefcrites, elle ne s'oppofe point à ce que l'Accusé nomme pour témoins de son innocence fes parens, fes alliés au degré pro-hibé, le frere & la fœur, le mari pour la femme, la femme pour le mari, quoique l'affection du fang les rendent fufpects, quoique les liens les plus facrés les attachent à la perfonne de l'Accusé, & qu'ils foient intéreffés à fa justification ?

Cette Loi, qu'on s'efforce de repréfenter comme fe reffou-venant à peine de l'innocence, fe replie néanmoins fur elle-même pour mettre tous les accufés à portée de fe justifier.

C'est l'Accusé lui-même qui nomme les Témoins qu'il croit en état de dépofer fur la vérité de fes faits justificatifs ; & fi elle eft rigoureufe fur le choix des faits, elle eft plus qu'indul-gente fur le choix des Témoins ; elle veut il eft vrai, que ces Témoins foient affignés à la requête du Ministere public ; mais elle porte l'attention jufqu'à ordonner qu'ils feront *affignés & ouis d'office* par le Juge, c'est-à-dire que fi l'Accusé ne trou-

voit pas dans fa mémoire le nom des Témoins qu'il peut faire
entendre, le Juge, qui connoît tout le Procès, doit fuppléer le
défaut de Mémoire de l'Accufé, & indiquer d'office les Témoins
dénommés dans les interrogatoires & dans les confrontations ; il
doit même rejetter d'office ceux qui font contraires dans leurs
dépofitions ; en un mot, le Juge qui eft neutre entre l'Accufateur & l'Accufé, eft obligé de faire ce qui eft en lui pour recher-
cher l'innocence dont la Loi ne défefpere qu'après que fon
Miniftre a mis tout en œuvre pour l'établir.

Qu'on ne nous dife donc plus que l'Ordonnance érige la dureté
en fyftême, qu'elle ne s'occupe que du crime, qu'elle ne tend
qu'à accélérer la punition, qu'elle eft entourée d'échafauds, qu'elle
*eft un attentat à la Loi naturelle, que du droit de fe juftifier elle fait
une grace,* que *le Titre des faits juftificatifs eft prefqu'effacé depuis un
fiecle par le fang & les larmes des innocens qu'elle a fait condamner.*

Mém. p. 115.

Cette multitude d'invectives, auffi injurieufes à la Loi qu'aux
Magiftrats qui ne peuvent fe difpenfer de la faire exécuter, ces
accufations atroces, vraiment dignes de mépris fi elles n'étoient
l'ouvrage d'un Profélite qui fe dévoue pour l'honneur de fon
opinion, ces reproches féditieux n'ont été raffemblés qu'au refus
prétendu fait & à l'omiffion d'admettre les Accufés à la preuve
de leurs faits juftificatifs.

Nous avons déterminé quelle eft la nature d'un fait juftificatif.
Cherchons à préfent quels font les faits que l'Auteur préfente
comme ayant été articulés par les trois condamnés qu'il défend.

Faits juftifi-
catifs infuffi-
fans ; par con-
féquent point
d'omiffion.

Il feroit difficile de les appercevoir dans la Procédure, nous
les trouvons réunis dans le Mémoire. On les a réduits à neuf,
deux pour Simare, trois pour Lardoife, trois pour Bradier, &
un dernier commun à tous les Accufés.

Voyons quel en eft le réfultat.

Simare eft le premier. Il a propofé dit-on deux faits juftifi-

Mém. p. 103.

catifs. Le premier eft *que la croix trouvée fur lui appartient à fa
femme*

femme, qui la lui avoit donnée à échanger en préfence de deux témoins.

Le fecond qu'il *avoit couché la veille, furveille & la nuit du délit fort loin de Vinet.* C'eft le lieu où le délit a été commis.

Examinons ces deux faits à la lumiere des principes que nous avons établis.

Un fait eft vraiment juftificatif dans trois cas.

1°. Lorfqu'il anéantit le crime.

2°. Lorfqu'il démontre qu'un autre en eft l'auteur.

3°. Lorfqu'il tend à prouver que le crime ne peut pas avoir été commis par celui qui en eft accufé.

C'eft dans cette derniere efpece de juftification que fe renferment les Accufés & leur Défenfeur. Ils ne difent point qu'il n'y a pas eu de vol, ou que les Thomaffin fe font volés eux-mêmes ; ils ne difent point que le vol a été commis par tel ou tel autre particulier : ils fe bornent à fe difculper de l'accufation intentée contr'eux, ou en établiffant qu'ils étoient dans des lieux différens, mais peu éloignés de celui du délit, la nuit où ce délit a été commis, ou en rapprochant des circonftances qui ne font point incompatibles avec le délit en lui-même.

Les deux faits articulés fous le nom de Simare dans le Mémoire, font-ils de nature à prouver que Simare ne peut pas être coupable du délit en queftion ?

Le premier fait concernant la croix d'argent dont Simare a été trouvé faifi, fe divife en deux parties.

La premiere, que cette croix appartenoit à fa femme.

La feconde, que la femme de Simare la lui avoit donnée pour l'échanger en préfence de deux témoins.

Quant à la premiere partie, que la croix appartenoit à fa femme, il eft évident que cette propriété de fa femme, antérieure au délit du 30 Janvier, excluroit tout foupçon de vol à cet égard ; il eft encore vrai que Simare a foutenu dans toute l'inftruction que cette croix d'argent appartenoit à fa femme.

A a

Mais que devient cette aſſertion , lorſqu'on rapproche de cette déclaration de propriété l'ignorance de Simare, auquel on demande ſi cette croix n'eſt pas la même que celle qui a été arrachée du col de la femme Thomaſſin , & qui répond *qu'il n'en ſait rien.* Et lorſque dans un ſecond interrogatoire on lui objecte à lui-même cette réponſe , il ne ſe réforme pas , il n'oſe pas même la dénier ; il ſe contente de dire qu'il *croit avoir répondu que cette croix apparˍ tenoit à ſa femme.* Il eſt vrai que ſur la premiere queſtion il avoit fait cette réponſe ; mais ſur la ſeconde , il avoit dit *qu'il ne ſavoit pas* ſi elle avoit été arrachée du col de la femme Thomaſſin. Peut-on s'arrêter à cette allégation de propriété de la femme Simare , lorſque dans la confrontation de Simare avec les Thomaſſin , le mari & la femme ont également reconnu la croix comme étant celle qui leur avoit été volée ? Il faut donc écarter ce fait juſtificatif , parce qu'il y a preuve concluante au Procès contre la propriété de la femme Simare.

La ſeconde partie de ce fait eſt abſolument indifférente. Il peut être vrai que la femme Simare ait remis la croix d'argent à ſon mari en préſence de deux témoins , & cette remiſe ne prouve pas la propriété. Le vol a été fait au 3 0 Janvier 1 7 8 3 ; c'eſt le 2 9 Mars que Simare a été arrêté. Il eſt trouvé ſaiſi de la croix ; il articule que ſa femme lui a donné cette croix pour l'échanger, en préſence de Linceux & de la femme Colſon.

Qu'on faſſe entendre ces témoins ; ils dépôſeront de la remiſe faite en leur préſence, que nous admettons comme un fait vrai.

Mais cette remiſe ne peut-elle pas avoir été faite à deſſein , pour ſe ménager des témoins ? Et ſi l'accuſé après le vol a remis la croix à ſa femme , qui la lui donne enſuite en préſence de témoins pour conſtater cette remiſe , s'enſuivra-t-il que cette croix n'a pas été volée aux Thomaſſin ? Ce ſecond fait n'eſt pas un fait juſtificatif , puiſqu'il peut ſubſiſter ſans établir la juſtification de l'Accuſé.

Le ſecond fait articulé par Simare , *eſt qu'il avoit couché la veille, la furveille & la nuit du délit fort loin de Vinet.*

Ce fait ne préfente autre chofe qu'un *alibi* : or qu'eft-ce qu'un *alibi* ? C'eft un fait véritablement péremptoire, parce que fi l'*alibi* eft prouvé, il eft démontré que l'Accufé ne peut pas être coupable. Mais l'*alibi* n'eft admiffible, que lorfqu'il en réfulte non-feulement que l'accufé n'étoit point au lieu du délit, mais même qu'il en étoit fi éloigné, qu'il n'étoit pas poffible que l'Accufé pût fe trouver dans le lieu où le délit a été commis, en forte que fon éloignement établiffe l'impoffibilité d'être coupable.

Par exemple fi l'Accufé étoit prévenu d'avoir affaffiné un homme à Lyon, & qu'il offrît de prouver que ce même jour il étoit à Paris ; la preuve feroit admife, parce qu'il y a impoffibilité que l'Accufé le même jour puiffe fe trouver à Paris & à Lyon. Le crime fubfifte, mais l'Accufé doit être renvoyé de l'accufation.

Si ce Particulier eût articulé, que la nuit du vol il étoit fi éloigné du lieu du délit, qu'il ne lui étoit pas poffible de s'y tranfporter, le fait eût été de nature à prouver fon innocence.

On articule dans le Mémoire, qu'il a toujours foutenu, *que la veille, la furveille & la nuit du délit, il avoit couché fort loin de Vinet.* Ce fait eft bien vague. Confultons fes interrogatoires. Il en a fubi trois. Le premier devant l'Affeffeur de la Maréchauffée, le fecond devant le Juge de Chaumont, le troifieme fur la fellette.

Et vous allez voir fi ces trois interrogatoires renferment des faits dont la preuve doive opérer la décharge de l'Accufé.

En la Maréchauffée, il déclare que *depuis douze ans il n'a point été à Vinet.* Interrogatoire
du 29 Mars
1783.

Qu'il étoit le 29 à Pleurs, & le 31 à Gay (Gaye) *chez le nommé Jupin, Cabaretier & Boulanger audit lieu.*

Qu'il ne fe fouvient pas d'avoir été à Salon chez Dubois, Cabaretier, ce même jour 31.

A a 2

N'a point été la nuit du 29 au 30 chez les Thomaſſin, croit qu'il
étoit alors à Champfleury.

Devant les Officiers du Bailliage de Chaumont.

Déclare *qu'il demeure à Champfleury depuis ſa naiſſance.*

Que la nuit du 29 au 30 Janvier il étoit chez le nommé Jupin,
Cabaretier à Guié (Gaye) *, près Seʒanne.*

Qu'il a paſſé la journée du 29 à la Chapelle-Laſſon.

On lui remontre *que dans ſa confrontation il a dit que c'étoit*
le 30 Janvier qu'il étoit à la Chapelle-Laſſon. — Perſiſte à ſoutenir
qu'il dit la vérité.

On lui repréſente *que dans l'interrogatoire ſubi en la Maré-*
chauſſée, il a dit que le 29 il étoit à Pleurs. — Répond, que c'eſt que
pour aller de Champfleury à Guié (Gaye) *, il faut paſſer à Pleurs.*

On lui remontre *qu'il a dit dans ſon interrogatoire en la Maré-*
chauſſée, que la nuit du 29 au 30 Janvier il étoit à Champfleury
& n'étoit avec perſonne. — A dit, ſi cela eſt ainſi rédigé, c'eſt que
l'on a écrit ce qu'on a voulu.

Sur ce qu'on lui repréſente *qu'il a été reconnu par les Thomaſſin.*
— Dit qu'on peut écrire ce qu'on veut : ajoute que *s'il ſe trouve*
contradictions entre ſon interrogatoire en la Maréchauſſée & celui-ci,
c'eſt qu'apparemment on n'a pas écrit ce qu'il a dit.

Dans l'interrogatoire ſur la ſellette il change encore de ſyſtême.

La nuit du 29 au 30 Janvier il étoit chez lui à Champfleury.

A lui remontré que dans le précédent interrogatoire il a dit qu'il
étoit cette nuit-là à Gay (Gaye) *chez Jupin, Cabaretier. — Dit que*
c'eſt la nuit du 28 au 29 qu'il y étoit.

Suſpendons nos réflexions, pour réunir à ces premiers faits
ceux propoſés par les deux autres Accuſés ; ils ſont à-peu-près
ſemblables & roulent de même ſur un *alibi.*

Lardoiſe, dit-on, en articule trois.

1°. *Qu'il a couché la veille, ſurveille & la nuit du délit fort loin*
de Vinet.

2°. *Qu'il a demandé le jour du délit un extrait Baptiſtaire à ſon Curé, en préſence du nommé Jauſſon, pour ſe marier..... que le Curé, faute de papier timbré, n'a pu lui délivrer cet extrait.*

3°. *Que les Fermiers de Perte, où il a couché la veille ou la nuit du délit, lui ont dit avoir été volés à cette époque par trois inconnus.*

Parcourons, comme nous venons de faire à l'égard de Simare, les quatre interrogatoires de Lardoiſe.

Dans ſon interrogatoire ſubi en la Maréchauſſée.

Dit avoir été arrêté à Salon, le matin en ſe levant, dans la Ferme où il a couché le Vendredi 31 Janvier, c'eſt-à-dire la nuit du Jeudi 30 au Vendredi 31, puiſqu'il a été arrêté dans la journée du 31. Interrogat. du 4 Fév. 1783.

Dit avoir couché la veille chez les Fermiers de Perte. La veille eſt par conféquent la nuit du 29 au 30, où le vol a été commis.

On lui demande de nouveau, où il a couché la nuit du Mercredi 29 au Jeudi 30. — Dit avoir couché à Vouarce (Wouarce), *près Saint-Saturnin, & qu'il demeure à Launal, Paroiſſe du Met, en Brie* (Launay, Paroiſſe du Meix, en Brie).

Dans le ſecond interrogatoire, toujours en la Maréchauſſée.

Il ne demeure plus à Launal, Paroiſſe du Met, mais *demeure au Bateau, Paroiſſe dit Got* (Butheaux, Paroiſſe du Gault), *à trois lieues de Sezanne en Brie.* Interrogat. du 30 Mars 1783.

Pourquoi ce changement de domicile?

Dit qu'il travaille à Launal (Launay) *depuis ſix ſemaines : Launal* (Launay) *n'eſt éloigné que de trois quarts de lieue de Bateau* (Butheaux) : *a cru cela indifférent.*

Convient qu'il ſe peut faire qu'il ait été le 31 chez Dubois, Cabaretier à Salon, pour conclure *un marché.*

Interrogé d'où il venoit. — A dit qu'il avoit couché à la Perte.

Interrogé où il avoit couché la nuit précédente. — A la Perte.

Où il a couché la nuit du 29 au 30 Janvier. — A Saint-Saturnin, chez le nommé Joſeph Adrien, Sabotier.

A lui repréſenté qu'il ne dit pas la vérité, puiſqu'il a déclaré aux

Cavaliers de Maréchauffée qu'il avoit couché la nuit du 29 au 30 dans une Ferme de la Brie. — *Dit qu'il a couché ladite nuit à Vouarce* (Wouarce), *chez le nommé Vanel.*

On lui repréfente que fur les précédentes interrogations *il a dit avoir couché chez le nommé Jofeph Adrien, Sabotier.*

Sur la repréfentation de cette contradiction, il revient à fon premier dire.

Interrogat. du 22 Juin 1785,

Dans fon troifieme interrogatoire prêté devant le Juge de Chaumont.

Demeure à Buteau, Paroiffe de Chaudion (Butheaux, Paroiffe de Champguion).

A paffé la nuit du 29 au 30 Janvier chez Edme Vergeat, Fermier de la Perte.

S'eft trompé lorfqu'il a d•• qu'il avoit paffé cette nuit chez le nommé Jofeph-Adrien, Sabotier, à Saint-Saturnin. C'eft la nuit du 28 au 29 qu'il y a paffé, & le 29 au matin il a demandé fon extrait Baptiftaire au Curé.

A connu Bradier le 30 Janvier, chez Dubois, Cabaretier à Salon.

Dans le quatrieme interrogatoire fur la fellette, perfifte à dire *que la nuit du 29 au 30 Janvier il étoit chez Edme Vergeat & la veuve Godeau, Fermiers au Village de la Perte.*

Refte le dernier Accufé. Le nommé Bradier.

Mém. p. 103.

Trois faits juftificatifs articulés par ce Particulier.

1°. *Il a paffé la veille du délit à aller chercher de la paille chez le Procureur Fifcal.*

3°. *Il a couché chez lui la nuit. On en a pour témoin le nommé Very, Garde-Traverfier.*

2°. *Le lendemain à fept heures du matin, il a été de Libaudiere* (d'Allibaudière) *à Champfleury chez Simare; de Champfleury, ils font venus enfemble chez Dubois à Salon, fur les trois heures après-midi.*

Cherchons ces trois faits dans fes interrogatoires.

Dans l'Interrogatoire fubi devant la Maréchauffée :

Dit qu'il a couché chez lui la nuit du 29 au 30 Janvier.

Interrogé où il étoit le 31. — Dit qu'il étoit chez lui.

Interrogé fi ledit jour il n'a pas été chez Dubois , Cabaretier à Salon. — A dit que oui, ayant couché la nuit précédente chez Simare. . . . . . ; qu'il n'y a vu que le nommé Lardoife & un autre Particulier. Interrogat. du 31 Mars 1783.

Qu'il a été le même jour à Champfleury avec Lardoife & Simare.

Dans l'Interrogatoire prêté devant le Juge de Chaumont.

A connu Lardoife au Cabaret de Dubois , le 30 Janvier.

S'eft rendu le même jour chez un Cabaretier à Champfleury. Interrogat. du 21 Juin 1785.

A couché chez Simare le même jour.

A couché chez lui la nuit du 29 au 30. Le nommé Very peut l'attefter.

A paffé la journée du 28 au 29 chez lui ; a employé celle du 29 à aller chercher de la paille.

Convient s'être mis en route le 29, pour aller à Troyes ; mais n'a pas été jufques-là.

Bradier tient le même langage dans fon Interrogatoire fur la fellette ; il eft conforme à celui dont nous venons de rendre compte.

Il eft encore un fait juftificatif commun à tous les Accufés , c'eft *leur rencontre imprévue, le lendemain du délit, à Salon chez le Cabaretier Dubois dans l'après-midi.* Ce fait eft conf- taté par les trois Accufés dans leurs Interrogatoires, par le Procès- verbal de la Maréchauffée, & par la déclaration des principaux Habitans de Salon, qui difent que quatre Particuliers de *figure finiftre*, ont paffé l'après-midi dans le Cabaret de Dubois, & une partie de la nuit dans celui de Linceux, d'où ils font fortis fans payer. L'Auteur du Mémoire prétend induire de cette prétendue rencontre imprévue des Accufés, qu'elle eft une preuve qu'ils ne font pas les auteurs du délit. *Quelle apparence que l'un d'eux eût été mendier douze heures après un vol de tant d'effets en argent* Mém. p. 103. Page 110.

& en comeſtibles. Leur rencontre eſt donc l'effet du haſard & non de la préméditation.

Ne peut - on pas en conclure de même, que c'eſt une preuve de ce délit, parce qu'ils s'étoient donné rendez-vous chez ce Cabaretier ; & que ſi l'un d'eux à continué de mendier, c'eſt par habitude, & pour écarter juſqu'au ſoupçon ? Mais quelque induction qu'on en tire, on ne pourra jamais en faire réſulter un fait juſtificatif. Revenons aux huit autres faits. Vous les avez entendus de la bouche même des Accuſés.

Mém. p. 103, lig. dern.

Voilà donc *ces faits régulierement propoſés, ces faits ſuſceptibles de la preuve, véritablement juſtificatifs,* ces faits que les Accuſés ont continuellement offerts, & que les premiers Juges ont refuſé d'admettre comme faits juſtificatifs.

Nous demandons à tout eſprit impartial, ce qu'il voit dans le compte que les trois Accuſés rendent de leur conduite. On n'y trouve qu'un tiſſu de contradictions. Tantôt ils ont couché dans un endroit, tantôt dans un autre ; ce qu'ils viennent de dire, ils le démentent dans une autre occaſion ; ſi on les fait appercevoir qu'ils ſe contrediſent eux-mêmes, ils répondent qu'*on n'a pas écrit ce qu'ils ont dit ; qu'on a écrit ce qu'on a voulu ;* & ſi on ne leur avoit pas lu leurs Interrogatoires, s'ils ne les avoient pas ſignés, ils auroient peut-être été juſqu'à attaquer de faux leur propre témoignage.

Mém. p. 107.

Aux termes de l'Ordonnance, le Juge doit choiſir lui-même les faits juſtificatifs, au nombre de ceux propoſés par l'Accuſé dans ſes Interrogatoires & dans ſes confrontations.

Après avoir lu les Interrogatoires dont vous venez d'entendre le réſultat, quel ſera le fait que le Juge auroit pu admettre comme vraiment juſtificatif ?

L'Auteur du Mémoire eſt obligé de convenir *que Simare, dans ſes Interrogatoires, a tranſpoſé les dates ; qu'il a confondu la veille, la ſurveille & le jour du delit ;* mais il ſe corrige en diſant :

cette

cette variation sur les dates ne peut détruire la vérité de son alibi.

Il convient de même que *Lardoise a varié sur les dates*, & il a d'avance annoncé que ces légeres transpositions de dates dans l'espace de trois ans, *ôtent tout au plus, dans le moment présent, quelque dégré de vraisemblance.* Mém. p. 108.

S'il n'y avoit que des variations sur les dates, le Juge auroit encore été dans l'incertitude. Mais les Accusés ont varié sur les lieux mêmes où ils ont passé la nuit, sur les personnes qui les ont recueillis; comment admettre la preuve d'un fait qui n'a rien de positif? Est-ce donc ainsi qu'on se justifie? Supposons même que tous ces faits soient exacts; qu'ils ont tous réellement couché dans un des lieux qu'ils ont indiqués, quelle sera la preuve qui en résultera? Lardoise demande le 29 un extrait de Baptême pour se marier; il le demande de grand matin; tenons encore ce fait pour vrai : s'enfuit-il que la nuit du 29 il n'ait pas commis un vol? *Il est difficile*, répond le Mémoire, *qu'un homme puisse méditer le même jour un mariage & un vol.* Quelle logique! La demande de l'Extrait baptistaire ne peut pas anéantir le crime, ni démontrer que celui qui a demandé l'Acte baptistaire, n'étoit pas coupable? Ce n'est donc pas un fait justificatif, & le Juge ne devoit pas y avoir égard. Mém. p. 108.

Lardoise en propose un second, *c'est le vol commis par trois Inconnus chez les Fermiers de Perte, peu de tems avant les vols commis chez les Thomassin par trois Inconnus.* Ibidem.

Ce fait seroit prouvé, qu'il n'influeroit en rien sur la justification des Accusés; ce seroient deux vols au lieu d'un. Le premier n'est pas exclusif du second, & la preuve admise du vol dont les Fermiers de la Perte ne se sont pas plaints, ne disculperoit jamais ceux qui sont désignés par les charges & informations pour avoir volé chez les Thomassin.

Enfin la défense générale des trois Accusés est réduite à présenter chacun un *alibi*. Nous répondrons encore que ces différens *alibi*, en les regardant comme conſtans, ne prouveroient pas que les Accuſés ſont innocens, parce qu'il n'y a pas aſſez loin des lieux indiqués pour leur retraite pendant la nuit du vol, au lieu où le crime a été commis, pour que les Accuſés n'aient pas pu s'y tranſporter dans la nuit.

Mém. p. 106. La réponſe même de l'Enfant de Bradier, que *ſon pere & ſa mere ſont partis dès ſept heures du matin*, cette parole *pure & ſimple*, qui ne peut être ſuſpecte, ne prouve encore rien, parce que Bradier pouvoit s'être relevé la nuit, être rentré pendant le ſommeil de ſon fils, & être ſorti une ſeconde fois avec ſa femme à ſept heures du matin.

Il n'y a donc pas un véritable *alibi*. Nous le répétons, il faut que l'*alibi* établiſſe l'impoſſibilité où l'Accuſé ſe trouve d'être dans le lieu du délit au moment où il a été conſommé. Il n'y a donc dans toutes ces allégations aucun fait juſtificatif. La Juſtice ne peut les admettre que lorſque la preuve du fait allégué peut produire une certitude évidente; & ce caractere d'évidence ne ſe rencontre que lorſqu'il y a une telle impoſſibilité entre le fait de l'*alibi*, & le moment où le crime a été commis, qu'il ſoit moralement & phyſiquement prouvé que l'*alibi* étant certain, l'Accuſé n'a jamais pu être coupable du crime dont on l'accuſe. La réunion de toutes les circonſtances qui ont accompagné la rencontre des Accuſés à Salon chez Dubois, les motifs qui les ont déterminés à s'établir dans ce Cabaret le 30 Janvier, lendemain du délit, ſont abſolument étrangers au vol de la nuit précédente, & nous oſerons même dire que s'il en pouvoit réſulter une préſomption, elle ſeroit toute entiere contre les trois Condamnés.

Ne pouvons-nous pas à préſent ſoutenir avec vérité que Lardoiſe, Simare & Bradier n'ont articulé devant les premiers Juges aucun fait juſtificatif, qu'il n'en exiſte aucun dans la Procédure dont on pût ordonner la preuve; il eſt inutile d'entendre des Témoins ſur des faits dont la preuve complette ne peut pas opérer la conviction de l'innocence, que les faits doivent démon-trer avec une force irréſiſtible.

Juſqu'ici nous n'avons puiſé nos recherches que dans la Procédure inſtruite, ſoit devant le Prévôt de la Maréchauſſée de Troyes, qui a commencé l'Inſtruction, ſoit devant les Officiers du Bailliage de Chaumont, qui ont rendu la Sentence définitive. Nous n'avons trouvé dans les Interrogatoires & dans les Confrontations, que les Accuſés aient articulé, offert ou propoſé aucun fait qui pût même être qualifié de fait juſtificatif. Peut-être leur Défenſeur eût-il été plus heureux, s'il avoit eu communication de la Procédure faite en la Cour ſur l'appel ; car il reproche également à la Cour cette omiſſion, dont il excipe comme d'une nullité prononcée par l'Ordonnance.

Les faits juſtificatifs que les Accuſés auroient pu articuler, dont ils pouvoient demander la preuve, & que la Cour pouvoit regarder comme capables d'établir leur juſtification, ces faits ne peuvent être conſignés que dans l'Interrogatoire qu'ils ont tous les trois ſubi ſur la ſellette, aux termes de l'Ordonnance.

L'Auteur du Mémoire met en doute, ſi cet Interrogatoire exiſte, parce qu'il n'en a pas eu communication ; il étoit difficile qu'il pût en prendre connoiſſance, parce qu'il eſt dépoſé dans un Regiſtre deſtiné à ce ſeul uſage, & qui, par ſa nature, ne doit jamais ſortir du Greffe Criminel de la Cour.

Nous avons dit qu'il exiſtoit, & nous avons pris l'engagement de le rapporter d'une maniere authentique. Nous allons en placer le Tableau ſous vos yeux, & vous verrez s'il contient l'apparence même d'un fait juſtificatif.

TABLEAU

Des Interrogatoires fur la fellette des trois Accufés, tel qu'il fe trouve fur le Regiftre pour l'Année 1785.

Du 20 Octobre 1785.

NICOLAS LARDOISE, après ferment,
  âgé de 33 ans, Terraffier :

Si, la nuit du 30 Janvier 1783, il ne s'eft pas introduit dans la maifon des Thomaffin ? *Non.*

S'il n'a pas fait d'effraction ? *Non.*

S'il n'étoit pas avec Simare & Bradier ? *Non.*

S'il n'a pas pris à la femme Thomaffin, 9 liv. & fes clefs? *Non.*

———————

JEAN-BAPTISTE SIMARE, après ferment,
  âgé de 44 ans, Marchand de chevaux:

S'il ne s'eft pas introduit avec Lardoife & Bradier dans la maifon des Thomaffin ? *Non.*

S'il n'a pas pris une croix d'argent ? *Non.*

S'il n'a pas porté un coup de couteau à Thomaffin? *Non.*

S'il n'a pas pris 50 écus dans un cabinet? *Non.*

———————

CHARLES BRADIER, après ferment,
  âgé de 42 ans, Marchand de chevaux:

S'il ne s'eft pas introduit avec Lardoife & Simare dans la maifon des Thomaffin ? *Non.*

S'il n'a pas maltraité Thomaffin & fa femme, & ne les a pas volés ? *Non.*

Nous ajouterons que le Préfident leur a demandé à la fin de chaque Interrogatoire, s'ils n'avoient rien à dire pour leur juftification.

Tel eſt, Messieurs, le tableau fidele du Regiſtre de la Cour. Vous y voyez les principaux faits repris en abrégé ; mais vous n'y voyez aucun fait juſtificatif allégué par les Accuſés. Ils ſe font contentés de nier tous les faits ſur leſquels ils ont été interrogés. Si les Interrogatoires prêtés devant les premiers Juges, ne contiennent aucun fait de nature à opérer leur juſtification, il faut convenir que les Interrogatoires ſubis en la Cour, en préſentent encore moins que les premiers.

Nous avons prouvé que cet uſage d'inſérer les Interrogatoires ſur les Regiſtres, ſubſiſtoit depuis un tems immémorial, & que la Cour en conſervoit les Regiſtres, ſans interruption, depuis 1443.

Il faut à préſent faire connoître comment, ſur ces ſortes d'Interrogatoires, la Cour admet à la preuve des faits juſtificatifs, s'il y a lieu. Ce détail répond à tous les argumens de l'Auteur.

Nous nous ſommes fait repréſenter les Regiſtres, & nous avons tiré au haſard différens exemples, relatifs aux différentes manieres d'admettre & de prouver les faits juſtificatifs. Les voici.

Premier Exemple.

Arrêt du 10 Décembre 1761, qui condamne un Particulier (*Jacques Bottin*) à être pendu pour vol avec effraction. Il avoit un Complice. La Cour *d'office* l'admit à la preuve de ſes faits juſtificatifs par Arrêt du 4 Janvier 1762 ; & par l'événement le Complice fut déchargé de l'accuſation.

Second Exemple.

Sentence du Châtelet, qui condamne un Particulier (*Jacques-Mathieu Gallois*) à la marque & au banniſſement de trois ans, pour vol de mouchoirs à la Foire Saint Ovide.

Dans ſon *interrogatoire en la Cour*, Gallois propoſe des faits juſtificatifs ; Arrêt qui l'admet à la preuve ; les faits ſont énoncés dans le diſpoſitif de l'Arrêt ; Procès-verbal de lecture de l'Arrêt ; nomination de témoins ; enquête faite par le Rapporteur. *Second interrogatoire ſur la ſellette ;* Arrêt qui infirme la Sentence & prononce un plus amplement informé de trois mois, & cependant liberté.

T R O I S I E M E E X E M P L E.

Jacques Comté, Cocher de place eſt banni pour trois ans, par Sentence du Châtelet.

Sur l'appel il ſubit interrogatoire en la forme accoutumée ; mais il préſente Requête par laquelle il demande que, dans le cas où la Cour ne trouveroit pas ſa religion ſuffiſamment inſtruite, il ſoit admis à prouver les faits articulés dans ladite Requête ; Arrêt du 3 Mars 1768 qui admet à la preuve. Le 4, Procès-verbal de lecture dudit Arrêt ; nomination des témoins qu'il veut faire entendre ; enquête. Le tout communiqué au Procureur Général. *Nouvel interrogatoire ſur la ſellette ;* Arrêt qui infirme la Sentence & fait défenſes de récidiver, avec dommages & intérêts, & dépens.

Ces trois exemples juſtifient que la procédure eſt différente, ſuivant l'exigence des cas.

Le premier indique la procédure qui s'obſerve en la Cour, quand elle ordonne d'office, ſur le vû du procès, la preuve des faits juſtificatifs.

Le ſecond conſtate quelle eſt la procédure quand l'Accuſé propoſe des faits juſtificatifs dans ſon interrogatoire.

Le troiſieme enfin fait voir la maniere de procéder, quand l'Accuſé a préſenté ſa Requête pour être admis à faire preuve.

La Cour entiérement convaincue de la pureté de nos intentions, ne nous fera point un reproche d'avoir en quelque façon déchiré le voile du Sanctuaire, pour montrer au grand jour ſon attachement à ſes anciens uſages, ſon exactitude à ſe conformer à la Loi lorfqu'il s'agit de condamner , & fa vigilance attentive à venir d'elle-même au fecours de l'Accufé , lorfqu'elle entrevoit la poſſibilité de faire triompher l'innocence. Eh ! qui peut mieux diſſiper les terreurs répandues dans un Public prompt à s'allarmer, que les monumens mêmes de la fageſſe & de l'intégrité des Magiſtrats.

Par un acharnement qui fe renouvelle fur chaque point de la procédure, l'Auteur du Mémoire , après les avoir examinés l'un après l'autre , les rapproche pour tirer de nouvelles inductions de leur comparaifon. Cette maniere de préfenter les actes, pour ainfi dire par lambeaux , détruit la liaifon intime qui forme l'enfemble de la procédure ; & en décompofant ainfi les dépofitions, il n'y a pas de preuve qu'on ne puiſſe anéantir.

Il eſt prudent de douter dans tout ce qui eſt foumis au témoignage des hommes ; mais il eſt un terme où le doute doit difparoître. Le doute ceſſe , quand la preuve requife par la Loi eſt entiere & complette. Ce feroit un abus d'exiger un concours de preuves qui excédât les bornes néceſſaires pour convaincre raifonnablement l'efprit humain. Les Moraliſtes modernes voudroient que toutes les circonſtances du fait fuſſent prouvées auſſi évidemment que le fait principal , par la dépofition de deux témoins fur chaque circonſtance. Cette réunion de preuves fur chaque circonſtance eſt impoſſible , parce qu'il n'y a le plus fouvent que le fait principal qui ait frappé le témoin. Tous les hommes ne voyent pas de même. Tel Spectateur s'attache à des détails qui ne font point apperçus par un autre. La même Aſſemblée ne rendroit pas un compte uniforme de ce qui s'eſt paſſé dans fon enceinte. La multitude dépofera du fait en général ; & chacun arrangera les acceſſoires d'après la maniere dont il a été affecté. Le Juge ne doit pas chercher toutes les poſſibilités pour combattre une preuve certaine. La fubtilité du raifonnement peut-elle détruire la foi due à des témoins oculaires ? C'eſt tomber dans le pyrrhoniſme que de réduire, à force de fubterfuges, le Magiftrat à ne rien croire de ce que les témoins ont dépofé, à ne rien voir des preuves qu'il a fous les yeux. L'invraifemblance d'un fait difparoît quand il eft attefté par des témoins dignes de foi. Le vrai quelquefois peut n'être pas vraifemblable. Vingt témoins ne prouveroient pas un fait impoffible. Mais ce qui paroît invraifemblable au premier afpect, fe change en certitude légale par la force de deux dépofitions juridiques. Un feul témoin rend un fait probable. Ce témoignage ifolé n'opere pas une démonftration; mais cette preuve qu'un témoin unique ne peut produire, fe réalife par le concours d'un fecond témoignage. Et ce genre de conviction établi par la Loi fuffit à la Juftice.

L'Auteur l'a fi bien fenti, qu'il s'eft attaché à réunir les contradictions, les invraifemblances, les variations qu'il a cru appercevoir dans les dépofitions. Afin de les rendre plus fenfibles, il en a préfenté un tableau où il oppofe les Thomaffin à eux-mêmes; voulant ainfi détruire la dépofition du mari par le témoignage de la femme, & le témoignage de la femme par la dépofition du mari.

Ce tableau eft en double colonne. Dans la premiere eft la Dépofition, dans la feconde eft la Dénonciation; & c'eft par l'efpece de contradiction, qui fe trouve entre cette dénonciation & les dépofitions, que l'Auteur cherche à établir les variations dont il argumente.

Mém. p. 185.

Nous combattrons les affertions de l'Auteur du Mémoire avec fes propres armes. Nous formerons auffi un tableau; mais il tiendra quatre colonnes. Dans les deux premieres, on trouvera tout ce qui eft dans le MÉMOIRE prétendu JUSTIFICATIF, en confervant à la prétendue dénonciation ce titre de dénonciation. Dans les deux autres, nous oppoferons les termes mêmes des dépofitions, & ce qui réfulte, foit du Procès-verbal de la Maréchauffée que nous qualifierons de fimple déclaration, foit du Procès-verbal d'effraction, où cette déclaration eft conftatée par la fignature des deux Thomaffin.

TABLEAU.

SUIVANT LE MÉMOIRE. | *SUIVANT LA PROCÉDURE.*

VI. Sur les lumieres allumées par les Voleurs.

DÉNONCIATION.	*PROCÈS-VERBAL.*	*RAPPORT du Brigadier.*	*DÉPOSITION du Mari.*	*DÉPOSITION de la Femme.*	*PROCÈS-VERBAL d'effraction (*).*
Ils ont pris trois chandelles qu'ils ont allumées ; de même qu'un grand feu.	Ils ont allumé deux chandelles & une lampe qu'ils avoient trouvées à l'aide d'un morceau d'amadou qu'ils ont jetté dans le foyer,	Se sont emparés de chandelles au nombre de trois, qu'ils ont allumées, de même qu'un grand feu de chenevottes, après quoi...	...Autant qu'il en a pu juger à la lueur de trois chandelles qu'ils ont allumées.	Qu'elle a examiné les trois Particuliers par le secours de trois chandelles qu'ils ont allumées.	....Tandis que le troisieme allumoit deux chandelles & une lampe qu'ils avoient trouvées dans leur maison à l'aide d'un morceau d'amadou qu'ils avoient jetté dans le foyer. (*) Le Procès-verbal d'effraction, ou Visite des lieux, lors duquel les Thomassin ont fait une nouvelle Déclaration au Juge, est du 22 Juin 1765, postérieur aux Récolemens & Confrontations.

OBSERVATION. Voilà donc enfin les Thomassin qui different d'avec eux-mêmes ! Car on voit que dans leurs Dépositions ils ont, ainsi que le Brigadier dans son Rapport, nommé *trois chandelles*. N'étoit-ce pas toujours trois lumieres ? Et n'est-ce pas montrer le besoin de tirer parti de tout, que d'exiger ainsi de malheureux Paysans une précision d'expression absolument indifférente à la circonstance ? Le nombre des lumieres ne l'étoit pas, parce que l'entreprise des Voleurs étoit mieux éclairée avec trois lumieres qu'avec deux seulement. Mais que sur les trois lumieres, l'une fût une lampe, au lieu d'être aussi une chandelle, c'est ce qui certainement ne vaut pas la peine d'être relevé, parce que deux chandelles suffisoient aux Voleurs pour aller d'une chambre à l'autre, voir & fouiller dans les coffres & armoires. Ce changement dans l'expression n'en produit aucun dans la chose.

VII. Sur le moment ou ils ont allumé les lumieres.

DÉNONCIATION.	*PROCÈS-VERBAL.*	*RAPPORT du Brigadier.*	*DÉPOSITION du Mari.*	*PROCÈS-VERBAL d'effraction.*
Ils ont lié la femme à la lumiere,	Ils l'ont liée dans l'obscurité.	....Un grand feu de chenevottes, après quoi ils ont lié Thomassin.... sur son lit, & sa femme sur le sien.	Que ces Particuliers s'étant saisis de lui dans l'obscurité, ils ont fait tous leurs efforts pour le lier.... Que n'ayant pu y parvenir alors, ils l'ont traîné..... Qu'ils l'ont mis sur le lit & l'ont lié. Que sa femme étant revenue....., un des Particuliers s'est jetté sur elle....., ils l'ont liée..... Que le Particulier qui s'est jetté sur sa femme est épais..... autant qu'il en a pu juger à la lueur,	Les Brigands étant ainsi parvenus à éclairer leur entreprise criminelle, ont porté ledit Thomassin sur son lit, & l'ont lié à côté de sa femme. (*Et auparavant il est dit :*) Que tandis que ce dernier lioit sa femme sur son lit, les deux autres le tenoient renversé.... Le troisieme étant venu à leur secours,.... ils l'ont relevé.... entraîné dans la deuxieme chambre, où deux le tenoient tandis que le troisieme allumoit.......

OBSERVATION. En distinguant, comme nous avons fait sur le n°. 3, & comme l'indique le rapprochement des Dépositions, deux ligatures de la femme, tout s'explique sans aucune contradiction. Le mari saisi dans l'obscurité se débat & crie. La femme veut revenir à son secours. Simare (car c'est lui qu'elle a reconnu à la confrontation) court à elle, & la lie à tâton sur son lit. Il revient sur Thomassin : on l'entraîne dans la même chambre où étoit sa femme, où on le tient toujours terrassé. Simare (car c'est encore lui) allume des chandelles. Tous les trois ensemble mettent Thomassin sur le lit, & lui lient les pieds & les mains. Tous trois aussi lient plus étroitement la femme. De cette façon il est vrai & qu'elle a été *liée* par un *dans l'obscurité*, & *liée* par tous *à la lumiere*.

VIII. Sur l'attentat commis sur la femme.

DÉNONCIATION.	*DÉPOSITION du Mari.*	*RÉCOLEMENT.*	*PROCÈS-VERBAL.*	*RAPPORT du Brigadier.*	*DÉPOSITION du Mari.*	*RÉCOLEMENT du Mari.*	*PROCÈS-VERBAL d'effraction.*
Nulle mention du fait,	Nulle mention du fait.	L'un des Particuliers a poussé la scélératesse jusqu'à enfoncer la main....... avec tant de violence, qu'elle en a été incommodée.	Un d'eux a porté la main sur tout le corps de sa femme avec la plus grande indécence.	Nulle mention du fait.	Que sa femme lui a dit qu'ils l'avoient fouillée par-tout, & qu'en lui mettant le couteau sur la gorge, ils avoient pris dans ses poches.....	Que l'un des Particuliers a porté la scélératesse jusqu'à enfoncer la main...... avec tant de violence qu'elle en a été *long-temps* incommodée.	La femme observe.... qu'on a porté la main sur toutes les parties de son corps avec la plus grande indécence, & même dans les endroits les plus secrets.

OBSERVATION. 1°. Si le Rapport ne parle point de cet attentat, ce n'est pas une contradiction avec les témoignages postérieurs & judiciaires qui en parlent. C'est une omission faite par le Brigadier, & non par les Thomassin, & qui prouve seulement, ou qu'il avoit oublié cette voie de fait, ou qu'il l'avoit jugée étrangere au vol, ou, si l'on veut, que les Thomassin eux-mêmes avoient omis de lui en parler. Mais ceux-ci n'étoient certainement pas astreints à ne déposer que de ce qui auroit été inséré par ce Brigadier dans un Rapport rédigé hors leur présence, & non attesté par leur signature. 2°. Si le mari n'en parle pas dans sa déposition, il en parle à son récolement. L'Ordonnance autorise le Témoin à ajouter à sa déposition lors du récolement, à l'expliquer, à la corriger. Ce n'est pas là varier, c'est réparer des défauts ou erreurs de mémoire dans un moment où le Juge lui-même *interpelle de déclarer si l'on ne veut rien ajouter ou diminuer*. Ce n'est qu'après le récolement (soit que le témoin persiste, soit qu'il ajoute ou diminue), qu'il ne peut plus rien changer,

SUIVANT LE MÉMOIRE.	SUIVANT LA PROCEDURE.

que son témoignage est formé, complet, & digne d'être regardé comme l'expression de la vérité. 3°. Il n'est peut-être pas exact de dire que le mari n'en parle pas dans sa déposition. Cette expression qu'on l'avoit fouillé par-tout, qui précède le vol fait dans les poches le couteau sur la gorge, peut bien avoir été employée pour indiquer cet attentat. 4°. La femme, non-seulement en a parlé dans sa déposition & a persisté à son récolement; mais à la confrontation elle a soutenu à Simare « que c'est lui qui a allumé les chandelles, qui a porté un couteau à manche noir à sa gorge....., qui lui a en outre enfoncé la main dans..... » & qui lui a arraché la Croix de son col ». Le mari lui a soutenu la même chose. L'Auteur du Mémoire s'est récrié sur l'expression, *jusqu'au coude*; c'est chercher bien gratuitement matiere à la déclamation & à la censure. Quel autre que lui peut voir dans cette expression rien de plus qu'une hyperbole de Paysan? 5°. Le Procès-verbal d'effraction est moins exagéré dans les termes, mais il ne dit pas seulement comme dans le Tableau du Mémoire, qu'on a porté la main *sur tout le corps de la femme*; il caractérise l'attentat, & dit qu'on a porté la main *sur toutes les parties du corps de la femme...... & même dans les endroits les plus secrets.*

IX. Sur le motif des Voleurs dans l'attentat commis sur la Femme.

DÉNONCIATION.	PROCÈS-VERBAL.	RAPPORT du Brigadier.	DÉPOSITION de la Femme.	PROCÈS-VERBAL d'effraction.
Pour l'empêcher de crier.	Pour sçavoir s'il n'y avoit rien de caché.	Pas un mot.	Qu'un desdits Particuliers.... l'a saisie à la gorge, & dans un endroit que la décence ne permet pas de nommer, & lui enfonçant le bras jusqu'au coude, lui a dit de se taire, ou qu'on la tueroit.	La femme observe qu'on a porté la main.... dans les endroits les plus secrets, pour voir s'il n'y avoit rien de caché.

OBSERVATION. L'Auteur du Mémoire prête au Rapport une absurdité qui n'y est pas & n'y peut pas être, puisque cette piece ne parle pas même de l'attentat. D'ailleurs on n'a jamais commis de telles violences, & blessé une femme, *pour* l'empêcher de crier. Mais il arrive *souvent* qu'en l'insultant brutalement, & même *en* lui faisant mal, on parvienne, par des menaces, à l'empêcher de crier. Et c'est ce que dit, non le Rapport, mais la Déposition de la femme. Ainsi cette déposition articule, non le motif, mais une circonstance de la violence. C'est dans le Procès-verbal d'effraction qu'il est question de motif, *pour voir s'il n'y avoit rien de caché*. Mais que ce soit ce motif ou un autre; que la femme Thomassin s'y soit trompée ou non, cela ne fait rien à l'attentat en lui-même. Les Témoins doivent à la Justice la vérité sur les faits; leurs conjectures sur les intentions sont presque toujours indifférentes.

X. Sur les Coffres ou les Voleurs ont fouillé.

DÉNONCIATION.	PROCÈS-VERBAL.	RAPPORT du Brigadier.	DÉPOSITION.	PROCÈS-VERBAL d'effraction.
Ils ont forcé deux coffres & une armoire avec une broche.	Ils ont ouvert le coffre qui y est placé avec la clef qu'ils avoient trouvée dans sa poche. Ils ont trouvé l'autre coffre ouvert.	Avec une broche... ils ont forcé un cabinet troussé dans lequel ils ont pris 130°; qu'ils ont forcé ensuite deux coffres & une armoire.	Lesdits Particuliers s'étant saisis d'une broche à rôt, ont enfoncé un cabinet troussé, y ont pris 140 ou 150°, ont vuidé tous les coffres & armoires.	Étant passés dans la première chambre......, ils avoient ouvert le coffre qui y est placé, à l'aide de la clef qu'ils avoient trouvée dans la poche (*à la femme Thomassin*)....., & dans un autre coffre à côté, qu'ils ont trouvé ouvert....., & n'ayant trouvé aucune somme....., l'un d'eux est retourné sur la femme Thomassin...., ils l'ont forcée de dire où étoit son argent.....; sur cette indication ils se font saisis d'une broche......

OBSERVATION. 1°. Le Rapport est différent des Dépositions ainsi que du Procès-verbal d'effraction, parce que le Brigadier a toujours mis les faits comme en bloc, sans s'attacher à distinguer ni les momens ni les circonstances. Il faut observer cependant que, quoique le Rapport dise que les coffres & l'armoire ont été forcés, il ne dit pas que ce soit avec une broche. Quand on veut relever les variantes d'une Procédure, il ne faut pas au moins en créer. 2°. Les Dépositions, ainsi que le Procès-verbal, s'accordent ensemble. Dans la Déposition, l'opération de *forcer avec une broche* n'est appliquée qu'au *cabinet troussé*, ou (comme l'explique le Procès-verbal) petite armoire à côté du lit, où les Voleurs ont pris 140 ou 150 livres. A l'égard des coffres & armoire, il n'est pas dit comment les Voleurs les ont ouverts, mais seulement qu'ils les ont vuidés. Le Procès-verbal explique de plus que le premier coffre a été ouvert avec la clef prise dans la poche de la femme Thomassin, & que l'autre étoit tout ouvert. Il n'y est pas dit non plus comment ils ont ouvert l'armoire.

XI. Sur la Croix d'argent volée.

DÉNONCIATION.	DÉPOSITION.	RAPPORT du Brigadier.	DÉPOSITION du Mari.	PROCÈS-VERBAL d'effraction.
Ils ont pris, dans l'armoire ou un coffre, deux Croix, l'une d'or & l'autre d'argent.	Ils ont pris dans l'armoire une Croix d'or, & une Croix d'argent au col de la femme.	Qu'ils ont aussi pris, dans l'armoire ou coffre, une timbale d'argent marquée... deux Croix, l'une d'or, l'autre d'argent.	Ont vuidé tous les coffres & armoires....., & pris tout le linge, lin de sa femme.... une Croix d'or, & une d'argent qui étoit au col de sa femme. *La Femme, dans sa déposition, rend le même compte.*	Observe ladite Femme que l'on les Brigands lui a alors arraché la Croix d'argent qu'elle avoit à son col.

OBSERVATION. 1°. Nous reconnoissons encore ici une différence entre le Rapport & les Dépositions; mais il ne faut pas oublier que cette premiere piece est étrangere aux Thomassin, & ne peut les constituer en variation. Cette piece est même, pour ainsi dire, étrangere à la procédure en ce qui concerne les détails du délit, parce que se référant à ce qui avoit été déclaré par les Témoins oculaires; & ceux-ci ayant été

SUIVANT LE MÉMOIRE.	*SUIVANT LA PROCEDURE.*

entendus, leur déposition seule pouvoit faire charge. Aussi le Juge, en représentant à Simare la Croix d'argent, ne lui a pas demandé si c'étoit celle qu'il avoit prise *dans un coffre ou armoire*, mais si ce n'étoit pas celle qui avoit *été arrachée du col de la femme Thomassin*. 2°. L'Auteur intitle (*Mémoire page 38*) sur ce que *Thomassin fils ne voit plus la Croix de sa belle-mere dans le coffre où elle étoit renfermée*. L'Auteur veut faire entendre la *Croix d'argent*. Mais il y en avoit une d'or dans le coffre. (Procès-verbal. « Ils ont volé dans ledit coffre une Croix d'or, trois Jupons..... ») Et quand on dit *la Croix*, sans addition, & qu'il y en a deux, l'une d'or, l'autre d'argent, il est bien évident que ce n'est pas de la moins précieuse que l'on parle.

XII. SUR LA SORTIE DES VOLEURS.

DÉNONCIATION.	*DÉPOSITION.*	*RAPPORT du Brigadier.*	*DÉPOSITION.*
Les Voleurs, munis de tous ces effets, ouvrent la principale porte de leur maison, qu'ils avoient eu la précaution, *en entrant*, de barrer avec une broche.	Il ne sçait par où les Voleurs s'en sont allés; car il a trouvé toutes les portes de la maison fermées, lorsqu'il a été en état de voir & d'examiner les lieux.	Ils ont ouvert la principale porte, qu'ils avoient eu la précaution de barrer avec une broche, & s'en sont allés.	Ils sont sortis de chez lui *avant éteint toutes les lumieres*, sans qu'il sache par où ils sont passés, ayant trouvé toutes les portes fermées.

OBSERVATION. Ici la contradiction paroît plus sensible, & le Rapport du Brigadier devient moins étranger aux Thomassin que dans les autres articles, parce qu'il n'est pas probable qu'il ait imaginé cette circonstance de la porte barrée avec une broche, s'ils ne lui en avoient point parlé. Mais il est encore possible de concilier ce Rapport avec les Dépositions. Les Thomassin avoient vu les Voleurs barrer la porte après leur entrée; & ne trouvant plus après leur sortie cette broche à la porte, ils en ont conclu que c'étoit par cette porte que les Brigands étoient sortis. Ils ont communiqué cette conjecture au Brigadier, qui, dans le Rapport inséré en son Procès-verbal, l'a énoncée comme un point de fait. Mais les mêmes Thomassin appellés en déposition, n'ont déclaré que *ce qu'ils sçavoient*. Et comme avant de sortir, les Voleurs avoient éteint les lumieres, & que les portes se sont trouvées également fermées; ils ont dit, & devoient dire malgré leur conjecture, qu'ils *ne sçavoient pas* par où les Voleurs s'en sont allés.

XIII. SUR LA RECONNOISSANCE DE BRADIER DIT MALBROUG, AU MOMENT DU DÉLIT.

DÉNONCIATION.	*DÉPOSITION.*	*RÉCOLEMENT.*	*RAPPORT du Brigadier.*	*DÉPOSITION du Mari.*	*DÉPOSITION de la Femme.*	*RÉCOLEMENT.*
Le 30 Janvier 1783. Trois Particuliers à lui *inconnus*.	Un des Particuliers, qu'il a *appris depuis* être le nommé Malbroug.	Le 19 Juin 1785. Il avoit *reconnu*, parmi trois Particuliers, Bradier, dit Malbroug, qui peu auparavant lui avoit vendu des cochons.	(Rédigé le 3 Février 1783.) Nous ont dit que 3 Particuliers avoient tenté de s'introduire.	Trois Particuliers à lui inconnus, & qu'il pourroit reconnoitre s'ils lui étoient représentés. *Et à la fin:* Que le troisieme est de la taille de 5 pieds, trapu...., menton pointu; qu'il a appris depuis être le nommé Malbroug.	Trois Particuliers inconnus, mais qu'elle pourroit reconnoitre s'ils lui étoient représentés. *Et en les signalant comme son mari.....* Menton pointu, qu'elle Déposante a revu depuis dans les rues, & qu'elle a appris se nommer par sobriquet, Malbroug.	Ajoute que lorsque les Brigands, dont il a parlé dans sa déposition, se sont livrés envers lui & sa femme à toutes sortes de violences...... il a reconnu que l'un d'eux étoit le nommé Malbroug, demeurant à la Libaudiere (Allibaudiere), qui peu avant avoit vendu des Cochons à lui Déposant.

OBSERVATION. 1°. Ce n'est pas dans le Rapport, mais dans la Déposition, que les trois Particuliers sont dits, à *lui inconnus*. Cette remarque ne change rien aux conséquences qu'on peut tirer de la contradiction apparente; mais cette transposition du texte de la Déposition avec celui du Rapport (*), fait voir avec quelle négligence ces prétendues variations ont été vérifiées par l'Auteur du Mémoire, qui cependant y attache tant d'importance. 2°. Il n'y a point réellement de variation en cet endroit. Le Récolement est établi, comme nous l'avons déjà dit, pour donner lieu au Témoin de réparer les erreurs ou omissions de sa mémoire, expliquer ou rectifier ses expressions. Ce n'est qu'après le Récolement que la déposition est consommée, que le témoin n'est plus reçu à rien changer, & que s'applique la maxime, *Testis qui adversus fidem testationis variât, audiendi non sunt* (Mém. p. 189). Le Récolement & la Déposition ne font qu'un seul & unique témoignage, partagé en deux actes & deux séances. Un Témoin qui, dans sa Déposition, diroit avoir vu un fait, & dans son Récolement diroit ne le sçavoir que par oui-dire, seroit en contradiction avec lui-même; parce qu'il ne pourroit pas se faire que, dans l'une ou l'autre de ces assertions, il n'eût menti sciemment. Mais ici il s'agit d'une simple circonstance du fait, omise en premier lieu, & suppléée au Récolement. 3°. La variation n'est qu'apparente, puisque les deux énoncés peuvent être vrais ensemble. Qu'a reconnu Thomassin au moment du délit, suivant son Récolement? Que celui qui le maltraitoit étoit un individu *déja* connu de lui sous le nom de Malbroug? Non, car il ne rétracte pas sa déposition; il a déclaré y persister, & ne fait qu'y ajouter: Et dans la Déposition il dit *qu'il a appris depuis* que l'homme trapu....., menton pointu, se nommoit Malbroug. Sur quoi tombe donc la reconnoissance articulée au Récolement? Sur l'identité totale du Brigand qui le maltraitoit avec l'homme qui lui avoit vendu des Cochons. Pour mieux faire sentir l'absence de toute contradiction, fondons ensemble le Récolement & la Déposition, & voyons s'ils présenteront une phrase contradictoire. « Que trois Particuliers à lui inconnus, mais qu'il reconnoitroit s'ils lui étoient représentés, & dont même il a reconnu l'un, dans le temps même du délit, pour être venu peu de jours avant lui vendre » des Cochons, sont entrés chez lui..... » Et lorsqu'il donne le signalement: « Le troisieme..... menton pointu, le même qu'il avoit reconnu pour son vendeur de Cochons, & qu'il a depuis appris se nommer Malbroug. » Cette explication est d'autant plus plausible, qu'on voit par la déposition de la femme Thomassin, qu'elle *a appris depuis son nom en le voyant passer dans la rue*. Ainsi jusques à quelques jours après le délit, il étoit encore inconnu aux Thomassin quant à son *nom*, mais il ne l'étoit entierement au mari quant à la figure, quoiqu'on ne puisse pas dire absolument que l'on connoit un homme quand on ne l'a vu qu'une fois, & sans sçavoir son nom.

(*) *Nota.* On peut remarquer une pareille transposition aux Articles III & IX.

SUITE DU TABLEAU.

SUIVANT LE MÉMOIRE. | *SUIVANT LA PROCEDURE.*

XIV. SIGNALEMENS.

DÉNONCIATION			DÉPOSITION			RAPPORT du Brigadier.	DÉPOSITION		
I.	*II.*	*III.*	*I.*	*II.*	*III.*		*I.*	*II.*	*III.*
Habit gris. Cheveux plats. Visage noir. Parole brusque.	Taille médiocre. Cheveux blonds. Veste blanche.	Veste rouge.	Épais. Cheveux courts, noirs. Barbe noire. Veste brune.	Bonnet de nuit sur la tête. Chapeau noir sur le bonnet. Cheveux noirs & plats. Visage maigre. Veste rouge. Cinq pieds quelques pouces.	Cinq pieds. Trapu. Cheveux blonds-châtains & plats. Menton pointu. Veste de Ratine grisâtre.	*(Comme dans le Tableau du Mémoire.)*	Épais. Grande taille. Cheveux courts, noirs. Barbe noire. Visage pâle. Veste brune, autant qu'il a pu juger à la lueur.	Veste rouge. Bonnet de laine, & sur ce bonnet, chapeau noir. Cheveux bruns & plats. Visage maigre. Taille de cinq pieds quelques pouces.	Taille de cinq pieds. Trapu. Cheveux blonds-châtains. Barbe rousse. Menton pointu. Qu'il a appris depuis être le nommé Malbroug, vêtu alors d'une veste grisâtre.

OBSERVATION. 1°. Un artifice de l'Auteur a été de transposer les signalemens des deuxieme & troisieme Particuliers, en affectant de suivre littéralement l'ordre différent dans lequel ils ont été indiqués au Brigadier, & dans la Déposition. 2°. Dans le signalement du premier, la seule différence qui puisse paroître importante, est celle d'un *habit gris*, non pas à une *veste brune* simplement, mais à *une veste brune autant qu'il en a pu juger à la lueur*. Et d'ailleurs l'habit n'est pas la veste; il a pu être gris avec une veste brune. 3°. Dans les signalemens du deuxieme & du troisieme, on ne voit que des détails ajoutés qui ne s'étoient pas présentés à la mémoire dans les premiers momens de trouble; mais aucun ne détruit les premiers qui ont été donnés.

Nous avons observé que la prétendue dénonciation n'est point une dénonciation, que ce n'est pas même un acte essentiel à la procédure; ce n'est qu'un simple Procès-verbal dressé par le Brigadier de la Maréchaussée, dans lequel il a inféré ce qui lui a été dit par les Thomassin, lors de sa tournée dans le village de Vinet & dans les environs. Ce Procès-verbal n'est pas signé des Thomassin; ils n'en ont pas même entendu la lecture, puisqu'il a été rédigé au Greffe de la Maréchaussée de Troyes, au moment de l'écrou des nommés Lardoise & Guyot, arrêtés l'un comme mendiant, & sur son signalement, l'autre à la clameur des Habitans de Vinet, qui s'en étoient emparés.

Comment donc opposer aux Thomassin un Procès-verbal où ils ne sont pas Parties ? Et, si le Brigadier de la Maréchaussée, en dressant ce Procès-verbal de mémoire, a oublié, changé ou transposé quelques circonstances; peut-on raisonnablement attribuer ces différences aux Thomassin qui ignorent ce qui s'est passé en leur absence ?

On ne peut mettre en parallele avec leur déposition, que la déclaration juridique par eux faite dans le Procès-verbal d'effraction dressé par les Officiers du Bailliage de Chaumont.

TABLEAU.

<table>
<tr><td>DES VARIATIONS DES TÉMOINS
SUIVANT LE MÉMOIRE.</td><td>DES MÊMES FAITS
SUIVANT LA PROCÉDURE.</td></tr>
</table>

OBSERVATION PRÉLIMINAIRE. Le Procès-verbal de capture de Guyot & Lardoise (désigné par l'Auteur du Mémoire sous le nom de *Dénonciation*, & que nous désignerons sous celui de *Rapport*), fait par le Brigadier *Martin*, sur la déclaration verbale des *Thomassin*, en ce qui concerne le délit & ses circonstances, mais rédigé hors leur présence, trois jours après sa descente chez eux, au Greffe de la Maréchaussée de Troyes, pendant qu'ils étoient à Vinet, qui n'a point été signé d'eux, & qui ne leur a point été lu dans aucun acte de l'instruction, ne peut leur être opposé comme les mettant en contradiction avec eux-mêmes. Les circonstances que ce Brigadier a pu oublier, transposer ou confondre, n'alterent ni la vérité du fait en lui-même, ni la foi due au témoignage de ceux qui déposent comme Témoins oculaires. Le rapport contenu en ce Procès-verbal a bien été le fondement de la Plainte du Procureur du Roi. Mais 1°. ce rapport est du fait du Brigadier qui y étoit obligé par le devoir de sa Charge, & non du fait des Thomassin. 2°. La narration comprise en ce rapport, par cela même qu'elle est présentée par le Brigadier comme le résultat de ce qu'il a appris des Thomassin, se réfère à ce qu'ils ont dit réellement, & suppose par conséquent qu'elle est susceptible d'être rectifiée dans ses circonstances par la déposition de ceux qui ont administré les faits de cette narration dans leur déclaration verbale. 3°. Ce Procès-verbal n'a point fait la base de l'Instruction, mais seulement la Plainte du Procureur du Roi, qui seule a été lue aux Témoins. Et cette Plainte ne s'attache point à cet ordre minutieux de circonstances dont l'arrangement différent dans les dépositions donne lieu à la Critique de l'Auteur du Mémoire. Le Ministere Public sentoit bien que dans un rapport, composé ainsi de mémoire & au bout de trois jours, il ne pouvoit y avoir de constant que la substance des faits, & que les circonstances ne pouvoient être fixées que par les Témoins oculaires. 4°. Enfin, ce Procès-verbal ne fait partie de l'Instruction qu'en tant qu'il est devenu la déposition de Martin lui-même lorsqu'il a été entendu en l'information par forme de répétition; & sous ce point de vue, la partie du rapport qui concerne les faits arrivés chez Thomassin, n'est qu'une déposition de oui-dire, dans laquelle on ne peut pas s'étonner qu'il y ait quelques circonstances changées ou transposées. La seule partie du Rapport où l'on ait droit d'exiger du Brigadier une conformité rigoureuse avec la vérité des faits, est celle où ce Brigadier dépose de ce qui lui est personnel, de ses démarches pour la perquisition & la capture des deux Particuliers; & sur cette partie il n'est en contradiction avec personne. (Voyez page 122.)

I. SUR LE COUP DE COUTEAU.

DÉNONCIATION, ou *Déclaration verbale de Thomassin, insérée au Rapport du Brigadier.*	*DÉPOSITION.*	*RAPPORT rédigé à Troyes le 3 Février.*	*DÉPOSITION.*
Il (Thomassin) étoit *déja lié sur le lit*, lorsqu'il a été frappé du coup de couteau.	C'est au moment de l'*assaillement* & parmi les coups de bâtons qu'il a été ainsi frappé d'un coup de couteau au bras gauche.	Que lui, Thomassin, ayant entendu ce bruit, a ouvert ladite porte pour donner la chasse auxdits Particuliers.... Qu'à l'instant lesdits trois Particuliers, armés de gros bâtons, l'en ont frappé..... Après quoi ils ont lié ledit Thomassin...... sur son lit...... Que l'un & l'autre ainsi liés ont été de nouveau maltraités à coups de couteau qu'on leur tenoit même sur la gorge.... Que lui Thomassin en a reçu un coup sur le bras gauche dont il est grièvement blessé.	Qu'ayant ouvert la porte qui donne de sa Chambre dans l'Ecurie, trois Particuliers..... l'ont assailli de trois coups de bâton & d'un coup de couteau au bras gauche qui le met hors d'état de travailler. Que ces Particuliers s'étant saisis de lui....

OBSERVATION. Le contenu au Rapport du Brigadier, n'est pas absolument conforme au contenu de la Déposition. Mais 1°. ce Rapport ne peut pas faire tomber la Déposition, parce qu'il n'est pas l'ouvrage des Thomassin. 2°. Tous les Actes faits & signés par eux, les Dépositions, Récolemens, Déclaration judiciaire faite lors du Procès-verbal de visite des lieux, tous ces Actes sont d'accord sur cette circonstance, & placent le coup de couteau au moment de l'*assaillement*. 3°. En quelque instant qu'on place le coup de couteau, il n'en est pas moins constant qu'il a été porté.

II. SUR LA MANIERE DONT LES VOLEURS ONT ASSAILLI LA FEMME.

DÉNONCIATION.	*DÉPOSITION.*	*RAPPORT du Brigadier.*	*DÉPOSITION de Thomassin.*	*DÉPOSITION de sa femme.*
Sa femme a été assaillie & excédée dans une chambre à côté.	Le femme étant venue dans la chambre où il étoit, un des trois inconnus s'est jetté sur elle.	Que sa femme qui étoit *couchée dans une chambre à côté*, a été pareillement excédée de coups.	Qu'ils lui ont lié les bras & les jambes sur le lit; que sa femme, qui *avoit été dans une autre chambre* pour appeller du secours, est revenue à ses cris dans celle où il étoit; qu'un des Particuliers s'est jetté sur elle.	Que dans le moment où on traînoit son mari dans la chambre où ils l'ont lié, elle y étoit, faisant des cris pour appeller du secours, & qu'elle a été liée comme son mari, & mise sur le même lit.

OBSERVATION. Le texte du Rapport n'est pas exactement cité dans le Tableau du Mémoire. Il n'est pas dit dans ce Rapport que la femme a été *frappée dans la chambre à côté*, mais que la femme, *qui étoit couchée dans une chambre à côté*, a été frappée aussi. Cette phrase incidente n'est pas placée pour désigner le lieu où elle a essuyé les mauvais traitemens, mais le lieu où elle étoit encore couchée tandis que son mari, *qui s'étoit levé.....* étoit assailli par les Voleurs. La femme s'est levée aussi, a été dans une autre chambre, est revenue dans celle où on avoit traîné Thomassin, chambre donnant sur la rue, & c'est là qu'elle a été saisie & liée. Peu importe que ce fût celle où elle couchoit, puisque c'est étant levée qu'elle a été attaquée.

SUITE DU TABLEAU.

SUIVANT LE MÉMOIRE. ‖ *SUIVANT LA PROCEDURE.*

III. SUR LE NOMBRE DE CEUX QUI ONT LIÉ LA FEMME.

DÉNONCIATION.	DÉPOSITION.	RAPPORT du Brigadier.	DÉPOSITION.
Un des trois inconnus ayant atteint la femme, l'a liée sur son lit.	Tous les trois l'ont liée également sur son lit.	Ils ont lié Thomassin par les pieds & par les mains sur son lit, & sa femme sur le sien.	Qu'un des Particuliers s'est jetté sur elle, l'a saisie à la gorge... Qu'ils l'ont également liée aux bras & aux jambes sur le même lit.

OBSERVATION. 1°. Il n'y a point, comme l'on voit, de différence entre le Rapport du Brigadier & la Déposition de Thomassin. Il est bien dit dans celle-ci qu'un des trois Particuliers a saisi la femme ; mais il est dit ensuite comme dans le Rapport, *ils l'ont liée.* 2°. Quand il seroit dit quelque part, que celui qui a saisi la femme *l'a liée* ; dans un attentat commun à trois personnes, ce que l'une d'elles a fait peut s'exprimer par le pluriel. Il est dit plus bas, qu'*ils ont forcé* une armoire, ouvert des coffres, qu'*ils ont pris* une timbale d'argent, deux croix, &c. Certainement tous les trois n'ont pas en même-temps mis la main sur ces effets, ni tenu la broche pour enfoncer l'armoire. 3°. Les deux expressions du Singulier & du Pluriel peuvent être également vraies. Celui qui s'est jetté sur la femme a pu la lier d'abord dans l'obscurité, & ensuite quand les chandelles ont été allumées, que les trois Brigands sont venus à bout de lier Thomassin & de le mettre sur son lit, ils ont pu revenir à la femme pour assurer ses liens.

IV. SUR LES LITS OU ILS ONT ÉTÉ LIÉS L'UN ET L'AUTRE.

DÉNONCIATION.	DÉPOSITION.	RAPPORT du Brigadier.	DÉPOSITION du Thomassin.
Le mari a été lié sur son lit dans sa chambre ; la femme a été liée sur son lit dans une chambre voisine.	Ils ont lié l'un & l'autre sur le même lit, à côté l'un de l'autre, dans la même chambre.	Des chandelles qu'ils ont allumées.... de même qu'un grand feu.... sous la cheminée, après quoi ils ont lié ledit Thomassin par les mains & par les pieds sur son lit, & sa femme sur le sien dans une chambre voisine.	Qu'ils ont traîné Thomassin dans une chambre donnant sur la rue, l'ont mis sur le lit, & tous les trois lui ont lié les bras & les jambes sur ledit lit. Qu'à quelques cris qu'il faisoit..... sa femme, qui avoit été dans une autre chambre....., est revenue dans celle où il étoit ; qu'un des Particuliers s'est jetté sur elle..... Qu'ils l'ont également liée aux bras & aux jambes sur le même lit. (*Voyez la déposition de la femme, ci-dessus n°. II.*)

OBSERVATION. Le Brigadier de Maréchaussée, dans son Rapport, a distingué véritablement deux lits & deux chambres. Mais 1°. on pourroit se contenter de l'observation préliminaire ; c'est que son dire ne peut combattre ni faire suspecter le témoignage des deux Thomassin, mari & femme, qui sont invariables sur l'identité de chambre & de lit. 2°. Il est aisé de voir que le Brigadier a été induit à cette confusion d'idées par les allées & venues de la femme Thomassin, ainsi que par l'équivoque qu'ils ont faite en lui disant chacun, avoir été lié *sur son lit.* La même équivoque se présente d'abord dans le Procès-verbal d'effraction, lors duquel ils montroient le local même au Juge ; & la fin cependant montre évidemment qu'ils ont été liés sur un même lit. Voici ce qu'il porte : « S'étant relevée (la femme) pour passer à la seconde chambre, » l'un desdits Particuliers s'est détaché des deux autres, & ayant atteint ladite Marguerite la Ruelle, l'a liée sur un lit qui étoit & qui est encore dans *ladite seconde chambre*..... Que tandis que ce dernier lioit sa » femme *sur son lit*,.... les deux autres le tenoient terrassé.... Ils ont relevé ledit Thomassin, & l'ont entraîné dans *ladite seconde chambre*..... Que les Brigands ont porté ledit Thomassin *sur son lit*, & l'ont lié à » côté de sa femme ». Voilà la femme *sur son lit*, Thomassin *sur son lit*. Et c'est bien clairement un même lit, dans la même seconde chambre. Ni dans les Dépositions, ni dans le Procès-verbal d'effraction, aucune variation sur ce point de fait ; & si l'Officier de Maréchaussée le donne à entendre autrement dans son Rapport, ce n'est pas une preuve que les Thomassin le lui aient raconté de la maniere dont il l'énonce, mais seulement qu'il a mal conçu ce qu'ils n'exprimoient pas très-clairement.

V. SUR LES MENACES FAITES LE COUTEAU SUR LA GORGE.

DÉNONCIATION.	DÉPOSITION.	RAPPORT du Brigadier.	DÉPOSITION.
Malgré les menaces ils n'ont pas voulu déclarer où étoit leur argent.	Contraints par les menaces, ils ont déclaré où étoit leur argent.	Qu'ils les ont maltraités de nouveau.... pour leur faire dire où étoient leur argent & leurs effets ; que s'y étant refusés, ils ont pris dans les poches de la femme Thomassin 9 livres qu'ils ont partagées sur le champ.	Qu'ils ont pris neuf livres huit sols dans la poche de sa femme, en lui mettant le couteau sur la gorge. (*Ceci est dit hors de la suite de la narration. Dans le cours du récit, après avoir parlé de menaces faites à la femme & des chandelles allumées, il ajoute*) : Qu'aussi-tôt lesdits Particuliers s'étant saisis d'une broche à rôt, ont enfoncé un cabinet troussé, y ont pris 140 ou 150 livres ; ont vuidé tous les coffres & armoires.

OBSERVATION. Il n'est point, comme on voit, question dans la Déposition que les Thomassin, contraints par les menaces, ayent déclaré où étoit leur argent ; mais cela se trouve dans le Procès-verbal d'effraction, & cependant il n'y a pas de contradiction entre cette piéce & le Rapport. Leur différence ne vient que du moment différent dont parle l'une & l'autre. Voici comment le Procès-verbal d'effraction établit lui-même cette distinction des deux temps : « Qu'ils l'ont lié à côté de sa femme..... Que lesdits Brigands les pressant vivement & avec les menaces les plus effrayantes d'indiquer l'argent qu'ils pouvoient avoir, affectoient de » passer le couteau sur le col de ladite Marguerite la Ruelle..... Qu'ils ont pris une somme de 9 livres 8 sols dans sa poche ; puis étant passés dans la premiere chambre, ils avoient ouvert le coffre...... avec la clef..... » Qu'ils ont volé dans ledit coffre...... & dans un autre coffre..... & dans une petite armoire......, & n'ayant trouvé dans lesdits coffres & armoire aucune somme d'argent, l'un d'eux est retourné sur ladite » femme Thomassin, & après lui avoir présenté le couteau sous la gorge *pour la troisieme fois*, ils l'ont forcée de leur indiquer l'armoire où étoit placé leur argent ».

On voit par ce tableau le degré de confiance qu'on doit accorder à celui inféré dans le *Mémoire juſtificatif.* Nous ne nous permettrons aucunes réflexions à ce ſujet. Nous conviendrons même qu'il y a quelques légeres variations. L'Auteur du Mémoire les regarde comme eſſentielles. Nous penſons, au contraire, qu'elles ne portent que ſur des faits acceſſoires, & tout-à-fait indifférens.

Qu'importe, en effet, que le coup de couteau ait été donné à Thomaſſin au moment de *l'aſſaillement* ou lorſqu'il a été lié ſur ſon lit, ſi le coup de couteau a été donné réellement ? La plaie eſt certaine ; elle a été panſée par Me Bertrand . Chirurgien à Aubigny ; la preuve en eſt acquiſe par les dépoſitions des témoins qui ont vu couler le ſang & panſer la bleſſure ; elle eſt certifiée par Thomaſſin lui-même, qui peut encore en démontrer la certitude par la cicatrice.

Qu'importe que ſa femme ait été excédée de coups dans une chambre voiſine ou dans la même chambre ; qu'elle ait été liée ſur le même lit ou ſur deux lits ; par un ſeul des Accuſés ou par tous les trois ; qu'ils aient allumé trois chandelles , ou deux chandelles & une lampe ; que la femme Thomaſſin ait été liée dans l'obſcurité ou à la lumiere ? Ces différences ne ſe trouvent que dans le Procès - verbal de la Maréchauſſée où les Thomaſſin ne ſont pas Parties.

Qu'importe que l'attentat commis ſur la femme Thomaſſin ait eu pour objet de l'empêcher de crier , ou de ſavoir ſi elle n'avoit pas caché de l'argent ? Ces circonſtances ne ſont que des acceſſoires du fait principal ; les Thomaſſin n'ont point varié ſur les faits principaux, ils ont perpétuellement ſoutenu, affirmé, déclaré, que trois particuliers s'étoient introduits chez eux à force ouverte, qu'ils les avoient liés & excédés de coups, que lui Thomaſſin avoit reçu un coup de couteau , qu'on leur avoit volé différens effets & de l'argent, dont ils font le détail. Voilà les faits eſſentiels : voilà les faits qui caractériſent le vol nocturne avec violence & effraction : voilà les faits fur lefquels on ne peut leur reprocher aucune contrariété.

Aux variations imputées aux témoins entendus dans l'information , nous devons faire fuccéder les prévarications dont on Partialité des Juges. accufe tous les Juges qui ont prêté leur Miniftere , foit à l'inftruction, foit au jugement de cette grande affaire.

L'Auteur du Mémoire, fidele au fyftême qu'il a embraffé , a bien fenti qu'il ne pouvoit établir l'innocence de fes clients , qu'en attaquant la procédure, les Magiftrats & les Loix ; & il a eu l'intrépidité de remplir la tâche qu'il s'étoit impofée. Nous venons d'examiner les prétendues nullités de la procédure ; nous examinerons bientôt les prétendus vices de l'Ordonnance ; attachons-nous en ce moment aux reproches particuliers aux trois premiers Juges qui ont confommé l'inftruction.

Mém. p. 55.

Tous les actes de la procédure font des attentats à l'équité & à la Juftice , ... & les trois premiers Juges fe font joués comme à l'envi, durant trois ans, de la liberté, de l'innocence & du malheur. Tel eft le début des inculpations, des perfonnalités , des reproches prodigués à la Maréchauffée de Troyes, au Juge Seigneurial de Vinet, aux Officiers du Bailliage Royal de Chaumont. Et tous les moyens de nullité oppofés à chacun des actes de la Procédure , font des preuves de la partialité de chacun de ces trois Tribunaux.

Elle éclate cette partialité dans *la détention des trois Accufés , pendant deux mois, en chartre privée dans les prifons de la Maréchauffée ;* elle éclate *dans le décret de prife de corps, décerné contre le nommé Guyot ;* elle éclate *dans l'Ordonnance de renvoi du Juge de Vinet , qui ne pouvoit pas fe défaifir de la connoiffance de cette affaire.*

Mém. p. 229 & 230.

Elle éclate *dans la qualification donnée de Cas Royal à un fimple délit , reconnu tel par le Préfidial de Troyes.*

Elle éclate *dans la lenteur des Officiers du Bailliage de Chaumont, dans la tranflation des prifonniers dans les prifons de la*

Juftice de Piney, dans la précipitation de la procédure faite fur le lieu du délit, dans la rédaction du Procès-verbal d'effraction après le plus long intervalle, dans le défaut de repréfentation des pieces de conviction à quelques témoins, dans le défaut de confrontation des témoins qui ne faifoient pas charge contre les Accufés; enfin, dans le choix des faits dont la Sentence déclare que les Accufés font atteints & convaincus en ce qu'on a admis les vraifemblables & exclu les invraifemblables,* en ce qu'on en a fubftitué *de poffibles à d'autres* qui étoient *impoffibles;* & après cette longue énuméra- tion des preuves de partialité, l'Auteur demande: *Juges de Troyes, de Vinet, & fur-tout de Chaumont, quelle eft votre juftification?*

Il eft bien facile d'inculper des Juges, quand on traveftit ainfi chaque piece de la procédure en un acte de prévarication. Nous ne favons lequel doit vous étonner le plus en ce moment, ou du courage de l'Auteur à entaffer ainfi griefs fur griefs pour inculper les premiers Juges, ou de notre conftance à rapporter fcrupuleufement chacune de ces invectives.

Que ne dirions-nous pas fur le ridicule infultant jetté fur les Officiers du Bailliage qui fe mettent en chemin, *la procédure fous le bras, ... traînant les trois Accufés à leur fuite, les fers aux pieds & aux mains, comme de vils efclaves de la Juftice.* Mais ce ne font que des injures; nous avons à nous élever contre un tort bien plus grave, c'eft contre la calomnie.

L'Auteur donne à entendre que la procédure faite en la Juftice de Piney, par les Officiers du Bailliage de Chaumont, compofée de *400 rôles,* c'eft-à-dire de *800 pages,* n'a pas pu être confommée en fept jours. Cette maniere indirecte de laiffer le lecteur réalifer lui-même le foupçon, ne conduit-elle pas à penfer que les Juges ont commis des faux, ou qu'ils ont pris de fimples notes qu'ils ont enfuite rédigées en actes de procédure?

Le calcul des 400 rôles de procédure, ou de 800 pages, eft une adreffe pour augmenter le volume des écritures. Ce font des groffes, & le nombre des pages ne doit influer en aucune

Mém. p. 231.

Mém. p. 61.
Page 231.

Page 50.

C c 2

maniere fur l'opinion qu'on doit prendre de la rédaction des différens actes, fur-tout en y comprenant les expéditions des interrogatoires d'office faits à Chaumont, des conclufions définiti-ves, de la Sentence & de l'inventaire. Toute la procédure faite dans le tranfport dés Officiers du Bailliage, comprend à peine 39 rôles de minute, ce qui fait à-peu-près cinq rôles & demi par jour, y compris l'intitulé des actes, les blancs pour la fignature du Juge, du Greffier, des Témoins & des Accufés, qui font des vuides confidérables dans la minute.

Nous pouvons demander fi cette portion de la procédure annonce un travail forcé, un ouvrage rédigé après coup & fur de fimples notes. Mais ce qui doit écarter tout foupçon, c'eft que tous ces actes font *fignés des Accufés*, & qu'on ne peut pas préfumer qu'on leur ait fait donner leurs fignatures après leur retour dans les prifons du Bailliage.

Cependant l'Auteur annonce que les trois Accufés lui ont dit *qu'ils n'avoient point été interrogés à Piney, qu'ils n'ont paru qu'une feule fois à Piney pour leur confrontation.*

Comment concilier cette affertion du Mémoire, avec l'exiftence réelle au procès de trois interrogatoires; deux du 21 Juin 1785 & un du 22. Interrogatoires bien en forme, qui ont été lus aux Accufés, qu'ils ont fignés, & qui font également fignés du Juge?

Comment concilier un fait auffi important avec les confrontations des 19 & 20 Juin de la même année, & régulierement rédigées?

L'Auteur, toujours porté en faveur de fes cliens, femble ajouter plus de foi à leur témoignage, qu'à un acte de procédure revêtu de toutes les formes qui en conftatent l'authenticité. Pourquoi donc cette efpece de crédulité? C'eft pour avoir le droit de faire une réflexion digne de tout le Mémoire. *Alors je me fuis rappellé*, dit l'Auteur, *qu'il étoit bien difficile en effet que les Juges de Chaumont euffent pu avoir le tems, dans l'efpace de fept jours, d'inftruire une procédure fi volumineufe.*

Les Accufés conviennent cependant avoir fubi dans les prifons de Ramerupt un interrogatoire devant le Juge de Vinet. *Ibid.* Cet interrogatoire n'exifte pas. N'eft-il pas plus que vraifemblable qu'ils confondent cet interrogatoire avec celui du Bailliage de Chaumont ?

Eft-il un genre de calomnie plus dangereux ? Ce n'eft point en atteftant ce fait, qu'on cherche à prévenir contre des Officiers d'un Bailliage Royal ; c'eft en jettant du louche fur la régularité de leurs opérations. Le piege eft d'autant plus adroit, que c'eft la malignité publique qui tire la conféquence, & fe prévient contre des Officiers qui font à l'abri d'une inculpation aufli mal-adroite : la foi eft due à l'acte jufqu'à l'infcription de faux ; c'eft une reffource qu'on auroit pu préfenter aux trois condamnés pour anéantir toute cette procédure.

Suppofer un concert fecret, un complot infame pour perdre trois malheureux, n'eft - ce pas abufer du droit légitime de les défendre ? Car enfin quels feroient les auteurs de cette préméditation fi peu vraifemblable ? Ce feroient, fans doute, les Juges eux - mêmes que l'Auteur s'eft flatté d'en avoir convaincu, & contre lefquels il fe répand en déclamations injurieufes. En ferions-nous réduits à approfondir ce foupçon ? Cherchons la vérité dans le nuage même de la vraifemblance.

Accuferons-nous les Officiers de la Maréchauffée ? On a conftitué prifonniers des gens fufpects, des mendians, des gens que la clameur publique fembloit indiquer ; le Miniftere public rend plainte ; il oublie même de faire conftater les effractions pour faire juger la compétence ; la nature & la qualité du crime reftent incertaines. L'affaire eft renvoyée *devant les Juges qui en doivent connoître.* La Maréchauffée fe dépouille. Où trouver la trace d'un complot dans toute la marche de cette premiere inftruction ?

Accuferons - nous le Juge de la Juftice de Vinet ? Il n'a pas même pris connoiffance de l'affaire : ou fi la procédure a paffé fous fes yeux, il n'a pas voulu la continuer. IL a délaiffé les Açcufés & le procès au Bailliage de Chaumont, parce qu'il a prétendu qu'il s'agiſſoit d'un cas royal. S'il eût été d'intelligence avec les Thomaſſin, auroit-il abandonné une inſtruction qui lui étoit renvoyée, ſans qu'il eût réclamé les droits qui pouvoient lui appartenir comme Juge du lieu du délit ?

Si cette procédure eſt le fruit de la prévarication, il ne reſte plus à accuſer que les Officiers du Bailliage de Chaumont. Mais leur impartialité ne paroîtra jamais dans un plus grand jour que lorſqu'on examinera s'ils ſont véritablement coupables.

Comment ſuppoſer, en effet, que l'Aſſeſſeur & le Procureur du Roi du Bailliage ſe ſoient prêtés à condamner trois Accuſés, qu'ils n'avoient jamais vus, qu'ils ne connoiſſoient que par le crime dont ils étoient prévenus, & qui leur avoient été directement renvoyés par les premiers Juges ?

Comment croire que tout un Tribunal ſoit compoſé des complices ſecrets & des Miniſtres de l'animoſité des Thomaſſin ?

Comment ſe perſuader que ce Tribunal ſoit dévoué à l'injuſtice & à la partialité, lorſqu'on l'accuſe d'avoir mis tant de lenteur dans ſes opérations, qu'on diroit qu'oubliant ſon caractere, il a laiſſé languir les Accuſés dans les priſons, comme s'il étoit d'intelligence avec eux pour ne pas prononcer ſur l'accuſation ? Comment enfin concilier la rigueur du Jugement avec la négligence de l'inſtruction ? On lui reproche de n'avoir pas eu l'activité d'un Juge attentif ; & l'on veut qu'il ait eu toute la méchanceté d'un prévaricateur.

C'eſt ainſi qu'à force de perſonnalités & de ſuppoſitions, la calomnie éleve des nuages ſur l'intégrité des Juges qui ont toujours joui de la réputation la plus entiere. Mais ne ſommes-nous pas en ce moment aveuglés nous-mêmes, par l'excès de la confiance que notre Miniſtere doit avoir dans l'exactitude des Officiers qui adminiſtrent la Juſtice dans les Provinces ? Non, ſans doute : & l'Arrêt que vous avez rendu juſtifie au moins la conduite des premiers Juges.

Nous n'avons point la préfomption des grands Ecrivains du fiecle qui veulent que leur opinion foit une décifion infaillible. L'Auteur du Mémoire a pris le ton affirmatif de l'école. *Il eft dé-* Mém. p. 220.
montré, dit-il, *que tous les Habitans du Royaume peuvent plutôt s'identifier avec les trois voleurs inconnus, que les trois accufés.*

J'ai voulu les voir, les entendre, leur parler. Je les ai vus, je Page 224.
les ai entendus, je leur ai parlé, ILS SONT INNOCENS.

Nous n'entrerons point dans le détail pathétique de cette converfation durant laquelle l'Auteur, *qui n'a jamais été fi tranquille qu'avec ces trois affaffins....*, *à la lueur d'une lumiere qui vacilloit fur leurs vifages, cherchoit leur innocence fur leur front pâle, dans leurs traits amaigris, dans leurs yeux caves où brilloit un rayon d'efpé-rance, dans leur contenance & fous leurs lambeaux, & la trouvoit par-tout.*

Mais ne pouvons-nous pas à notre tour lui dire : Vos cliens ont été condamnés, vous ne voulez pas qu'on préfume qu'ils font coupables. Eh! pourquoi préfumez-vous que les Juges font des prévaricateurs? Quel intérêt avoient-ils de faire périr trois malheureux? quelle preuve rapportez-vous de leur iniquité? Il eft inconcevable qu'un Ecrivain qui montre tant de fenfibilité pour les cliens dont il a entrepris la défenfe, ne rougiffe pas de prêter tant de cruauté à ceux que l'Etat a chargés de la fonction dure, pénible, & néceffaire de prononcer fur le fort des coupables.

Il n'entre point dans la miffion dont la Cour a bien voulu nous honorer, de pefer les motifs du Jugement qu'elle a rendu. Accoutumé à refpecter fes décifions, notre Miniftere fe borne à les préparer, & quoique la Cenfure publique foit confiée à notre vigilance, nous ne nous permettrons pas de juger la Juftice elle-même. Les trois condamnés ne peuvent nous paroître innocens, puifque le premier Tribunal du Royaume les a déclarés coupables. L'état cruel d'incertitude où ils font depuis près d'une année, eft une mort qui fe renouvelle à chaque inftant. Nous ferions des vœux pour que la bonté de notre Augufte Monarque voulût *pré-*

férer miféricorde à juftice, en commuant la peine qu'ils ont méritée, fi les inftrućtions que notre Miniftere nous met à portée de recevoir tous les jours ne nous faifoient trembler pour l'avenir, parce qu'elles renferment de nouvelles preuves du délit dont ces trois malheureux font convaincus. La Juftice éternelle eft lente quelquefois, mais elle eft toujours inévitable ; tôt ou tard elle fait reconnoître l'iniquité, & appefantit fa vengeance fur le Cri-
-minel.

TROISIEME PARTIE.

Le Mémoire confidéré relativement aux injures prodiguées contre les Magiftrats, contre la Loi & contre les Légiflateurs.

APRÈS avoir écarté la foule de Nullités qu'on a réunies, ou plutôt imaginées, pour cenfurer une Procédure véritablement légale, malgré les imperfećtions & les irrégularités qu'elle peut renfermer; nous allons en ce moment nous livrer à une difcuffion beaucoup plus intéreffante. C'eft la juftificatioſ du Droit public de la France, fi la Loi a befoin d'être juftifiée. La prudence de notre Légiflation, en matiere criminelle, doit former le complément du compte que la Cour attend de notre Miniftere.

Dans la divifion de notre plan nous avons annoncé que nous examinerions dans cette troifieme Partie les reproches honteux accumulés contre nos Ordonnances, & contre la Magiftrature gardienne & dépofitaire des Loix.

Les Légiflateurs & les Loix fixeront d'abord notre attention. Nous nous expliquerons enfuite fur les injures groffieres, prodiguées aux Magiftrats, pour prouver l'innocence des trois condamnés.

Avant de nous occuper de notre Légiflation, nous ne pouvons nous difpenfer de jetter un coup d'œil fur les Loix en général, fur les différens fyftêmes de Loi qui ont exifté ou qui exiftent encore aujourd'hui : & en faifant le parallele de l'efprit des unes & des autres, on fera en état de décider quelle eft la Légiflation qui, au jugement d'un homme impartial, doit mériter la préférence.

L'homme

L'homme a reçu du Ciel la raison en partage. Mais ce guide éclairé ne suffit pas pour le conduire. Les principes innés de la Loi naturelle se font bientôt effacés de sa mémoire ; il a fallu créer des Loix pour enchaîner les méchans, & ces Loix ont été un nouveau bienfait de la Divinité.

Soumis aux conventions de l'ordre social, l'homme se ressouvient toujours qu'il est né libre ; tous ses efforts tendent à brifer les chaînes que la néceffité lui a fait adopter. Une grande partie des humains afpirent à l'indépendance : & le plus grand malheur de l'humanité est de confondre fans cesse l'indépendance & la liberté.

La liberté confifte dans l'exercice libre que chaque Citoyen peut faire de fa volonté, conformément à la difpofition de la Loi, qui gêne & contrarie cette volonté dans tous les cas où le bien général a exigé le facrifice d'une portion de la liberté naturelle. On est libre en faifant tout ce que la Loi permet. On croit fe rendre indépendant en fe permettant tout ce qui est défendu par la Loi : & l'on ne fait pas attention qu'en faifant tout ce que la Loi interdit, il n'y a plus de liberté réelle, parce que les autres hommes auroient le même privilege & le même pouvoir.

La Loi est donc la regle des actions des hommes réunis fous un même Gouvernement : & l'ufage plein & entier de la liberté naturelle, lorfqu'elle fe trouve en oppofition avec la défenfe prononcée par la Loi, est une licence, devient un abus, & quelquefois un crime. L'intérêt de tous les Citoyens, la tranquillité commune, la fûreté publique, ont exigé que la violation de la Loi fût promptement réprimée & févérement punie, fuivant la nature, l'importance & la gravité de l'infraction.

La mefure de la liberté dépend donc des regles établies par la conftitution politique des différens Empires ; la forme de cette conftitution légale garantit à chaque Particulier fa fûreté perfonnelle.

Les accufations publiques ou privées font une atteinte portée à la fûreté de celui qu'on accuſe, par le danger où il eſt expoſé de perdre ſa liberté, & on peut en conclure avec un Ecrivain profond, que *la liberté civile dépend principalement de la perfection des Loix criminelles.*

Chaque Peuple s'eſt formé un corps de Légiſlation appropriée à ſa maniere d'être & de penſer. Delà les biſarreries qui ſe trouvent dans les Loix des différens Peuples. Solon interrogé ſur le Code qu'il venoit de donner aux Athéniens, répondit: *qu'il ne leur avoit pas donné les meilleures Loix poſſibles, mais les plus conformes à leurs eſprits & à leurs caracteres.* Les mœurs peſent ſur les Loix : les Loix entretiennent les mœurs, & conſervent l'eſprit national.

La raiſon politique qui a dicté la Loi, influe également ſur la forme de procéder pour parvenir à la conviction d'un coupable. Chaque Peuple a toujours eu une forme particuliere pour intenter, inſtruire & juger les accuſations. Elle ne peut pas être la même dans un Etat populaire, & dans une Monarchie. La forme des Jugemens ne peut dépendre que de la Puiſſance légiſlative ou de la Puiſſance exécutrice, & ſouvent de ces deux Puiſſances réunies.

Dans les Républiques de la Grèce, & dans la République Romaine, tout Citoyen avoit droit d'accuſer un autre Citoyen. L'accuſation étoit publique : mais auſſi tout Citoyen avoit droit de prendre la défenſe d'un Citoyen accuſé. Cette liberté indéfinie tiroit ſa ſource de l'eſprit du Gouvernement. Tout Romain ſe croyoit obligé de veiller à la ſûreté publique : & tout Romain ſe croyoit obligé de défendre le dernier des Citoyens. Cette balance entretenoit l'harmonie, & maintenoit les droits du Peuple.

Indépendamment de cette raiſon politique, il en eſt une autre plus ſenſible. Elle dérive de la nature même de l'accuſation & de la défenſe, des vûes qui pouvoient faire entreprendre l'une ou l'autre, & des effets qui devoient en réſulter.

Celui qui faiſoit le rôle d'Accuſateur, intéreſſé ou non à pourſuivre la vindicte publique, pouvoit avoir des motifs ſecrets d'intenter l'accufation. De même celui qui fe chargeoit de prouver l'innocence, pouvoit avoir intérêt de juftifier l'Accufé. Le Défenfeur devoit donc jouir du même privilege que l'Accufateur. Auffi l'accufation & la défenfe marchoient d'un pas égal ; & la preuve de l'innocence fe faifoit en même temps que celle du crime.

Le concours des deux preuves avoit fon avantage & fon utilité. Ce genre d'inftruction devoit être admis chez un Peuple qui conferva long-temps l'auftérité de fes mœurs. D'ailleurs la préfomption eft toujours en faveur de l'innocence : & il y auroit un danger évident de fouffrir que l'Accufateur, engagé en quelque forte à faire trouver un Accufé coupable, eût l'avantage de completter fa preuve, tandis que l'Accufé eût été contraint de garder un filence rigoureux. L'auftere équité de ce Peuple vraiment Citoyen, exigeoit au moins le plus parfait équilibre pendant l'inftruction, parce que l'Accufateur & l'Accufé avoient également droit de réclamer les fecours & l'autorité de la Loi. Mais ce qu'il ne faut jamais perdre de vue, c'eft que le Peuple Romain étoit feul Juge d'un Citoyen Romain : que toujours oppofé au Sénat, il lui difputoit la Puiffance Légiflative, parce qu'il étoit jaloux de fa liberté, & ne lui conteftoit point la Puiffance exécutrice, parce qu'il étoit jaloux de la gloire du nom Romain. Il abandonnoit au Sénat le droit de faire la guerre ou la paix, & ne fe réfervoit que le droit de confirmer les actes du Sénat & des Généraux. « Les Confuls ne pouvoient pas prononcer de » peine capitale contre un Citoyen Romain (1), & la Loi Porcia » avoit de même défendu de mettre à mort un Citoyen ». Il n'eft donc pas étonnant que ce Peuple, qui oublioit rarement qu'il étoit Légiflateur, fe fût attribué le droit de juger, le droit de punir ou de faire grace. L'accufation, la défenfe, la condamnation, tout étoit public, parce que la caufe d'un Citoyen étoit

---

(1) De capite civis Romani injuffu Populi non erat permiffum jus dicere. *Pompon, L. 3,* §. 16, *ff. de Orig. Juris.*

celle de tout le Peuple, & le Peuple vouloit être Juge dans sa propre cause : il devenoit le Juge des Sénateurs eux-mêmes ; & cette forme, précieuse dans une République, n'avoit été introduite qu'en faveur des Assemblées Populaires, & pour favoriser l'égalité Républicaine.

Ce droit antique s'est encore conservé sous les premiers Césars : avec le titre modeste, mais perpétuel, des Magistratures anciennes, ils accoutumerent insensiblement le Peuple au joug de leur autorité. Les Empereurs s'arrogerent bientôt le droit de vie & de mort sur un Peuple dégénéré ; & la liberté disparut.

L'usage néanmoins de la double instruction n'a point été enseveli sous les débris de la République Romaine. Il subsiste encore aujourd'hui dans les Tribunaux de l'Angleterre ; c'est une des Loix de la constitution nationale ; tous les Accusés y sont jugés publiquement, & par leurs Pairs. Cette forme y est entretenue par son analogie avec la constitution d'un Etat où la Nation jouit de la Puissance législative, inspecte le Ministere par ses Représentans, veille sur l'Administration, s'oppose à ses projets, délibere sur les impôts, dispose des fonds publics, en un mot partage l'autorité, & reconnoît les droits du Souverain, lors même qu'elle lui conteste l'étendue de la Prérogative Royale.

Dans les crimes ordinaires les Juges écoutent l'Accusateur ; l'Accusé fait présenter ses moyens de défense ; les témoins sont entendus, reprochés, confrontés publiquement ; & pendant toute l'instruction, l'Accusé est libre en donnant caution de sa personne. Les Jurés décident, mais ne décident que la question de fait. La Loi seule inflige la peine ; le Juge n'est que l'organe qui prononce les paroles de la Loi, sans pouvoir en modérer la force ou la rigueur, sans pouvoir en expliquer la lettre ou en interpréter l'esprit.

Dans les crimes d'Etat au contraire, quoique la forme soit la même, la Chambre des Communes, composée des Représentans de la Nation, est en même tems accusatrice & Juge, parce que les droits de la Nation font attaqués. C'eſt la Nation qui prononce par la bouche de ſes Repréſentans , parce qu'elle ſeule peut ſe plaindre , & elle ſeule peut venger ſon injure.

Les Loix Britanniques portent l'empreinte du génie & des mœurs des Peuples qui les ont établies. La légéreté ou l'inquiétude de quelques eſprits voudroit naturaliſer parmi nous cette forme de procéder. Les Anglomanes François connoiſſent-ils bien cette Légiſlation dont ils ſe déclarent les admirateurs ? Quel eſt celui d'entre eux qui ne craindroit pas d'être abandonné à la diſcrétion de douze Juges connus ſous le nom de *Jurés* , qui n'ont d'autre façon de donner leur opinion que ces mots , *Coupable* , ou *Non coupable* , ſi c'eſt un ſimple Citoyen : *Sur mon honneur il eſt innocent* , ou *Sur mon honneur il eſt coupable* , ſi c'eſt un Pair du Royaume.

Encore ces Juges , choiſis dans chaque claſſe de Citoyens relativement à l'état ou à la profeſſion de l'Accuſé , reſtent-ils enfermés , ſans pouvoir ſortir , juſqu'à ce qu'ils ſoient d'un avis unanime ; eſpece de Conclave , où celui que la nature a doué de la plus forte complexion , peut obliger par beſoin ſes co-aſſociés à revenir à ſon opinion ſur l'innocence ou la conviction de l'Accuſé ; enſorte qu'un ſeul Juré peut faire la deſtinée du coupable ou de l'innocent.

Légiſlation ſinguliere ! mais appropriée aux goûts d'un Peuple eſclave de ſon amour pour la liberté , & qui aime mieux tolérer quelques abus , ſacrifier une portion de la ſûreté publique , & enhardir le crime par l'eſpoir de l'impunité , que de renoncer à l'eſprit d'indépendance , qu'il fomente pour entretenir une force égale dans toutes les parties du Gouvernement.

Quelque ſoit le genre d'inſtruction dans une affaire criminelle , la forme en eſt aſſez indifférente , pourvu qu'elle ſoit connue & toujours invariable , pourvu que la force des preuves ne puiſſe être altérée , ni les moyens de défenſe enlevés aux Accuſés , pourvu enfin que celui qui fait l'inſtruction ait une marche tracée par la Loi, dont il ne lui foit pas permis de s'écarter.

Vous venez de voir que, dans les Etats Populaires ou Sémi-Populaires, l'accufation, la défenfe & le Jugement fe faifoient publiquement, parce que c'étoit le Peuple qui prononçoit entre l'Accufateur & l'Accufé, également intéreffés à l'événement.

Il n'en eft pas de même dans la conftitution de notre Monarchie. Les Capitulaires de Charlemagne, peuvent faire foupçonner qu'on a fuivi quelquefois les formes qui avoient été en ufage devant le Magiftrat Romain ; mais ce point de fait n'eft pas affez établi pour en faire même la matiere d'un problême. Dans ce dépôt de l'efprit & du Gouvernement National , on trouve les regles de l'honneur mêlées avec les principes de la Religion, les droits d'un Conquérant étendus fur les Peuples conquis, la volonté du Souverain confacrée par le confentement unanime de fes Sujets , & la Jurifprudence Romaine accommodée aux préjugés du fiecle ; monument de la grandeur d'un Prince qui réunit fous fa domination prefque tout le Continent de l'Europe , & dont le vafte Empire fubfifteroit encore aujourd'hui, fi Louis le Débonnaire n'avoit pas eu la foibleffe de le divifer.

Ce partage fut la fource de bien des maux. Chaque Souverain voulut fe former un Code particulier. La légiflation perd fon autorité, quand une fois le principe en eft altéré. Les Loix de Charlemagne furent négligées fous le regne de la féodalité , qui fit renaître celles de Théodoric & de Gondebaud, Loix pécuniaires, où tous les crimes, jufqu'au meurtre , font évalués à une fomme d'argent, Recueil qui ne contient que le *tableau de la violence des Barbares, le tarif des peines, ou plutôt l'abonnement de l'impunité.*

A ces loix informes , a fuccédé la Loi plus abfurde encore du combat judiciaire : le fort de l'accufation dépendit alors de la force & de l'adreffe des combattans, Etrange aveuglement de l'efprit humain, qui croyoit que la Toute-Puiffance célefte devoit intervenir pour faire triompher la vérité. C'eft dans ce prétendu Jugement du Ciel qu'il faut chercher l'origine de ce point d'honneur redoutable, toujours ſubſiſtant malgré l'expérience, & la plus longue expérience, qui démontre que l'incertitude de l'événement eſt égale des deux côtés.

La force du préjugé ſuffit-elle donc pour juſtifier un homicide volontaire, ſur-tout quand celui qui demande une réparation ſanglante, peut être, comme il eſt ſouvent, la victime de ſon reſſentiment?

Louis IX abolit le combat judiciaire dans ſes Domaines. L'abolition de cet uſage barbare, la ſuppreſſion de l'uſage, plus inſenſé encore, des épreuves par l'eau & par le feu, ont rétabli le cours ordinaire de la Juſtice. On vit paroître les ETABLISSEMENS de S. Louis, Code dicté par la raiſon, heureux moyen que la ſageſſe de ce Prince religieux employa pour préparer la renaiſſance du Droit Public. L'eſprit humain parut ſortir d'une longue léthargie; on ſe hâta, non pas de revenir aux formes uſitées chez les Romains, mais à leurs Loix, *à ces Loix immortelles, qui ne préſentent* M. d'Agueſſ. *pas tant le Droit particulier d'un Empire, que le Droit général des Nations.* La Loi des Lombards fut abolie: ſans être abrogée, elle tomba d'elle-même, & fut abandonnée juſque dans le territoire où elle avoit pris naiſſance.

La France connut alors une légiſlation plus conforme à la Juſtice; mais en s'élevant au-deſſus des idées populaires, on conſerva toujours quelques teintes des antiques préjugés : & ce n'eſt que dans la ſucceſſion des âges, que nos Loix ſont en quelque ſorte parvenues au degré de perfection dont la légiſlation humaine eſt ſuſceptible.

Ce n'eſt point aſſez de faire l'éloge de nos Loix, il faut encore en démontrer la ſageſſe. Quand la Puiſſance légiſlative eſt entre les mains du Peuple, la déciſion de la Loi & la forme des Jugemens ont une analogie indiſpenſable avec la nature du Gouvernement populaire. Tout eſt public, parce que le Peuple ſeul eſt Juge ſouverain.

Il en eſt de même dans le Gouvernement d'un Monarque ; la Loi participe du caractere de la Monarchie. Le Roi ſeul eſt Légiſlateur en France. Rendre la juſtice eſt le premier devoir d'un Souverain, & les Edits de nos Rois reglent la maniere dont elle doit être adminiſtrée. Les Ordonnances rendues, ſoit du propre mouvement du Prince, ſoit ſur les demandes des Etats aſſemblés, ſont les Loix générales du Royaume. Elles reçoivent leur exécution auſſi-tôt après qu'elles ont été vérifiées & publiées ; elles ſubſiſtent tant qu'elles ne ſont pas révoquées ; elles ne peuvent l'être que de la même maniere qu'elles ont été établies ; & la ſource dont elles ſont émanées leur aſſure la prééminence ſur toutes les Loix, même du Peuple Romain, ſi ce n'eſt en pays de Droit écrit pour la portion qui en a été admiſe comme Loi territoriale.

Le premier objet du Légiſlateur eſt toujours le bonheur & la tranquillité de ſes Sujets. La ſévérité des châtimens que la Loi prononce, eſt moins la juſte punition du coupable, qu'une ſage précaution pour prévenir le crime, & une expectative de mort ou d'infamie annoncée à tous les ſcélérats qui oſeroient troubler l'ordre public.

La Puiſſance, en quelque main qu'elle réſide, ne peut arrêter les déſordres ſans ceſſe renaiſſans, que par la terreur d'un ſup-plice proportionné à la grandeur des délits, ou à la facilité de les commettre. La fixation des peines, la forme de l'inſtruction, la nature des preuves, la longueur des délais, la compétence des Tribunaux, le nombre des Juges, le degré d'autorité qui leur eſt confié, tous ces acceſſoires, objets eſſentiels de la Loi, ont exigé ſans doute une lente & mûre délibération. Le génie, le caractere, les mœurs de la Nation, ſes goûts & ſes habitudes, ont pu, & ont dû même influer ſur la douceur & la rigidité de la Loi. C'eſt au Légiſlateur à balancer ces grands intérêts ; mais auſſi-tôt que la Loi eſt publiée, auſſi-tôt qu'elle a reçu ſa ſanction, elle eſt à l'abri du reproche d'injuſtice & d'inhumanité ; rien ne

doit

doit en suspendre l'exécution. Le mépris des Loix a toujours été le signal de la décadence des Empires.

Le Magistrat, Ministre des volontés de la Loi, doit le premier l'exemple de la soumission ; le respect qu'il lui porte en affermit l'autorité. S'il s'écarte des regles qui lui sont imposées, cet acte d'indépendance, cet esprit de révolte devient un des plus grands fléaux de la société. L'harmonie ne subsiste que par la réaction continuelle de la Justice sur le malfaiteur que la loi intimide, & du malfaiteur sur la Loi, dont il reconnoît la présence & la nécessité.

Avilir la Loi aux yeux des Peuples, c'est les encourager à enfreindre ses dispositions ; répandre le soupçon & la calomnie sur les Magistrats, c'est altérer cette confiance générale, qui est le principe de l'ordre & de la sécurité publique ; injurier la Loi & ses Ministres, c'est outrager le Législateur lui-même.

Une législation fixe & invariable, fondée sur les mêmes principes, animée du même esprit, dont enfin toutes les parties tendantes au même but, puissent par un effort commun se soutenir & se défendre, voilà le caractere essentiel d'un Gouvernement sage. La prudence humaine, il est vrai, ne peut pas tout prévoir. L'expérience indique des changemens utiles ; les abus même nécessitent de nouveaux Réglemens ; les circonstances les font naître ; l'usage fait connoître ce qu'il faut resserrer & ce qu'il faut étendre ; & la sagesse d'accord avec l'humanité adopte ces retranchemens & ces extensions. Mais cette juste réforme ne change rien à l'esprit général de la Loi. Il est toujours le même ; & les nouvelles décisions, incorporées à l'ancien système, en assurent de plus en plus la permanence & la stabilité.

Le Législateur a toujours un motif dans l'établissement de ses Loix : ce motif caché ou apparent est la base de tout l'édifice. Détruire ce principe, c'est anéantir toutes les distributions du bâtiment ; il faut un édifice nouveau. Il est impossible de faire un tout de parties qui ne se rapportent pas entr'elles.

E e

Que penfer d'un Ingénieur qui croiroit une Ville frontiere dans le meilleur état de défenfe poffible , après la fuppreffion des ouvrages avancés , & qui pour mettre le corps de la Place à l'abri de toutes furprifes, propoferoit d'abattre fes remparts ?

Que penfer d'un Architecte qui veut renverfer un Palais majeftueux, dont l'enfemble bien régulier annonce la jufteffe des proportions , & dont la folidité garantit la fûreté de tous ceux qui l'habitent, pour élever, fur les débris de ce grand monument, un Edifice léger, facile à s'embrâfer, ouvert de tous côtés, & dont rien ne défend les approches aux entreprifes des brigands ?

Voilà cependant l'image du fyftême qu'on propofe.

La Ville fortifiée dont on veut détruire l'enceinte , c'eft la Société ; les Loix font les remparts des Citoyens ; le Palais, c'eft le Temple de la Juftice.

Ofera-t-on nier qu'il eft de la prudence de maintenir un Code de Légiflation, quand il exifte depuis plufieurs fiecles, précifément parce qu'il exifte ? On connoît les inconvéniens de la Légiflation qui eft en vigueur ; on ne connoîtra que par l'expérience les inconvéniens de la Légiflation qu'on y voudra fubftituer , fur-tout quand on veut partir d'un principe abfolument oppofé au principe des Loix anciennes. Un changement prompt & inopiné peut ébranler la conftitution politique , & une Loi nouvelle a quelquefois été le principe d'une révolution.

Ces Maximes ne font point celles de l'Auteur du Mémoire. Il femble vouloir prémunir la fageffe de notre augufte Souverain contre la fageffe de fes auguftes Prédéceffeurs. *Ne croyez point,* Mém.p. 243. *SIRE ,* dit cet enthoufiafte de la réformation, *ceux qui vous diront qu'il faut maintenir des Loix qui ont des fiecles. La raifon & l'humanité font éternelles.* Mais ne s'agit-il pas de fçavoir fi nos Légiflateurs ont confulté l'humanité & la raifon ?

Mém. p. 245. Nous conviendrons avec l'Auteur que *les Loix font faites pour les hommes,* c'eft-à-dire pour gouverner les hommes , &

garantir leurs perſonnes & leurs propriétés ; nous ajouterons que les hommes ſont faits pour obéir aux Loix & les reſpeĉter : qu'un particulier, qui ſe permet d'en faire une cenſure injurieuſe, en ôtant le motif du reſpeĉt, ôte également le motif de l'obéiſ-ſance : c'eſt une eſpece de cri ſéditieux, de dire à la Nation qu'elle eſt gouvernée par des Loix injuſtes, barbares, inhumaines ; & quelle affreuſe fermentation ne peut-il pas réſulter de cette propo-ſition atroce, *que rien ne peut déshonorer davantage nos Loix, que cette rouille de la barbarie qui les couvre, ou le ſang des innocens dont elles dégoûtent.* Mém. p. 245?

« Faut-il, s'écrioit M. d'Agueſſeau, faut-il que chacun, s'é-» rigeant en Légiſlateur, accuſe témérairement la Loi d'injuſtice, » les Juges d'ignorance, & le Miniſtere public d'un excès de » ſévérité ? » Cette exclamation d'un Magiſtrat ſi modéré, ne ſommes-nous pas en droit de la renouveller, nous ſes ſucceſſeurs, nourris des mêmes principes, & deſtinés à les tranſmettre à ceux qui doivent nous remplacer ? Mais eût-il gardé cette ſage modé-ration, en liſant que *l'Ordonnance criminelle, originaire de l'In-quiſition & des Tribunaux de Tibere, puiſée dans une Loi tyran-nique.... rédigée avec tant de précipitation, de négligence & d'au-torité... accuſée par* lui-même *.... n'eſt plus défendue que par le nom de Louis XIV.* M. d'Agueſ. Tome IV, p. 434.

Mém. p. 234 & 235.

De quelle juſte indignation n'eût-il pas été ſaiſi à la vue de cet autre paſſage encore plus incroyable ?

Quoi donc ! les pauvres, les miſérables, &, comme dit l'orgueil, la lie de la Nation, vingt millions d'hommes, ſeroient-ils réduits à l'avenir, à n'apprendre qu'ils ont un Roi que par les vexations des Traitans, des Magiſtrats qu'à la vue des échafauds, & un Dieu qu'après leur mort. Page 236?

Que de crimes réunis dans un ſi petit nombre de mots ! Un Roi qui n'eſt connu *que par les vexations des Traitans.* Eſt-il un blaſphême plus horrible contre la Majeſté Royale ? Des Magiſtrats qu'on ne connoît *qu'à la vue des échafauds.* Eſt-il un outrage plus cruel contre les Miniſtres de la Loi ? Mais quelle impiété de préſenter les Peuples, *vingt millions d'hommes*, comme réduits à n'apprendre qu'ils ont *un Dieu qu'après leur mort*. Voilà le fruit de la liberté de tout Ecrivain ; mais il faut convenir auſſi que c'eſt le délire de la liberté.

C'eſt avec de pareilles images qu'on eſſaie de donner une commotion générale ; c'eſt avec des traits auſſi hardis qu'on parvient à ſoulever la multitude. Ce genre de ſéduction eſt tout l'art des Réformateurs politiques. Il n'eſt pas un d'entre eux qui ne ſe donne à lui-même ſa miſſion : il reçoit ſes titres de ſon propre génie. Dans le feu de la compoſition les objets ſe groſſiſſent à ſes yeux éblouis ; ſon imagination lui crée des phantômes pour les combattre. Dans la ſolitude de ſa retraite, il voit à ſes côtés l'Humanité tremblante qui lui tend les bras, la Patrie échevelée qui lui montre ſes plaies, la Nation entiere qui emprunte ſa voix, & lui ordonne de parler en ſon nom.

Eh bien ! écoutons les gémiſſemens de la Patrie ; répondons aux demandes de la Nation ; allons au ſecours de l'Humanité.

On attaque le corps de la Légiſlation Françoiſe, on veut une réformation. La raiſon la plus apparente eſt d'adoucir, de tempérer les rigueurs de la Loi. Les changemens qu'on propoſe ſont ordinairement revêtus de prétextes plauſibles, & appuyés ſur les motifs les plus favorables. Il eſt rare qu'on attaque ouvertement les diſpoſitions fondamentales de la Loi. On ne laiſſe d'abord entrevoir ſes deſſeins qu'avec timidité & circonſpection ; mais bientôt on ne craint point de ſecouer le joug, & après avoir uſé d'une ſorte de ménagement, on accuſe d'inhumanité la prévoyance de la Loi, & ſa ſévérité de barbarie.

On n'a pas même uſé de cet artifice dans le Mémoire prétendu JUSTIFICATIF. De quoi y eſt-il queſtion ? De prouver que trois malheureux condamnés *ſont innocens*. Le but eſt de faire anéantir le Jugement par les vices imputés à la procédure, ou d'obtenir leur grace, en faiſant entrevoir leur innocence.

Quel moyen a-t-on employé ? On dit au Roi, les Juges ont prévariqué ; la procédure eſt nulle ; la condamnation eſt injuſte. Ces motifs étoient ſans doute ſuffiſans pour avertir la juſtice d'un Souverain, attentif au bonheur de ſes Sujets. Mais comme ſi on vouloit faire violence à la bonté du Monarque, on ajoute : *les Loix ſont contraires à la Loi naturelle, à la Loi de Dieu méme, qui eſt le premier Légiſlateur.*

Les Magiſtrats adoptent des Maximes homicides, érigent la dureté en ſyſtéme ; & la voix des Criminaliſtes menace . . . . l'innocence, le malheur, & le Peuple dans toute l'étendue du Royaume.

. Le croiroit-on ? la réunion de tant d'injures a pour unique fondement le ſecret avec lequel toutes les procédures s'inſtruiſent dans les Tribunaux. Ce ſilence, dit-on, eſt inſultant pour la Nation ; & dans une Brochure anonyme, jettée dans le Public, pour juſtifier le *Mémoire* prétendu *juſtificatif,* on s'eſt permis de faire enviſager ce ſilence comme « l'équivalent de la Loi an-» ciennement établie en Corſe, où le Gouverneur Gênois faiſoit » tuer un homme EX.INFORMATA CONSCIENTIA. » Et l'uſage des Cours d'inſérer dans leurs Arrêts, *pour les cas réſultans du procès, couvre le deſſein coupable de ſe réſerver le droit de rompre, ou de garder le ſilence, ſuivant des motifs particuliers.*

L'Auteur du *Mémoire* prétendu *juſtificatif* eſt au moins plus modeſte ; il ne ſuppoſe point aux Magiſtrats des deſſeins pervers, des motifs honteux, une prévarication combinée. Il attribue le ſecret de la procédure au Chancelier Poyet. Dans ſon Ordonnance, il n'a ſongé qu'à trouver des coupables, qu'à trouver des preuves, qu'à trouver des témoins. La ſeule choſe dont il ne ſe ſoit pas occupé, c'eſt de trouver des innocens.

Il faut donc détromper l'Auteur, & lui démontrer, par la ſucceſſion des Loix du Royaume, que cette Loi exiſtoit depuis long-temps avant l'infortuné Poyet, & qu'elle étoit en uſage au moins depuis le regne de Louis IX.

Mém. p. 115.

Réflex. infrà.

Mém. p. 233.

Réflexions d'un Citoyen non gradué.

Nous avons fait voir que l'abolition du combat judiciaire avoit néceffité une nouvelle forme de procédure. L'inftitution d'un Accufateur public écartoit tous les foupçons de haine, de vengeance, & de fraude, qui accompagnoient les accufations publiques. Le Procureur Général du Roi, par lui ou par fes Subftituts, étoit feul chargé de cet important miniftere. Et l'Ordonnance de Philippe VI, de 1334, nous apprend qu'on ne pouvoit informer qu'à fa requête, & fouvent avec des Lettres émanées du grand fceau. La procédure ne pouvoit plus être publique, puifque le Roi lui-même fe chargeoit de la pourfuite des criminels par le miniftere de fon Procureur Général : & c'eft cet établiffement qui eft la véritable caufe du fecret tant reproché dans la forme de notre inftruction criminelle. Quelle eft néanmoins la raifon qui fait que la procédure eft abfolument ignorée jufqu'au moment du décret? C'eft qu'il n'y a que le décret qui conftitue l'Accufé, à moins que le délinquant n'ait été furpris en flagrant délit. Mais indépendamment de ce premier motif, il en eft un bien plus précieux, & qui tourne également à l'avantage de l'innocence & du coupable. Nous aurions de la peine à le trouver dans les monumens des premiers Rois de la troifieme Race. A peine en eft-il échappé quelques-uns à l'injure des temps. Mais Louis XII, LE PERE DU PEUPLE, nous l'apprendra dans fon Ordonnance donnée à Blois en 1498.

Dans les tems de la plus haute antiquité, les Accufés connoiffoient par l'information publique, & le crime qu'on leur imputoit, & les Témoins qui pouvoient dépofer contr'eux. Cette publicité laiffoit néceffairement une porte ouverte à la fraude, & la fubornation étoit d'autant plus facile, que l'Accufé avoit droit de faire entendre des Témoins pour fa juftification.

Ce font ces machinations, ces complots concertés dans les ténebres, & toujours trop tard reconnus, fouvent impoffibles à pénétrer, que les Loix ont cherché à prévenir dans le principe.

Par nos anciennes Ordonnances, & par les Stiles Criminels

les plus antiques, on reconnoît que les procédures s'inſtruiſoient dans l'intérieur des premieres Juriſdictions ; qu'elles étoient apportées au Greffe de la Cour par un Officier prépoſé à cet emploi, & qui étoit chargé en même tems de la conduite des *crimineux*.

Charles VII ordonna que :

« Les Priſonniers feroient amenés tout droit ès priſons du Parlement, » ſans pouvoir arrêter en aucun endroit, à peine par l'Exécuteur qui les » menera, (c'eſt le nom qu'on donnoit à l'Officier chargé de la conduite) » à peine de perdition d'Office & d'amende arbitraire ».

Ordonnance donnée à Montils-lez-Tours, Avril 1443. Article 30. V. Rec. de Néron.

L'Article ſuivant ajoute :

« Incontinent que ledit Crimineux ſera mis ès priſons de notredite Cour, » ceux qui l'auront amené mettront pardevers icelle notredite Cour, les » informations, confeſſions, charges & procès touchant la matiere d'icelui » Crimineux ou Priſonnier, &c. ».

Art. 31, *idem.*

Et par une derniere diſpoſition, il eſt

« Défendu de laiſſer parler à aucune perſonne icelui Priſonnier, ſans une » ordonnance expreſſe de la Cour, à peine par le Geolier d'en être griéve- » ment puni ».

Article 32.

Il étoit donc d'uſage d'apporter les pieces de la procédure au Greffe de la Cour. Le conducteur des Accuſés ne pouvoit les laiſſer voir à perſonne pendant la route, & le priſonnier ne pouvoit communiquer avec qui que ce fût ſans un ordre ſpécial de la Cour. C'eſt dans cette forme, très-ancienne à cette époque, qu'il faut chercher l'origine du ſecret.

La procédure ne pouvoit reſter toujours couverte d'un voile impénétrable ; elle ceſſoit d'être ſecrette au moment de la confrontation.

Le Juge alors ordonnoit, par un même Jugement, que les Témoins produits par l'Accuſateur feroient récolés & confrontés, & en même tems que l'Accuſé nommeroit les Témoins par leſquels il entendoit juſtifier ſon innocence.

C'eſt la diſpoſition de l'Ordonnance donnée à Blois en 1498 par Louis XII, que nous avons déja annoncée.

Que porte cette Ordonnance ?

Ordonnance de Louis XII, à Blois, Avril 1498, art. 107.
Recueil de Néron.

« Incontinent feront montrées les informations & confeſſions des Ajour-
» nés, arrêtés & empriſonnés, à nos Procureur & Avocat, pour requérir
» ce qu'ils verront être à requérir pour le bien de Juſtice ou notre intérêt,
» ſans que rien en ſoit montré ou communiqué aux Parties ».

Voilà déja le ſecret impoſé ſur l'information & ſur l'interrogatoire. Cette Loi ne ſe contente pas de cette premiere diſpoſition, elle va plus loin encore.

Article 110.

« Quant aux Priſonniers ou autres accuſés de crime auxquels il faudra
» faire procès criminel, ledit procès ſe fera le plus diligemment & ſecrete-
» ment que faire ſe pourra, en maniere qu'aucun n'en ſoit averti pour
» éviter les ſubornations & forgemens qui pourroient ſe faire en telle
» matiere ».

Et l'Article ſuivant détermine le moment où l'Accuſé aura
connoiſſance de la procédure, ſans lui donner encore une véritable publicité.

Article 111.

« Se feront toutes les diligences néceſſaires, de plus amples informations,
» récolemens & confrontation de témoins, ou pour la vérification de l'*alibi*
» ou autre fait juſtificatif, ſi aucun y en a recevable, pour ou contre le Pri-
» ſonnier, le plus diligemment & ſecretement que faire ſe pourra, en
» maniere que aucun n'en ſoit averti ».

Il n'y a pas d'apparence que cette Loi fût une Loi nouvelle ;
mais elle atteſte au moins quelle étoit la forme de procéder en
matiere criminelle ſous le regne de Louis XII. La procédure
reſtoit inconnue aux Accuſés, juſqu'au moment de la confrontation ; & auſſitôt après la confrontation, on admettoit la preuve
des faits juſtificatifs, *ſi aucun étoit recevable.*

Cette Ordonnance eſt la plus ancienne des Loix connues qui
ſe ſoient directement expliquées ſur le ſecret de la procédure.
Celles qui précédent le font préſumer.

Elle

Elle ordonne d'abord que le Miniftere public prendra communication des informations & confeffions des Accufés, fans que rien en foit communiqué aux Parties : ce qui fuppofe qu'il y a un Accufateur autre que le Procureur Général. Ni le plaignant, ni l'Accufé ne doivent avoir connoiffance de la procédure, même en matiere légere.

Elle ordonne, en fecond lieu, qu'à l'égard des Accufés de crime, le Procès leur fera fait *le plus diligemment & fecretement que faire fe pourra, en maniere qu'aucun n'en foit averti, pour éviter les fubornations & forgemens qui pourroient fe faire en telle matiere.*

Le motif de la Loi a donc été de prévenir la fubornation, fi facile dans une procédure publique ; ce fecret eft impofé, autant pour empêcher l'innocence d'être inculpée par les complots des Accufateurs, que pour empêcher les coupables de fe fouftraire à la punition par la dépofition de Témoins affidés. Et l'on nous dira que nos Loix ne fe font occupées que de punir les criminels, & qu'elles n'ont jamais fongé qu'un Accufé pouvoit être innocent !

Enfin l'Ordonnance prefcrit, en troifieme lieu, que les récolemens & les confrontations, même la vérification de l'*alibi* ou autre fait, s'il y en a de recevable pour ou contre le prifonnier, fe feront *le plus fecretement que faire fe pourra, en maniere qu'aucun n'en foit averti.* Cette Ordonnance eft plus rigoureufe que toutes celles qui ont fuivi ; car il en réfulte que c'étoit le Juge qui, d'office, admettoit les faits juftificatifs, fans même que l'Accufé en fût averti. Voyons à préfent à qui cette Ordonnance peut être attribuée. Quel étoit le Chancelier de Louis XII à cette époque ? C'étoit Guy de Rochefort, nommé le 9 Juillet 1497, & mort le 31 Janvier 1507. Pierre Guefnoys, dans fa Conférence, cite l'article 90 d'une Ordonnance de Louis XII, donnée pour la Normandie, qui ordonne que les Ordonnances de Charles VII & Charles VIII feront entiérement gardées, & qui

F f

contient la même difpofition que celle de 1498. Cette feconde parut en 1507, fous le Chancelier Jean de Gannay, fucceffeur de Guy de Rochefort ; mais nous n'en avons trouvé le texte dans aucuns de nos Recueils.

Après la mort de Louis XII, François Ier renouvella ces Loix dans fon Ordonnance donnée à Yz-fur-Tille au mois d'Octobre 1535, pour la Provence. On trouve au Chapitre 13, *des procédures à obferver dans les Procès criminels*, Articles 23 & 26, les mêmes expreffions concernant *le fecret*, les mêmes motifs *de fubornation & de forgement*, & la même difpofition fur les faits juftificatifs : qui *feront vérifiés en maniere qu'aucun n'en foit averti*.

On n'a fait encore que tranfcrire littéralement les Art. 110 & 111 de l'Ordonnance de 1498.

Ce fecret tant recommandé n'en étoit pas plus religieufement obfervé ; les mêmes inconvéniens de corruption & de fubornation firent tomber en défuétude la double inftruction du crime & de l'innocence auffitôt après la confrontation.

Il y auroit cependant eu plus que de l'inhumanité, d'enlever aux Accufés le droit naturel d'établir leur juftification par des faits pertinens & admiffibles.

L'Ordonnance donnée par François Ier à Valence, pour la Bretagne, en 1536, introduifit une nouvelle forme.

Elle ordonne que :

Vid. P. Guefn. p. 740, art. 19.

Ordonnance donnée à Valence pour la Bretag. 1536.

« Après les confrontations faites & parfaites, le Juge verra le procès ; » & s'il voit qu'il y ait des faits juftificatifs & qui foient péremptoires, » ou faits de reproches recevables, lefquels vérifiés, le Prifonnier ne de- » meurera fuffifamment convaincu ; il ordonnera que lefdits faits feront » extraits & montrés au Prifonnier pour nommer témoins par lefquels il » entend informer ; ce qu'il fera tenu de faire promptement & fans lui » donner délai pour ce faire ».

Ce n'étoit pas ôter le droit de juftification, c'étoit en retarder l'exercice. La Loi non-feulement recule le moment où l'Accufé pouvoit être admis & avoit coutume de propofer fes

faits juſtificatifs ; mais elle ne laiſſe pas aux Juges la faculté d'admettre indifféremment tous les faits juſtificatifs propoſés par l'Accuſé ; elle les oblige à faire eux-mêmes le choix de ceux qui feront
recevables pour opérer la juſtification, ou pour valider les reproches.

Ces deux Ordonnances, quoiqu'envoyées, l'une en Provence,
l'autre en Bretagne, étoient deſtinées à devenir une Loi générale.
Peu après leur publication, faite fous le Chancelier Antoine
Dubourg, nommé en Juillet 1535, & mort au mois de Novembre
1538, on vit paroître l'Ordonnance de 1539. Elle fut adreſſée à
tous les Parlemens du Royaume ; & nous ne voyons pas qu'au
moment de la vérification, elle ait occaſionné aucune réclamation.

Cette Ordonnance, datée de Villers-Coterets, renferme quatre
diſpoſitions principales, relativement à la procédure en matiere
criminelle.

La premiere concerne les récolemens & confrontations.

. « Quand les témoins comparoîtront pour être confrontés, ils feront
» incontinent récolés par le Juge, & par ferment, en l'abſence de l'Ac-
» cuſé, & ſur ce qu'ils perſiſteront & qui fera à la charge de l'Accuſé, lui
» feront incontinent confrontés féparément & à part, & l'un après l'autre »

Ordonnance de 1539, art. 153.

Cet Article ordonne que tous les Témoins feront récolés ; & s'ils
perſiſtent, & que leurs dépoſitions faſſent charge contre l'Accuſé,
ils feront confrontés féparément.

Pour avoir l'intelligence de cet Article, il faut ſe rappeller
qu'anciennement le récolement & la confrontation ſe faiſoient,
pour ainſi dire, au même inſtant, par un même acte, peut-être
pourroit-on dire, l'Accuſé préſent avec tous les Témoins.

C'eſt M. le Procureur Général Bourdin qui nous l'atteſte. Il dit
dans ſa paraphraſe ſur cet article :

« Ici eſt décrite la forme & la maniere de récoler & de con-
» fronter les Témoins, parce qu'une bonne partie des Juges
» s'abuſoit ſouvent en cela, récolant & confrontant les Témoins

Recueil de Néron, p. 50.

» tous enfemble & à une feule fois, contre la forme de droit ».

Il eft évident, par le texte même de cette Ordonnance, qu'elle a voulu réformer un abus qui s'étoit introduit contre la forme de droit. *Seront incontinent confrontés, féparément & à part, & l'un après l'autre.*

Il faut encore obferver que le récolement n'a été introduit qu'en faveur de l'Accufé, & parce que le Juge ne procédoit pas lui-même à l'audition des Témoins dans l'information. Fontanon, dans une Recueil de Néron, *ibid.* note fur cet Article, obferve « que les Notaires, Tabellions & » Greffiers, & ceux qui procédoient alors à la confeƈtion des » informations, de l'Ordonnance du Juge, fe comportoient fort » mal en ce devoir, & par malice ou ignorance, changeoient ou » exageroient les dépofitions, d'où s'enfuivoit un grand mal, s'il » n'étoit corrigé par le moyen du récolement ».

Mais fi l'Article eft précis lorfqu'il ordonne que tous les Témoins qui feront charge feront confrontés, il n'a pas la même précifion quant à ce qui concerne les récolemens. Il dit fimplement qu'ils feront récolés par le Juge, fans s'expliquer s'ils doivent tous être récolés.

Il paroît que cette queftion étoit alors très-agitée : & il réfulte de ce que la chofe étoit mife en queftion, que le récolement fe faifoit à l'arbitrage du Juge, qui étoit libre de récoler les uns & de ne pas récoler les autres.

A cette occafion, Dumoulin demande « fi, fur trois ou quatre » Témoins, il n'y en a qu'un feul qui ait dépofé à décharge, » doit-il être récolé (1) » ?

« On ne le fait pas ordinairement, & le Juge n'eft pas obligé » de le faire (2) ».

« Mais pourquoi ordonne-t-il donc en général que tous les Té-» moins comparoîtront devant lui (3) » ?

Recueil de Néron, p. 250. (1) Quid ergo fi ex tribus vel quatuor teftibus eft unus qui tantùm *décharge l'Accufé,* non ille debet recolari.

(2) Certe non folet nec tenetur judex.

(3) Quare ergo jubet in genere teftes adduci.

« . . . . . . Il eſt évident (conclut ce Juriſconſulte) que le Juge
» doit faire venir tous les Témoins, qu'il doit les récoler, même
» celui qui opere la juſtification, autrement il fait tort à l'Ac-
» cuſé (1) ».

Cette concluſion ne ſeroit pas bien intelligible, ſi nous n'avions
pas expliqué d'avance que le Juge ne faiſoit pas lui-même les informations : c'étoient les Notaires, les Greffiers, même les Huiffiers ;
enſorte qu'il faut interprêter le verbe Latin *audire*, par le verbe
François *récoler*, & le récolement étoit, pour ainſi dire, une
ſeconde audition des Témoins, mais faite devant le Juge en perſonne ; quand un Témoin a été affigné, jamais on n'a fait difficulté
de l'entendre, lorſqu'il dépoſe de l'innocence d'un Accuſé.

C'eſt néanmoins ſur l'uſage de ne point récoler le Témoin qui
dépoſoit à décharge, que Dumoulin s'eſt récrié : « Voyez l'injuſ-
» tice d'une Loi qui enleve même la défenſe d'un Accuſé (2) ».
Mais, qu'il nous ſoit permis de le dire, il n'y a que les Témoins
confrontés qui faſſent charge contre l'Accuſé, il ne s'agit encore
que de la preuve du crime ; il ſera queſtion enſuite de la preuve
de l'innocence ; la dépoſition du Témoin qui parle à décharge n'eſt
pas rejettée du Procès ; elle y demeure, & c'eſt peut-être dans la
dépoſition de ce Témoin non récolé que le Juge prendra les faits
juſtificatifs. Alors ce Témoin ſera récolé & confronté ; le Juge, en
faiſant la viſite du Procès, ordonnera le récolement & la confrontation, ſi la dépoſition peut opérer la juſtification de l'Accuſé.

L'article 154 regle la forme de la confrontation.

Ordonnance
de 1539, art.
154.

« L'accuſé & le témoin doivent en préſence l'un de l'autre prêter ſer-
» ment de dire vérité : & avant la lecture de la dépoſition en préſence
» de l'accuſé, le Juge lui demandera s'il a reproches à fournir ; enjoint de
» les dire promptement, autrement n'y ſera jamais reçu, dont il ſera bien
» expreſſément averti par le Juge ».

---

(1) Patet quod etiam judex debet jubere omnes teſtes venire, & debet audire etiam
eum qui ad juſtificationem tantum facit, aliàs gravat.

(2) Vide duritiem iniquiſſimam per quam etiam defenſio aufertur. *Moüin. Oper. T. 2.
P. 792.*

Ce moment, fixé pour fournir de reproches, paroît encore un grief à Dumoulin, parce qu'il femble exclure la plainte en fubornation.

L'article 155 décide :

Article 155. . « Que fi l'accufé propofe de bailler fes reproches par écrit, il n'y fera » point admis ».

Et Me Dumoulin convient que fi auparavant la confrontation l'Accufé avoit fait écrire fes reproches, & vouloit employer cette écriture pour reproches fans autrement les réciter, il n'y feroit pas recevable ; *car ce pourroit étre une occafion de faire forger des faits de reproches par Avocats, & puis les employer.*

L'article 156 ordonne :

Article 157. « Que les Procureurs du Roi donnent leurs conclufions incontinent après » les confrontations faites & parfaites ».

Mais l'article 157 ajoute :

« Et s'il fe trouve que l'accufé ait allégué aucun fait péremptoire fer- » vant à fa décharge ou innocence, ou aucuns faits de reproches légitimes » & recevables, il (notre Procureur) requerra que l'accufé foit prompte- » ment tenu de nommer les témoins par lefquels il entend prouver lefdits » faits juftificatifs ou de reproches, finon prendra fes conclufions défini- » tives ».

L'article 158 prononce :

Article 158. « Et fur lefdites conclufions, verra le Juge diligemment le procès, & » fera extrait des faits recevables, fi aucun y en a à la décharge de l'accufé, » foit pour juftification ou reproche, lefquels il montrera à l'accufé, & lui » ordonnera nommer promptement les témoins par lefquels il entend in- » former defdits faits, ce qu'il fera tenu de faire, autrement n'y fera jamais » reçu ».

Enfin l'article 159 porte :

Article 159. « Voulons que les témoins que ainfi feront nommés par les accufés, » foient ouis & examinés *ex officio* par les Juges ».

Nous venons de mettre fous vos yeux l'abrégé de l'Ordonnance de 1539, & nous fommes entrés dans ce détail pour démontrer que cette Loi n'eft que le Commentaire des Ordonnances de Louis XII, en 1498, de François Ier, en 1535, pour la Provence, & du même Prince, en 1536, pour la Bretagne.

Si, à l'occafion de cette Loi, ou plutôt de quelques articles de cette Loi, la dureté naturelle à Me Charles Dumoulin, a laiffé échapper de fa plume l'expreffion d'*impie*, qu'il donne au Chancelier Poyet dans des Notes rédigées à la hâte, comme le ftyle moitié François, moitié Latin, femble l'indiquer ; Notes que ce grand génie avoit faites pour lui feul, & qui font fouvent fi énigmatiques, qu'il feroit à fouhaiter que les Lecteurs euffent autant de facilité à les comprendre, que Dumoulin a eu d'activité à les produire ; peut-on en conclure que *la vertueufe indignation* de l'un des plus célebres Jurifconfultes François, foit une raifon fuffifante pour fe permettre de blâmer tout le contenu de l'Ordonnance de 1539 ?

Dumoulin a recueilli toutes les idées qui fe font préfentées à fon efprit ; & cette Collection, à laquelle l'Auteur n'a pas mis la derniere main, a été commencée pendant qu'on inftruifoit le Procès d'un Chancelier accufé de prévarication. Dumoulin a eu l'attention de fixer l'époque où il travailloit, & il attefte que le Chancelier Poyet fut jugé fur la Loi qu'il avoit lui-même fait publier, c'eft-à-dire qu'on ne lui confronta que les Témoins qui avoient dépofé à charge contre lui, ainfi qu'il eft porté dans l'article 153 de cette Ordonnance, & c'eft à ce fujet que cet Oracle de la Jurifprudence fe récrie :

« Quelle dureté plus inique que celle d'enlever même la dé-
» fenfe à un Accufé ! Mais la Juftice divine l'a fait retomber fur
» fon Auteur, parce que la plus grande partie des Juges a voulu
» conferver cette difpofition de la Loi dans le Réglement du pré-

» fent mois d'Octobre 1544 ; mais la conféquence eft très-per-
» nicieufe (1) ».

Un peu plus loin, dans le même Commentaire, fur ce que l'Ordonnance porte que l'Accufé nommera promptement fes Témoins,
finon qu'il n'y fera plus reçu, Dumoulin s'écrie encore : « Voyez
» l'opinion tyrannique de cet impie Poyet (2) ».

Dumoulin s'eft trompé quand il reproche au Chancelier Poyet
le peu de délai accordé à l'Accufé pour nommer fes Témoins :
cette difpofition exiftoit déja dans l'Ordonnance de 1536, publiée
fous Antoine Dubourg.

Le fecret a toujours été la bafe de notre Légiflation criminelle
à l'égard des moyens de juftification : il y a, à cet égard, une gradation dans nos Loix.

D'abord, le Juge choififfoit feul les faits, & faifoit entendre les
Témoins *ex officio*.

Enfuite le Juge choififfoit les faits, mais il les montroit à l'Accufé qui indiquoit les Témoins, & cette communication fe faifoit
auffi-tôt après la confrontation.

Enfin, on a remis la preuve des faits juftificatifs après la vifite du
Procès, & l'Accufé a été admis à préfenter lui-même fes faits juftificatifs.

Mais les invectives de Dumoulin, au moment où la Loi venoit
d'être publiée, peuvent-elles être répétées par la bouche d'un
inconnu ? Peuvent-elles être préfentées comme un moyen de
profcription, fur-tout quand l'Ordonnance de 1539 a été refondue
dans toutes les grandes Ordonnances du Royaume ?

Cette Loi avoit pour objet l'abréviation des Procès, d'empêcher
les Tribunaux Eccléfiaftiques d'entreprendre fur les Juftices ordinaires, & d'ordonner la rédaction de tous les actes publics en lan-

---

(1) Vide duritiem iniquiffimam per quam etiam defenfio aufertur. Sed nunc judicio
Dei jufto redundat in authorem, quia major pars judicum voluit hanc fervare conftitu-
tionem hoc menfe octobris 1544. Sed eft perniciofiffima confequentia. *Dumoul. loco citato.*

(3) Vide tyrannicam opinionem illius impii Poyeti.

gage

gage François. Elle n'introduit pas un droit nouveau en matiere criminelle, elle n'a fait que renouveller, étendre, interprêter ce que les Loix précédentes avoient déterminé. L'Auteur du Mémoire veut la faire envifager comme une Loi barbare & inhumaine. Elle s'eft préfentée fous un afpect bien différent à l'Auteur de l'abrégé chronologique de l'Hiftoire de France. Le Préfident Hainaut , dans fes Réflexions à la fin de chaque regne , partie la plus eftimée de fon Ouvrage, obferve « qu'on avoit attendu bien long-tems à faire » une fi fage Ordonnance » ; & M. le Chancelier d'Aguefféau en fait un éloge qui ne peut pas être fufpect dans la bouche du Magiftrat le plus ami de l'humanité. *Tome II, édit. in-4°. p. 633.*

Ce reproche de barbarie eft uniquement fondé fur quelques articles vraiment rigoureux ; mais cette extrême févérité a été adoucie dans la pratique, d'après le témoignage même de M. le Procureur-Général Bourdin, dans la Paraphrafe qu'il a faite de cette Ordonnance ; & ce qu'il y avoit de trop rigide n'a jamais reçu d'exécution littérale que contre le Chancelier qui en a réuni les difpofitions.

Cette obligation de nommer fur le champ les Témoins fans pouvoir être dans la fuite admis à les indiquer, ne s'exécute jamais à la rigueur vis-à-vis des Accufés ; « car il faut grandement favo- » rifer l'innocence : (dit le même Procureur Général) fi les » Accufés ne font pas mémoratifs, s'ils ont mis en oubli quelque » chofe, on leur accorde un bref délai » ; mais qui n'eft jamais affez long pour pouvoir s'affurer des Témoins qu'ils voudroient faire dépofer en leur faveur ; & fi le Miniftere public, rigide obfervateur de la regle, fe permet d'ufer d'une condefcendance qui ne peut être contraire à l'efprit du Légiflateur, peut-on fuppofer qu'on ne trouvera pas la même indulgence dans le cœur de tous les Magiftrats ? *Recueil de Néron, p. 250.*

L'Ordonnance de 1539 a reçu fa pleine & entiere exécution depuis le moment où elle eft devenue une Loi générale du Royaume ;

G g

malgré les obfervations de Dumoulin, elle a confervé toute fon autorité. Nous fommes convenus que certaines difpofitions pouvoient paroître rigoureufes à ceux qui préferent l'intérêt d'un feul à l'intérêt général ; mais il y a loin de la rigueur à la barbarie. Nous ne ceſſerons de le répéter , il faut que le crime foit puni ; la Juſtice doit tout faire pour découvrir le coupable : la fûreté publique en démontre la néceſſité. Mais plus l'inſtruction a été rigoureuſe , plus le Juge devient circonfpect lorſqu'il faut condamner. Il s'eſt armé de févérité dans la recherche du Criminel ; l'humanité fe fait entendre au moment du Jugement. De quoi peut-on juſtement fe plaindre dans l'ordre que la fageſſe de nos Loix a établi ? Si la juſtification paroît avoir été négligée pendant le cours du Procès , c'eſt dans le Procès même que la preuve doit fe chercher. Après la vifite , l'innocence jouit du droit de fe défendre ; elle fe fait écouter ; le Magiſtrat faifit tous les indices qui peuvent la faire connoître ; il en ordonne lui-même la preuve, & dans le doute , le Jugement eſt d'autant plus favorable que l'inſtruction a été plus févere.

Une obfervation qui ne nous doit pas échapper, fe fait jour au milieu des grandes Ordonnances du Royaume. L'Ordonnance de Villers-Coterets eſt de 1539, l'Ordonnance d'Orléans de 1560, l'Ordonnance de Moulins de 1566, & l'Ordonnance de Blois de 1579. Elles font toutes du même fiecle ; elles ont toutes pour objet la réformation de la Juſtice. Les trois dernieres ont été rendues *fur les plaintes , doléances & remontrances des trois États du Royaume.* On ne s'occupoit que de nouvelles formes & de nouveaux Réglemens ; ils fe font fuivis avec tant de rapidité, qu'on pourroit penfer que ce fiecle a produit plufieurs Codes différens. Et dans toutes ces Loix folemnelles, où la Nation demandoit pour ainfi dire juſtice à fon Souverain, on ne trouve aucune réclamation ni contre la forme de procéder, ni contre la barbarie de l'Ordonnance de François Ier. Eh quoi ! la Nation entiere, aſſemblée pour délibérer fur fes intérêts, a été aſſez aveugle pour ne pas deman-

der en cette partie la réformation d'une Légiſlation bizarre & contraire à la *Loi naturelle*, Loi innée & gravée en caraƈteres ineffa-
çables dans le cœur de tous les humains! La France, dans l'inaction, ſembloit attendre qu'il parût un génie plus entreprenant, qui
vînt *réveiller la Nation ſur de grands intéréts trop long-tems oubliés!*
Mais non; le François, content de ſa Légiſlation, ne s'occupoit
pas même du deſir d'en créer une nouvelle. L'Auteur du Mé-
moire en donne une double raiſon. Si *l'on invoque la ſageſſe de* Mém. p. 229.
nos peres, il répond que *toute l'hiſtoire étoit le témoin & le réſultat de
leur barbarie & de leur ignorance.* Le tableau n'eſt pas flatteur pour
nos ancêtres: barbarie du ſiecle, barbarie des eſprits, barbarie des
Loix, l'Auteur ne voit par-tout que la *rouille de la barbarie;* & les
grands hommes qui ont préparé la renaiſſance des Lettres, n'é-
toient encore qu'au crépuſcule de la lumiere, qui vient diſſiper
juſqu'aux ténebres où l'eſprit humain eſt demeuré enſeveli.

Si l'on oſe parler de la ſageſſe des Légiſlateurs attentifs aux
plaintes de leurs Sujets, & qui ſe ſont prêtés à leurs inquiétudes,
l'Auteur du Mémoire juſtificatif ne craint point d'accuſer nos Souverains d'indifférence & de cruauté pour les peuples ſoumis à leur
Gouvernement: *La Juriſprudence criminelle*, dit-il, *a été juſqu'ici
abandonnée aux Criminaliſtes par nos Monarques, trop occupés la* Mém. p. 227.
*plupart d'accroître leur puiſſance pour s'occuper du bonheur de leurs
Sujets, trop accoutumés à prodiguer le ſang de leurs Peuples ſous le
glaive de la viƈtoire, pour le ménager dans les Tribunaux criminels
ſous le glaive de la Juſtice.*

Nous avons beaucoup de peine à concevoir ce que l'Auteur veut
dire par une *Juriſprudence abandonnée à des Criminaliſtes.* Nous
connoiſſons deux ſortes de Juriſprudences; l'une qui embraſſe les
Loix générales de la Nation & les Loix particulieres, comme les
Coutumes, les Privileges, les Réglemens faits dans chaque Tribunal.

La ſeconde eſt la Juriſprudence qui ſe forme par une ſuite non
interrompue d'Arrêts toujours les mêmes, dans les mêmes circonſ-

G g 2

tances. N'eſt-il pas conforme à la ſaine raiſon d'avoir recours à l'autorité de la choſe jugée, quand il ſe préſente un point de fait ſur lequel la Loi ne s'eſt pas expliquée ? Les plus grands Magiſtrats ſont toujours convenus que l'uſage étoit le plus ſûr interprête de la Loi.

Dans l'une & dans l'autre eſpece, & ſur-tout en matiere criminelle, la Juriſprudence n'eſt abandonnée ni aux Commentateurs, ni aux Arrêtiſtes. Les Commentateurs cherchent à pénétrer le ſens de la Loi ; ils en donnent l'interprétation ; ils propoſent leurs ſentimens : mais jamais cette opinion n'a fait Loi dans les Tribunaux. On les conſulte pour s'inſtruire, pour concilier les contradictions apparentes ou effectives de l'eſprit humain, pour ſe former une idée plus juſte par la diverſité même de l'avis des Auteurs qui ont agité la queſtion. Dans ce combat, qu'une ſage méfiance fait naître entre le Juge & ceux dont il peſe les déciſions, il eſt ſouvent forcé d'en revenir au ſens littéral des articles de l'Ordonnance, & le Légiſlateur a toujours la prépondérance ſur la pénétration des Juriſconſultes les plus profonds.

Quant aux Arrêtiſtes, ils ne s'attachent qu'à recueillir les déciſions du moment, à propoſer le véritable état de la difficulté, à rapprocher de l'Arrêt les motifs ſur leſquels il a été rendu.

Ces Recueils de déciſions, quand elles ſont uniformes ſur le même objet, pourroient peut-être former un Code authentique, ſi l'eſpece, les circonſtances & les motifs étoient exactement rapportés, ou fidelement appliqués par celui qui veut en tirer avantage. Mais comment rendre compte à la poſtérité des faits, des aveux, des preuves qui ont pu ſervir de baſe à la condamnation ou à l'abſolution d'un Accuſé ? Un Arrêt tranſcrit par vingt Auteurs ſur la foi du premier, ſeroit un flambeau trop incertain, & les Magiſtrats ne ſont point accoutumés à ſe déterminer par des lumieres auſſi dangereuſes.

Empreſſons-nous donc d'écarter ces grands mots de *maximes* barbares que les Criminaliſtes ne ceſſent d'établir.

Mém. p. 227.

La Loi ſeule eſt le guide du Magiſtrat ; il interroge la lettre des

Ordonnances; il en combine les difpofitions; il les rapproche pour mieux en pénétrer l'efprit; & quand il eft convaincu, il en fait l'application d'après fes propres lumieres & dans le témoignage de fa confcience. La véritable inhumanité eft de donner à penfer au Public que l'opinion des Criminaliftes, quelqu'éclairés qu'on les fuppofe, foit la bouffole & la regle des Tribunaux (1).

(1) Quels font ces Criminaliftes qu'on accufe de tant de barbarie ? Ce font, pour la plupart, gens en place, & généralement eftimés.

Jean-Imbert de la Rochette, Lieutenant Particulier à Fontenai-le-Comte. Son Ouvrage eft intitulé *Inftitutiones Forenfes.* Il parut en 1535, avant l'Ordonnance de Villers-Coterets, & dépofe des formes alors ufitées.

Julius Clarus, Confeiller à Milan, Auteur d'un Livre qui a pour titre *Pratica Criminalis.* 1559.

M. Lizet, Premier Préfident au Parlement de Paris. *Pratique civile & criminelle.* 1584.

Pierre Ayrault, Lieutenant Criminel à Angers. *L'ordre & la formalité qui doit être obfervée dans les matieres criminelles.* 1598.

Profper Farinaceus, Jurifconfulte Romain. *Prattica & Theoria Criminalis.* 1618.

M. Bourdin, Procureur Général au Parlement de Paris. *Paraphrafe de l'Ordonnance de 1539 ; fe trouve au Recueil de Néron.*

Mᵉ Fontanon, Avocat au Parlement de Paris. *Addition à la Paraphrafe de M. le Procureur Général Bourdin. Recueil de Néron.*

Mᵉ Charles Dumoulin. *Commentaire fur la même Ordonnance. Même Recueil.*

Mᵉ Gui Coquille, Mᵉ Jean Duret, Mᵉ Philibert Bugnion. *Remarques fur les Ordonnances de Villers-Coterets, Orléans, Moulins & Blois. Même Recueil.*

Accurfe, *dans fa Glofe fur les Loix Romaines.*
Rebuffe.

Pierre Guefnois, Lieutenant Particulier au Bailliage d'Iffoudun. *Conférences des Ordonnances Royaux, avec les Annotations de Laurent Bouchel & de Charondas.* 1620.

Philippe Bornier, Lieutenant Particulier en la Sénéchauffée de Montpellier. *Conférences des nouvelles Ordonnances.* 1678.

François Boutaric, Profeffeur en Droit François de l'Univerfité de Touloufe. *Obfervations fur l'Ordonnance de 1670.*

Claude Prevoft, Avocat. *Les Loix Criminelles.* 1739.

Gui Durouffeau Delacombe. *Traité des Matieres Criminelles.* 1740.

François Serpillon, Lieutenant Criminel à Autun. *Code Criminel.* 1767.

M. Jouffe, Confeiller au Préfidial d'Orléans. *Traité de la Juftice Criminelle.* 1771.

Nous n'avons pas voulu donner une lifte exacte de tous les Auteurs qui fe font occupés

Le Public équitable ne fe laiffera pas entraîner par le ton affirmatif d'un Cenfeur, qui, non content de calomnier la Légiflation, ne craint point de répandre l'amertume de fon fiel jufques fur les Légiflateurs.

Ce n'eft plus la Loi que le Mémoire accufe, ce font les Souverains eux-mêmes, ce font les Auteurs de la Loi, c'eft contre la Majefté Royale que l'on s'eft permis le reproche le plus outrageant pour les auguftes Prédéceffeurs d'un Monarque également fenfible & bon. Nous n'oferions répéter cette invective cruelle, fi ce n'étoit pour en mieux faire fentir l'injuftice & l'atrocité. Quoi! dans un Mémoire qu'on annonce comme deftiné à être mis fous les yeux du Roi, on lui dira que fes Ancêtres ont abandonné la Jurifprudence aux maximes des Criminaliftes; on lui dira qu'ils étoient *trop occupés la plupart d'accroître leur puiffance pour s'occuper du bonheur de leurs Sujets ;* on lui dira qu'*ils étoient trop accoutumés à prodiguer le fang des Peuples fur les champs de bataille, fous le glaive de la victoire, pour le ménager dans les Tribunaux criminels fous le glaive de la Juftice!*

Quel contrafte odieux & quel horrible blafphême! N'eft-ce donc pas au milieu des lauriers de la gloire, cueillis fur nos frontieres, que la France a vu naître l'olivier de la paix pour l'intérieur du Royaume? N'eft-ce pas dans le moment où Louis XIV étoit obligé de foutenir les droits de fa Couronne, tandis qu'il étoit lui-même en Flandres à la tête de fes Armées, qu'on vit fe former ce confeil de Légiflation, d'où font forties les deux Ordonnances qui font aujourd'hui les fondemens les plus folides de notre Jurifprudence? Et marchant fur les traces de fon augufte Bifaïeul, Louis XV ne nous a-t-il pas donné l'Ordonnance des fubftitutions, datée du Camp de la Commanderie du Vieux-Jonc, un mois après la victoire de Lawfeld,

Vide la fin du Préambule de cette Ordonnance.

---

de la Jurifprudence Criminelle, nous n'avons fait qu'indiquer les principaux. Malheur à la Nation qui ofera placer le Mémoire prétendu juftificatif au rang des fources où la jeuneffe pourra puifer des inftructions !

La Poſtérité retrouvera avec plaiſir dans l'Hiſtoire le nom des grands Magiſtrats qui ont concouru à la rédaction des nouvelles Ordonnances Civile & Criminelle du Royaume. «Jamais on n'apporta tant de ſolemnité à un Ouvrage auſſi important ».

Ces Ordonnances, qui méritent à juſte titre le nom de Loix, ont été préparées par les plus fameux Juriſconſultes.

M. Puſſort en propoſa toutes les diſpoſitions ; elles furent diſcutées en préſence du Chef de la Magiſtrature (*M. le Chancelier Seguier*), & des Commiſſaires nommés par le Roi. M. le Premier Préſident de Lamoignon, ce Magiſtrat ſi éclairé, ſi intégre, ſi humain, étoit à la tête des Commiſſaires de la Cour, auxquels étoient réunis MM. Talon, de Harlay, & Bignon, Avocats & Procureur Généraux.

En liſant le Procès-verbal de la rédaction de l'Ordonnance de 1670, de cette Loi ſi utile & ſi néceſſaire, on croit aſſiſter à ces conférences ſavantes dans leſquelles chaque article a été convenu ou rédigé de nouveau ; on y voit la ſageſſe, la prévoyance, & l'étendue des lumieres d'accord avec l'expérience. Epoque mémorable, où le Légiſlateur a, pour ainſi dire, conſulté ſes Sujets dans la réunion de tout ce que la Magiſtrature avoit de plus inſtruit, pour qu'ils puſſent regarder la Loi comme l'ouvrage de leur propre volonté ! monument auguſte du zele dont un grand Roi étoit animé pour le bien de la Juſtice ! C'eſt cependant cette Loi formée par le concours des eſprits les plus profonds, les plus prudens, les plus expérimentés, cette Loi « ſi » ſage dans ſes motifs, ſi reſpectable par ſon autorité, ſi inviolable » dans ſon exécution», qu'on ne rougit pas de préſenter à un Monarque bienfaiſant, comme *attentatoire à la Loi naturelle*, *comme échappée des Tribunaux de Tibere & des cachots de l'Inquiſition*, comme digne *de l'ame de Claude & de Caligula*. Combien les mânes illuſtres des Lamoignon & des d'Aguesseau, des Molé & des Talon, ne ſont-ils pas étonnés d'entendre ſoutenir que cette Loi eſt fondée ſur une *maxime inventée dans une des profondes nuits de l'efprit humain ?* Le fiecle de Louis XIV, le rival du fiecle d'Augufte, un fiecle de ténebre & de barbarie ! Etoit-il donc réfervé à notre Miniftere de répondre à des affertions auffi indécentes ?

Vide les faits juftificatifs, & ce qui concerne les Interrogatoires.

Nous ne reviendrons pas fur les difpofitions de l'Ordonnance de 1670, que nous avons déja rapportées ; nous nous contenterons d'obferver que l'on n'y retrouve plus la févérité tant reprochée aux Loix anciennes ; & l'intolérance des regles peut feule y trouver de la rigueur. Mais parcourons en peu de mots les principales objeftions qu'on lui oppofe.

La premiere eft le fecret de la procédure pendant toute l'inftruction. Nous avons déja répondu que ce fecret eft la bafe inébranlable de la Loi. Il eft prefcrit pour éviter les pieges de la mauvaife foi, & prévenir les complots de la fubornation. Il eft prefcrit, parce qu'il n'y a d'autre Accufateur que le Procureur Général, & qu'en aucun cas, il ne peut être foupçonné de pourfuivre un Accufé par vengeance ou par animofité. Il eft prefcrit enfin, parce que la Partie publique n'a point intérêt de faire déclarer coupable un Accufé ; & M. Puffort lui-même, ce Magiftrat auquel on attribue un caractere fi dur, fi inflexible, M. Puffort dit que « les Procureurs Gé-

Procès-verbal de l'Ordon. Crimin. tit. 11, art. 7.

» néraux font Parties en matiere criminelle, mais Parties fi défin- » téreffées, que leur office principal eft de chercher la juftification » bien plus que la condamnation de l'Accufé». Quel eft donc le Magiftrat dont le cœur inhumain goûte quelque fatisfaftion à trouver un coupable ? Il eft des ames ftoïques, que l'intérêt public anime, & que la punition du criminel ne peut jamais émouvoir ; mais, en condamnant le coupable, le Magiftrat le plus févere regrette de n'avoir pas à prononcer en faveur de l'innocence.

D'ailleurs le fecret de la procédure ne ceffe-t-il pas d'être un fecret après la confrontation ? L'Accufé n'a-t-il pas eu connoiffance des charges ? N'a-t-il pas une forte de liberté dans la prifon ? On ne lui interdit plus la faculté de conférer avec les perfonnes du dehors. Il eft libre de communiquer avec fon Avocat & fon Procureur. Les Accufés ne préfentent-ils pas des Requêtes de toute efpece ?

eſpece ? Et les trois Condamnés peuvent atteſter que depuis même leur condamnation , il leur a été permis de parler à un Conſeil , & de lui donner tous les blancs ſeings qu'il a exigés de leur confiance.

La ſeconde objeƈtion ſe tire du défaut de Conſeil que l'Ordon‑ nance interdit aux Accuſés. La Loi Romaine laiſſoit le droit de ſe défendre à ceux-mêmes qu'elle avoit dépouillés de la liberté : *Si vous n'aveʒ pas de Défenſeurs* (leur crioit - elle) , *je vous en* Mém. p. 237. *donnerai* (1).

La Loi Romaine étoit conforme aux principes de la Lé‑ giſlation de la République. Qu'on ſe ſouvienne que tout crime ſe jugeoit publiquement dans l'aſſemblée du Peuple , ou devant les Magiſtrats. L'accuſation étoit publique ; la défenſe étoit publique ; le Jugement ſe prononçoit en public. Eût-il été raiſonnable que l'Accuſé n'eût pas le droit de ſe défendre , lorſque l'Accuſateur s'étoit fait entendre contre lui ? S'il ne ſe préſentoit aucun Citoyen pour parler en faveur de l'innocençe , la Loi nommoit un Défen‑ ſeur. *Ego dabo.*

Cet uſage ſe pratique encore dans nos Tribunaux. Quand une Partie ne peut pas trouver d'Avocat , la Cour en nomme un d'of‑ fice ; & nous avons vu plus d'une fois ces Défenſeurs déſintéreſſés ſe faire gloire du Miniſtere que la Juſtice leur avoit confié.

Mais, en matiere de Grand-Criminel , de quelle utilité un Avocat peut-il être ? L'expérience nous apprend que, ſi l'on permet un Con‑ ſeil, la preuve du crime s'évanouit au milieu des formalités preſcrites pour préparer le Jugement. L'Accuſé ne ſait-il pas ce qu'il a fait ou n'a pas fait , auſſi certainement que le Témoin ſait ce qu'il a vu ou ce qu'il a entendu ? Dans un Procès criminel , il n'y a , le plus ſouvent, qu'un fait principal. Il s'agit d'avouer ou de nier ce fait ; de prouver que le crime a été commis par un autre , ou que l'Accuſé n'a pas pu le commettre. Pour répondre ſur un fait ſi ſimple, un Conſeil eſt inutile. La préparation marque bien plus

––––––––––––––––

(1) Si non habetis Advocatum ego dabo,

le defir de trahir la vérité, que la volonté de lui rendre hommage.

Examinons néanmoins fi l'Ordonnance eft auffi rigoureufe qu'on le donne à penfer fur l'admiffion d'un Confeil.

Mém. p. 235. Elle refufe, dit-on, elle ravit aux Accufés, *contre le vœu de la raifon & de l'humanité, & de Lamoignon, le droit naturel de fe défendre par le fecours d'un Confeil.* Le vœu de la raifon & de l'humanité pourroit faire la matiere d'un long dialogue, où la Juftice elle-même puiferoit de grandes lumieres. Mais puifque l'Auteur du Mémoire a mis en tiers M. le Préfident de Lamoignon, nous ne refuferons pas le témoignage d'un Magiftrat vertueux, ami de l'une & de l'autre. Nous ne craignons pas même de le prendre pour arbitre ; nous invoquons auffi fon fuffrage ; il va décider la queftion.

M. de Lamoignon, dans le Procès-verbal de l'Ordonnance de 1670, propofa, fur l'admiffion ou le refus d'un Confeil aux Accufés, tout ce que la raifon & l'humanité pouvoient employer de moyens. & voici le réfultat de fon opinion.

Il dit que l'Article VIII du titre XIV « *accordoit aux Accufés plus* » *que l'ufage ne le permettoit, & qu'il leur ôtoit ce qu'on leur avoit* » *confervé jufqu'alors.*

» Que, dans de certains crimes, la Loi nouvelle leur permettoit » de communiquer avec leur Commis, même avant la confronta-» tion : ce qui étoit la même chofe que de leur donner un Confeil.

» Que dans l'ufage ancien, au contraire, on ne permettoit aux » Accufés aucune communication ni aucun Confeil, qu'après la » confrontation, *afin qu'ils ne puffent pas corrompre les Témoins.*

» Que cependant l'Article défend aux Juges de donner Confeil » aux Accufés (hors les cas fpécifiés), même après la confron-» tation : ce qui eft nouveau à l'égard de l'ufage, & rigoureux en-» vers les Accufés.

» *Qu'il eft vrai que quelque fois le Confeil leur fert pour éluder* » *la Juftice,* pour tirer les Procès en longueur ; & que quelques » Criminels fe font exemptés des peines, par le moyen du Confeil » qu'on leur avoit donné.

» Que , fi le Confeil avoit fauvé quelques Coupables , il pour-
» roit arriver que des Innocens périroient faute de Confeil.

» Qu'entre tous les maux qui peuvent arriver dans la diftribution
» de la Juftice , aucun n'eft comparable à celui de faire mourir un
» Innocent , & qu'il vaudroit mieux abfoudre mille Coupables ; que
» c'étoit une des maximes que le Parlement avoit le plus religieu-
» fement obfervées ; & que le Confeil n'étoit pas un privilege ,
» mais une liberté acquife par le droit naturel ».

Il étoit difficile de plaider la caufe de l'humanité avec plus de
force & plus d'énergie. Mais M. de Lamoignon ajoute :

« Qu'à la vérité , *il ne feroit pas raifonnable d'adminiftrer*
» *Confeil en toutes fortes de crimes, & à tous les Accufés ; que ,*
» quand il n'eft queftion que d'un fimple fait , d'une action où
» l'Accufé n'a qu'à dénier ou confeffer , alors il n'eft pas néceffaire
» de lui donner des perfonnes pour prendre confeil fur ce qu'il
» doit dire ou fur ce qu'il doit faire ; mais que , quand il y a beau-
» coup de procédures , quand l'accufation eft compofée d'un grand
» nombre de faits qui demandent une longue difcuffion , on ne peut
» lui refufer ce fecours.

» Qu'il *eft bon de défendre aux Juges de donner Confeil , fi la*
» *qualité du crime ne le requiert pas ;* mais qu'il n'eft pas poffible
» de déterminer tous les cas où ils doivent le faire ».

Ce réfumé des motifs , fur lefquels M. le Préfident de Lamoignon
appuya fon opinion , démontre combien le fyftême que lui prête
l'Auteur du *Mémoire juftificatif*, eft éloigné de fon fentiment. Tous
les Magiftrats adopterent fon avis. M. Puffort lui-même convint
« qu'on ne pouvoit pas donner un Confeil indiftinctement dans
» toutes fortes de crimes , autrement il n'y auroit pas de fuite que
» les Accufés ne miffent en ufage pour interrompre le cours de la
» Procédure.

» Que l'on fait combien ces fortes de Confeils font *féconds en ou-*
» *vertures , combien ils inventent de fubtilités pour faire trouver des*
» *nullités dans la procédure , & pour faire naître une infinité d'inci-*

» *dens.* Cependant, comme l'on ne refuse rien à un Accusé, qu'il
» faut lire toutes les pieces du Procès, auffi bien celles qui font à
» fa décharge, que celles qui vont à fa conviction, pourvu qu'il
» eût moyen de faire travailler beaucoup d'Avocats, & de fournir
» aux frais, les expédiens ne lui manqueront pas pour immortalifer
» fon procès. Que l'expérience faifoit connoître que le Confeil
» qui étoit donné, *fe faifoit honneur & fe croyoit permis*, en toute
» fûreté de confcience, *de procurer par toutes voies l'impunité à*
» *l'Accufé*. Mais que, dans les cas mêlés de civil & de criminel,
» il faudra néceffairement permettre aux Accufés de communiquer
» avec un Confeil ».

Enfin M. Talon ajouta «que l'obfervation exacte de l'Ordonnance
» de 1539 mettoit l'Innocent en danger de périr injuftement: mais
» que *l'ufage avoit tempéré* la trop grande févérité de la Loi ; mais
» que, de ce qui ne fe devoit faire qu'en connoiffance de caufe &
» avec beaucoup de circonfpection, on avoit fait une maxime gé-
» nérale, & l'on s'étoit perfuadé que tous les Accufés avoient droit
» de demander Confeil.

» Que, pour prévenir les abus, il ne falloit pas accorder de
» Confeil dans des crimes qui dépendent purement de la dépofition
» des Témoins, & dans lefquels l'Accufé ne doit fe défendre que
» par fa bouche ; car alors *le Confeil ne fert qu'à retarder le Juge-*
» *ment du Procès par des appellations, des Requétes civiles &*
» *d'autres expédiens de chicane ;* mais, dans les accufations où il
» y a des pieces rapportées pour la conviction de l'Accufé, & où
» il en peut produire pour fa défenfe, il eft indifpenfable de lui
» permettre de communiquer avec un Confeil.

Les trois Magiftrats qui opinerent dans cette conférence, fe
trouverent d'accord dans leur façon de penfer. L'Article, en conféquence, fut rédigé de maniere qu'il n'a pas été permis de donner un Confeil dans les crimes fimples dont la preuve ne dépend
que de la dépofition des témoins ; mais que, dans tous les crimes
Tit. 14, art. 8. compliqués, tel que *le péculat, la concuffion, les banqueroutes frau-*

duleufes, le vol de Commis ou Affocié en finance ou de banque , fauffeté de pieces , fuppofition de part , où il s'agira de l'état des perfonnes , les Juges pourront ordonner , fi la matiere le requiert , après l'interrogatoire , que les Accufés communiqueront avec leurs Confeils ou leurs Commis.

Nous laiffons à préfent à juger fi l'Ordonnance eft auffi barbare qu'on s'eft permis de le dire ; s'il eft vrai que M. de Lamoignon fe foit récrié fur l'inhumanité d'une Loi qui, *contre le vœu de la raifon, enleve aux accufés le droit naturel de fe défendre ;* fi les Magiftrats enfin n'ont pas fuggéré à la fageffe du Légiflateur tous les tempéramens qu'exigent d'un côté la jufte févérité dans la pourfuite du crime, & de l'autre, la faveur due à l'innocence injuftement accufée.

On voudra fans doute infifter encore, & l'on nous demandera pourquoi, même dans un crime fimple, ne pas donner un Confeil *à des hommes auxquels il eft phyfiquement impoffible d'entendre la Loi.* Nous pourrions dire que celui qui eft capable de commettre un crime, eft en état de fe juftifier ; mais on diroit que cette réponfe eft d'un Criminalifte. La véritable eft écrite dans l'Ordonnance ; les Accufés ont un Confeil né, qui veille à leurs intérêts ; c'eft M. le Procureur Général ; également chargé de les pourfuivre & de les défendre, fon miniftere ne voit qu'un Citoyen dans le Criminel qu'il accufe. La Loi même lui en fait un devoir. Elle ordonne que la dépofition de chaque témoin fera *rédigée à charge & à décharge.* L'Ordonnance de Blois contient la même difpofition. Elle prefcrit aux Juges *d'examiner les témoins fur la pleine vérité du fait, tant pour ce qui concerne la charge que la décharge des Accufés.* Le Miniftere Public eft l'homme de la Loi. C'eft en fon nom qu'il agit. Vengeur du trouble apporté dans la Société, il eft en même-tems le confervateur de la vie, le gardien de l'honneur de tous les Citoyens.

On fera encore une objection. Si l'on accordoit un Confeil dans tous les crimes poffibles, ce Confeil auroit au moins le droit dè connoître, d'examiner la procédure & de profiter du bénéfice de la Loi, qui veut que les nullités tournent au profit du Criminel lui-même. M. Talon a déjà répondu à cette objection, & la prétendue justification des trois condamnés prouve combien son assertion étoit fondée. A la seule lecture de ce Mémoire, on est convaincu du danger d'admettre un Conseil dans toutes les affaires criminelles, quelqu'en puisse être l'objet. Que de nullités créées pour la défense des accusés ! Que de reproches entassés pour écarter les témoins ! Que d'impostures accumulées pour faire illusion ! Que d'abus ne verroit-on pas naître tous les jours de la communication des procédures à de certains Conseils ?

Dumoulin avoit pressenti le danger d'accorder un Conseil, & l'abus que les accusés pourroient en faire, ou plutôt l'abus que les Conseils feroient de leur ministere. Il veut que l'accusé propose ses reproches par sa propre bouche ; il ne veut pas qu'il puisse les présenter par écrit, il n'y est pas recevable ; car *ce pourroit être une occasion de forger des faits de reproches par Avocats, & puis les employer.*

L'Ordonnance a encore prévu le reproche de nullité qu'on pourroit élever contre une partie ou contre la totalité de l'instruction. Elle a laissé *au devoir & à la Religion des Juges d'examiner avant le Jugement s'il n'y a point de nullité dans la procédure.*

L'Auteur se permettra-t-il d'articuler que cette obligation, imposée aux Magistrats sur leur honneur & sur leur conscience, ne fait aucune impression dans leur esprit, & qu'un Conseil, pour l'intérêt de son Client, feroit plus attentif, plus clairvoyant que des Juges, qui ne considerent que l'intérêt de la Société ?

O déplorable condition de la Magistrature ! Elle se dévoue toute entiere au bien public, & l'on oseroit soupçonner ce dévouement ! elle sacrifie tout au bonheur général, & l'on cherche à empoisonner ce sacrifice généreux ! elle se renferme dans les dispositions de la Loi, & on lui demande *pourquoi tout se passe dans l'ombre du secret, comme si l'on craignoit que l'Accusé ne se défendît trop bien, que le Public ne jugeât les Juges, & ne soumît leur conduite à sa censure !*

Par quel efprit de contradiction veut-on ici accufer en même tems la Loi & le Miniftre de la Loi ? Peut-on faire un crime au Magiftrat du fecret de la procédure ordonné par la Loi ; du refus d'un Confeil, excepté dans les cas prévus par l'Ordonnance ; de la prompte exécution des Jugemens, que la Loi prefcrit pour le jour même qu'ils ont été prononcés ? Le Public eft trop équitable pour rendre la Magiftrature refponfable d'une difpofition qu'on voudroit faire regarder comme un vice dans la Légiflation ; mais les Magiftrats font trop éclairés pour fe tromper à ces déclamations, qu'on veut transformer en opinion publique. Il exifte un certain nombre d'efprits entreprenans, qui, dans la grande opinion qu'ils ont d'eux-mêmes, fe font perfuadés qu'ils compofoient à eux feuls tout le Public, ou au moins qu'ils étoient appellés pour l'éclairer & pour l'inftruire : ils prétendent maîtrifer fon opinion, la diriger à leur gré, la changer fuivant leurs caprices ; ils fe font les arbitres des réputations, & leur amour propre a pouffé le fanatifme jufqu'à annoncer que leur opinion perfonnelle étoit la regle de l'opinion générale : ils ont trouvé des profélytes dans tous les états ; & la Juftice elle-même eft furprife de compter des ennemis fecrets au nombre des Miniftres chargés du foin de maintenir les Loix & de les faire exécuter.

Quelles calomnies n'a-t-on point imaginées contre notre Légiflation ! On ofe reprocher à la Juftice la forme & la lenteur de fes inftructions, le fecret de fes procédures, la rigueur de fes décrets & la févérité de fes châtimens. Ces Réformateurs indulgens réuniffent tous leurs efforts pour affurer l'impunité du crime ; ils ont appellé des décifions de la Loi au Tribunal de l'humanité, comme fi les anciens Légiflateurs en avoient été les ennemis irréconciliables ; comme fi le Miniftre de la Loi n'étoit occupé qu'à chercher & à punir des coupables ; comme fi la Loi n'étoit pas l'égide & la fauve-garde de tous les Citoyens ; comme fi enfin la gravité des peines & l'horreur de l'échafaud n'avoient pas été introduites, autant pour prévenir le crime par la terreur de l'exemple que pour le punir par la févérité d'un fupplice momentané qui ne peut pas le réparer.

Nous entendons de tous côtés s'écrier, l'humanité ! l'humanité ! Et depuis quand l'humanité n'eft-elle plus refpeétée ? Quel eft le mortel affez barbare pour ne pas défendre fes droits ? Sans doute l'humanité doit être le guide de la Loi & déterminer la mefure des peines que la Loi pronönce : mais le Légiflateur ne doit-il porter toute fon attention que fur l'humanité dans la perfonne d'un fcélérat ? Il n'oublie point qu'un affaffin eft un homme, mais fa prévoyance peut-elle faire entrer en comparaifon une mort méritée & utile à la fociété, avec un affaffinat prémédité qui prive l'Etat d'un Citoyen vertueux, une femme de fon mari, des enfans de leur pere & de leurs alimens ? Comment concevoir de la pitié pour un monftre qui de fang froid égorge fon Concitoyen fans armes & fans défenfe. C'eft donc l'humanité en péril que la Loi doit confulter ; c'eft l'humanité expirante que la Loi doit venger ; c'eft l'humanité entiere que la Loi doit protéger. La fûreté publique peut-elle s'apprécier ? N'eft-elle pas incommenfurable ? & la punition d'un malfaiteur prévenu d'un grand crime, (foit qu'on le fequeftre de la Société en lui laiffant la vie, parce qu'il n'y a pas affez de preuves pour le convaincre, & qu'il y en a trop pour le déclarer innocent, foit qu'on le retranche du nombre des Citoyens en le condamnant à la mort parce qu'il eft convaincu) ; cette punition, quelque rigoureufe qu'on la fuppofe, n'eft-elle pas légitime & néceffaire, dès qu'il s'agit de la tranquillité publique & du bonheur commun ? Quoi des cœurs infenfibles à l'intérêt de leur propre fûreté, autant qu'à l'intérêt de la fûreté publique, des cœurs ftoïques veulent paroître s'attendrir fur le fort d'un malheureux qui n'a pas eu pitié de fon femblable !

Etrange

Etrange barbarie ! compaſſion vraiment inhumaine ! Sous le prétexte d'une équité auſſi fauſſe que féduiſante, on ne craindra point d'ex-poſer l'honneur, la fortune & la vie du plus grand nombre, pour replacer dans la Société un malheureux qui s'en eſt féparé volontairement par l'atrocité des forfaits dont il eſt coupable aux yeux de l'homme, s'il ne l'eſt pas aux yeux des Magiſtrats (1). La Loi eſt juſte, quelle que ſoit ſa déciſion, parce qu'elle eſt Loi. Elle eſt la même pour tous, elle eſt la ſauve-garde du Citoyen qui dort tranquillement dans ſes foyers ; il repoſe ſur la Loi, & la Loi veille à ſa ſûreté. Mais elle eſt auſſi la terreur du coupable prêt à commettre le crime qu'il médite, elle l'épouvante par l'horreur du ſupplice avant même qu'elle puiſſe le condamner. La véritable humanité n'eſt pas celle qui pleure ſur le ſort d'un ſcélérat ; c'eſt celle qui ceſſe d'être ſenſible, celle qui paroît cruelle, pour la paix, le repos & la conſervation du genre humain.

Tels ont été les principes que nos ſages Prédéceſſeurs nous ont tranſmis, & une ſainte indignation nous tranſporte à la vue des principes contraires, qui trouvent aujourd'hui des partiſans. C'eſt l'opinion de quelques Enthouſiaſtes, que l'on veut ſubſtituer à l'opinion publique.

---

(1) On dit tous les jours : je ſuis certain d'un fait comme homme, mais je ne le crois pas comme Juge. Cette maxime triviale a beſoin d'être interprêtée. Elle ne peut avoir d'autre ſens, ſi ce n'eſt : Je crois à la véracité de telle ou telle perſonne qui m'a raconté ce fait ; & la certitude que j'ai de ſa probité me fait croire à ſon récit : mais la certitude que j'ai comme homme ne ſuffiroit pas en Juſtice, parce qu'il faut, pour juger, que deux perſonnes au moins, dignes de foi, dépoſent du même fait, après avoir fait ſerment de dire la vérité. Les propos fugitifs qui ſe tiennent dans la Société, n'obtiennent jamais le degré de confiance que l'on accorde à des témoins qui dépoſent ſous la religion du ſerment, & qui ſavent que leur dépoſition doit opérer la condamnation ou la juſtification d'un accuſé. Le ſerment fait partie de la dépoſition. La crainte du parjure ſuffiſoit autrefois pour contenir les hommes les plus pervers ; & il eſt à remarquer qu'on ne s'eſt jamais élevé avec plus de force contre le ſerment des Accuſés, que depuis les doutes philoſophiques répandus ſur la vérité de la Religion. Il faut cependant avouer qu'en matiere de preuve teſtimoniale, la néceſſité du ſerment donne plus de poids à la dépoſition du témoin, & ce motif de crédibilité inſpire plus de ſécurité au Magiſtrat qui doit prononcer.

Défions-nous du zele immodéré d'un Réformateur ambitieux, qui cherche à détruire, non pas pour reconstruire sur un plan plus avantageux, mais qui change les formes parce qu'une colonne lui paroît plus solide qu'un pilastre (1). Avant d'établir cette forme nouvelle, qui pourra juger la nécessité, l'utilité, les avantages & les dangers du nouveau système? Supposons, pour un moment, qu'il y ait des raisons plausibles pour engager à ce changement, ne faut-il pas encore examiner si les motifs que les Réformateurs font valoir n'ont pas été prévus, discutés, approfondis lors de l'établissement de la Loi qu'ils veulent faire abroger? Si ces motifs ont été proposés, il faut sçavoir pourquoi ils ont été rejettés; il faut, en outre, démontrer que des dispositions actuelles de la Loi, il est résulté de grands inconvéniens, des maux réels, & qu'elles font entiérement contraires au bonheur de la Nation. Enfin, s'il falloit revenir sur une Loi établie avec tant de solemnité, sur une Loi agitée, combattue & interprêtée avant sa publication par les Magistrats les plus équitables & les plus éclairés, quel sera donc aujourd'hui l'Oracle que la sagesse du Législateur pourra consulter dans une matiere aussi importante? Qui osera régler de nouveau la forme de la procédure, la nature des délits, le genre de l'instruction, l'authenticité des preuves, le nombre des témoins, leur qualité, les degrés de crédibilité, la gravité des peines & la durée des actions? Qui osera déterminer la juste proportion entre la peine & le délit? Sera-ce un méditatif isolé, un observateur inconnu, qui ne sçait pas même douter, & qui décide d'avance en Législateur suprême?

S'il étoit indispensable de revenir sur les dispositions des anciennes Ordonnances, ne seroit-il pas naturel de prendre l'avis du Ministre prudent que le Roi lui-même a placé à la tête de toute la Magistrature du Royaume? N'est-il pas l'œil du Souverain, & l'organe de sa volonté? Ce Magistrat, ami des Loix & de la Justice, ob-

---

(1) Diruit, ædificat, mutat quadrata rotundis.
Horat. Sat.

fervateur des regles , & fait pour les maintenir, ne fe fera-t-il pas lui-même un devoir d'interroger , de confulter tous ceux qui par une expérience habituelle, par un travail de tous les jours, font à portée de connoître les abus, s'il en exifte , & de propofer le remede le plus analogue à l'état actuel de la Légiflation, s'il faut la réformer? Qui mieux que les Jurifconfultes ou les Magif-trats, peuvent être écoutés fur une matiere qu'ils pratiquent depuis tant d'années , & dont eux feuls connoiffent la fageffe ou les inconvéniens ?

Mais l'Auteur les a déclarés fufpects. Il les accufe de partia-lité. Il les relegue *dans les obfcurs labyrinthes de la Juftice civile &* *criminelle.* Il les place dans la claffe des *Criminaliftes , dont ils font* *devenus les efclaves. Leurs raifons n'ofant fe fier à elles-mêmes &* *marcher feules , fentent qu'elles chancellent.... Ils n'ont pas pris leur* *part des progrès de la raifon humaine dans les relations fociales, &* *dans les Ouvrages des grands Ecrivains du fiecle.... Et leurs yeux* *accoutumés aux ténebres feroient bleffés d'une clarté trop imprévue &* *trop vive.*

Ne diroit-on pas que les prétendus Sages du fiecle ont le pri-vilege exclufif de la raifon ? Ne diroit-on pas que les Magiftrats ont un grand intérêt à maintenir la Légiflation dans l'état de défordre & de confufion qu'on ofe lui reprocher? En vain nous entreprendrions ici de la juftifier. Quand la Sageffe elle-même éléveroit la voix , pourroit-elle fe faire entendre au milieu des acclamations du préjugé ? Quel courage ne faut-il pas avoir pour s'expofer à la fureur de la contradiction ? L'expérience fe tait quand elle n'eft pas confultée ; elle fe dérobe au tourbillon qui cherche à l'entraîner, & forme une enceinte pour fe préferver de la contagion.

Loin de nous ces fyftêmes de réforme générale, dont les fug-geftions font d'autant plus dangereufes, que c'eft toujours au nom de l'Humanité qu'elle s'annonce. Loin des Tribunaux ces plans de Légiflation, propofés par l'amour de la nouveauté, accueillis par

Mém. p. 227.
Page 228.

Ii 2

la crédulité , accrédités par une certaine hardieffe de penfer qui en impofe, & qui, fous prétexte de rétablir l'Homme dans tous fes droits, ne ferviroient au contraire qu'à troubler l'ordre & l'harmonie de la Société.

Nous l'avons déja dit ; nous le répéterons fans ceffe : ce mot d'*Humanité* n'eft qu'un mot de ralliement. Il a quelque chofe de doux, de flatteur : il eft fait pour émouvoir les cœurs fenfibles , pour entraîner les ames vertueufes. Mais il ne peut être le mot de la Loi. Dans le doute, elle fait pencher la balance du côté de l'Humanité. Mais lorfqu'elle doit s'armer de toute fa rigueur, l'humanité de fon Miniftre ne feroit qu'une vertu trompeufe, & la clémence une véritable prévarication.

L'Auteur du *Mémoire* prétendu *juftificatif*, plus fage que la Loi, plus éclairé que les Légiflateurs, plus inftruit que les Jurif-confultes les plus profonds, qui entend mieux les intérêts de la Nation que la Nation elle-même, qui préfere le falut d'un Criminel à la fûreté de tous les Citoyens, qui invoque, en un mot, l'Humanité en faveur des ennemis du Genre Humain, ce Réformateur ambitieux, a mis tant d'indécence, tant d'orgueil, tant de fafte dans fa réclamation , qu'il eft évident qu'il ne s'eft propofé d'autre but, que d'élever un grand Paradoxe, & de donner lieu à une grande conteftation. On peut lui fuppofer le projet de dénaturer les idées reçues, de changer les Principes, & d'intervertir toutes les Formes Judiciaires. Ce n'eft pas ainfi que la Vérité s'annonce : c'eft avec modeftie, c'eft avec fimplicité, avec timidité même, en propofant des doutes refpectueux. Elle ne prend point le ton Magiftral, fur-tout lorfqu'il s'agit de toucher à l'ordre établi depuis tant de fiecles, de renverfer un édifice conftruit par les mains les plus expérimentées, & affermi par le confentement unanime de la Nation. S'il pouvoit y avoir des changemens à faire dans quelques parties de notre Légiflation, il eft de la prudence d'en conferver l'efprit. Si l'on veut fuivre la marche des difpofitions de l'Ordonnance de 1670, obferver les rapports qu'elles ont les unes envers les autres, combiner & rapprocher les différens articles, en un mot, envifager le plan du Légiflateur tel qu'il eft tracé en tête du Procès-verbal de fa rédaction; loin de trouver *un bâtiment antique & tombant en ruines*, on y trouvera un édifice régulier, folide, diftribué avec fageffe : & après l'avoir examiné avec l'attention qu'il mérite, on admirera l'économie de l'ouvrage. Les efprits prévenus, qui auroient pu fe laiffer furprendre aux inculpations qu'on fait à l'Ordonnance d'avoir été établie avec *précipitation, négligence & autorité*, reviendront de leur erreur, & conviendront qu'elle eft le fruit de la réflexion la plus fuivie, des connoiffances les plus étendues, & de l'expérience la plus confommée. On ne fait pas attention, d'un côté, que l'Ordonnance préfente un fyftême lié & fuivi, un enchaînement de difpofitions qui fe correfpondent, & que cet enfemble contient la réunion des Regles qu'on doit obferver dans l'ordre de la Procédure pour faire une Inftruction valable; d'un autre côté, que l'Ordonnance ne renferme aucune difpofition relative à la nature des peines, à leur étendue, & à leur proportion avec la gravité des délits. Il feroit peut-être à défirer que le Légiflateur les eût moins abandonnées à l'arbitrage, qu'il en eût, pour ainfi dire, fixé les degrés, & qu'on eût réglé la punition fur l'énormité du crime ou la facilité de le commettre. Mais cette mefure, eft-il poffible d'en faire une jufte combinaifon ? Qui pourra fixer une exacte proportion entre la peine & le délit, entre la facilité de commettre un crime, & la punition à infliger pour le prévenir, entre l'atrocité d'un forfait, & la nature du châtiment établi pour le réprimer ? Qui ofera enfin déterminer le degré d'influence que la terreur d'un fupplice plus ou moins rigoureux doit avoir fur l'efprit des fcélérats, relativement à la fûreté générale de la Société ? Comment propofer à la Puiffance Légiflative un calcul auffi arbitraire ? Mais quelle que foit la Regle que la fageffe du Souverain veuille adopter, les Magiftrats dépofitaires de l'Autorité, applaudiront toujours à la bienfaifance d'un Monarque qui confultera l'Humanité, lors même que fa juftice le force de punir les coupables.

En invoquant cette Humanité, l'Auteur cherche à intéreffer la bonté paternelle du Souverain : mais il veut lui donner à entendre que la Loi enleve à fes Sujets *le recours à fa juftice s'ils font innocens, le recours à fa bonté s'ils font excufables, le recours à fa clémence s'ils font coupables.* Il ne craint pas d'affurer que *tous les gens de bien demandent la réforme de la Légiflation Criminelle ;* comme s'il n'y avoit dans le Royaume de gens de bien que l'Auteur & fes adhérens.

Mais s'il n'a pas refpecté la Loi & le Légiflateur, la Magiftrature, convaincue de la fageffe des Loix qu'elle a juré de faire obferver, doit-elle être étonnée des injures atroces prodiguées à fon attachement à fes anciens principes ? On diroit que l'Auteur a cherché à leur donner plus de force par la violence même des expreffions.

Les Magiftrats, *animés de l'efprit de Tibere & de Néron*, le Temple de la Juftice, comparé *aux Tribunaux de l'Inquifition*, ne font que de foibles traits échappés à l'animofité de fon efprit. Il accufe tous les Parlemens du Royaume d'ufurper *une partie de la fouveraineté. Car, Sire, il eft bon que vous le fachiez ; ce n'eft prefque plus la juftice de nos Rois que l'on difpenfe dans vos Tribunaux Criminels, c'eft la juftice des Criminaliftes.*

Nous ne releverons point les autres invectives que nous n'avons déja que trop fait fentir. Il en eft une cependant que nous ne devons pas oublier ; c'eft le trafic honteux qu'il reproche des pieces fecretes de la procédure ; il femble que les Magiftrats tolerent cet abus criminel.

La mifere des Accufés eft un prétexte pour faire une nouvelle inculpation. *Oui,* dit l'Auteur, *s'ils n'avoient pas été pauvres, comme les riches ils auroient eu des Confeils ; comme les riches ils auroient fait appel ; comme les riches ils auroient connu le fecret de la procédure à l'Audience, ou ils l'auroient acheté dans les Greffes.*

Ainfi, tout eft venal dans les dépôts de toutes les Jurifdictions ?

Mém. p. 243.
P. 247 & 248.
Page 236.

Ce moyen de fe procurer à prix d'argent les pieces fecretes d'un procès, eft apparemment un des principes d'équité adoptés par les Réformateurs. Que ne fe permettroient-ils pas pour fouftraire un Accufé à la Juftice? Et quand nous avons fait attention au grand nombre de notes marginales tracées en crayon (1), dont les informations font furchargées, ainfi qu'aux différentes citations comprifes dans le Mémoire, & véritablement, quoique peu fidelement, extraites de la procédure, nous aurions été en danger de préfumer que l'Auteur avoit peut-être employé la féduction pour fe procurer la connoiffance de la procédure, fi le Procès-verbal du 7 Mars dernier ne nous offroit la preuve du contraire, lors même que nous fommes en état d'attefter la fidélité des dépôts de la Cour. Nous nous contenterons de dire avec l'Auteur du Mémoire, *c'eft un fecret de la Providence qu'il ne faut pas chercher à pénétrer.*

Nous avons peine à concevoir quel eft le motif de cet acharnement contre la Magiftrature, à imaginer quel eft le but que l'Auteur s'eft propofé. A-t-il l'intention de diminuer la confiance des Peuples dans les Miniftres de la Loi? a-t-il voulu prévenir le Souverain contre les Dépofitaires de fon autorité? a-t-il cherché à foulever les Sujets contre la Légiflation? Son projet eft incompréhenfible; la défenfe des trois Condamnés n'exigeoit ni la fatyre indécente qu'il a faite de la Légiflation, ni le torrent d'injures qu'il a prodigué contre la Magiftrature, ni les blafphêmes qu'il a vomis contre l'humanité & la fageffe de nos Rois. Nous pourrions même dire que le reproche que cet Ecrivain téméraire ofe hafarder contre nos anciens Souverains, de n'être *occupés que d'accroître leur puiffance, & de négliger le bonheur de leurs Sujets, de prodiguer le fang des Peuples dans les champs de la victoire, & de ne pas le ménager fous le glaive de la Juftice,* eft une efpece de crime de leze-Majefté. Tout ce qui tend à refroidir l'attachement des Peuples eft un attentat

---

(1) Nous avons eu la précaution d'en faire dreffer procès-verbal avant de prendre en communication la procédure.

public ; tout ce qui tend à altérer le refpect dû à la Loi eft un cri de fédition. Mais nous n'avons rien à redouter : l'amour des François pour leurs Souverains eft une vertu nationale ; le bonheur de les chérir & d'en être chéri fait en quelque forte le fondement de la conftitution de notre Monarchie.

Nous ne croirons pas nous écarter des fentimens du Corps entier de la Magiftrature, en nous permettant de penfer qu'il n'eft pas de la dignité du premier Tribunal de France de s'occuper d'un Auteur qui ne doit fa célébrité qu'à fon audace. Les Magiftrats, dans le Sanctuaire repréfentent le Prince fur le Trône de la Juftice : ils acquittent la dette de la Souveraineté. La Loi eft leur oracle : l'honneur & la confcience, voilà leurs guides. Et parce qu'ils font les organes de la Majefté Royale, ils doivent avoir la même élévation de fentimens.

Théodofe a donné un Refcrit folemnel qui femble fait pour la circonftance.

« Si quelqu'un, porte cette Loi, oubliant tout fentiment de » modération & de pudeur, fe permet d'attaquer notre perfonne » par des propos audacieux & infultans, ou que, dans l'ivreffe » d'un efprit factieux, il ofe inculper les principes de notre Gou- » vernement, nous voulons qu'on ne lui inflige aucune peine, & » qu'on n'ufe à fon égard d'aucune voie de rigueur ». Voici la raifon que l'Empereur donne de fa clémence. « Si c'eft par légé- » reté, *fi ex levitate*, on doit le méprifer, *contemnendum eft*. Si » c'eft par folie, *fi ex infaniâ*, on doit le plaindre, *miferatione* » *digniffimum*. Si c'eft par une méchanceté réfléchie, *fi ab injuriâ*, » on doit lui pardonner, *remittendum* (1) ».

______

(1) Si quis modeftiæ nefcius & pudoris ignarus, improbo petulantique maledicto nomina noftra crediderit laceffanda, ac temulentiâ turbulentus obtrectator temporum noftrorum fuerit ; eum pœnæ nolumus fubjugari, neque durum aliquid nec afperum fuftinere ; quoniam fi id ex levitate procefferit contemnendum eft ; fi ex infaniâ mifera- tione digniffimum ; fi ab injuriâ remittendum. Undè integris omnibus hoc ad noftram fcientiam referatur, ut ex perfonis hominum dicta penfemus, & utrùm prætermitti an exquiri debeant, cenfeamus. *Lege unicâ Codice. Libr. 9°. titulo 7*.

La

La Loi finit par ordonner le renvoi devant le Prince, qui jugera par lui-même *la gravité des injures fur la qualité des perfonnes*, & décidera fi le délit doit être abandonné ou pourfuivi.

Ce que l'Empereur prefcrivoit au Préfet du Prétoire, qui repréfentoit fa perfonne, & auquel il avoit confié la plénitude de fa puiffance, ne pouvons-nous pas le propofer au Sénat dépofitaire de l'autorité de nos Rois, qui, fans chercher à venger fon injure perfonnelle, ne doit être affecté que de celle faite à la Loi & à fon Souverain ?

Mais en abandonnant l'Auteur à la févérité des Loix qu'il a outragées, & au mépris de la Nation qu'il cherchoit à induire en erreur, nous ne devons pas oublier le Mémoire en lui-même & la Confultation qui en a autorifé la diftribution.

Déja plus d'une fois nous nous fommes élevés contre cet abus.

Les Mémoires, qui, dans l'origine, n'ont été admis que pour l'inftruction des Juges & du Barreau, font aujourd'hui, plus que jamais, un objet d'amufement & de curiofité pour le Public ; nous pouvons même dire une affaire de commerce dans la Librairie, & une fpéculation d'intérêt pour les Parties. On les colporte dans les places & les promenades publiques ; on les vend à la porte des Jardins & des Spectacles ; ils font étalés fur les Quais & fur les boutiques des Libraires ; on a foin de les orner d'épigraphes & de fentences qui en annoncent l'efprit, & l'on a porté l'extravagance jufqu'à les faire accompagner du portrait des malheureux pour lefquels ils font rédigés. Faut-il donc s'étonner fi le ton grave du Barreau fe perd infenfiblement, fi la plaifanterie prend la place de la décence, & fi le fiel & l'amertume fuccedent à l'honnêteté & à la modération ? Autrefois on fe faifoit un devoir de refpecter l'erreur même des Juges dont on attaquoit les Jugemens ; très-fouvent aujourd'hui on s'imagine les faire réformer, en les accufant de partialité & de prévarication. L'honneur & la probité du Magiftrat n'étoient jamais compromis ; on ne craint point de les accufer d'injuftice & de corruption. Les anciens Mémoires ne préfentoient qu'une narration fimple, naturelle & au moins vrai-femblable des faits, une expofition claire & précife, facile & méthodique des moyens. Combien n'en avons-nous pas vus de nos jours qui ne contiennent que des avantures romanefques, des épifodes fabuleux, ou des peintures adroitement voilées, quel-quefois même trop licencieufes, ou placées avec tant d'art dans un demi-jour favorable, que l'imagination, prompte à s'enflammer, croyoit voir des objets qui n'exiftoient pas même dans le tableau, & ajoutoit à l'indécence des perfonnages? Combien en pourrions-nous citer où l'on s'eft permis de couvrir de ridicule les Adver-faires, qu'il ne falloit que combattre ou détromper? Combien enfin où l'on a immolé à la vengeance l'honneur des Citoyens, l'honneur qui ne peut jamais être confondu avec les torts, & qui doit être toujours refpecté.

Puiffe un affreux preffentiment ne jamais fe réalifer: mais à la vue de cet oubli des premiers devoirs d'une profeffion auffi an-cienne que la Magiftrature, n'eft-il pas à craindre que la Cour, accoutumée à voir le premier Barreau de la France exercer fur lui-même une difcipline rigoureufe, noble apanage de fa liberté & fûr garant de l'indépendance qu'il eft fi jaloux de conferver; la Cour qui a de tout temps maintenu l'ordre des Avocats dans l'honorable poffeffion d'être les Cenfeurs de leurs propres écrits; qui pour l'intérêt même de la Société, les laiffe s'affujettir au joug volontaire des Loix féveres, mais honorables, qu'ils regardent comme la prérogative la plus précieufe & la fauve-garde de leur état; qui enfin a toujours envifagé avec une vraie fatisfaction les liens de confraternité feuls propres à entretenir l'union de Citoyens qui fe confacrent à la défenfe de l'honneur, de la vie, de la for-tune de leurs Concitoyens; n'eft-il pas à craindre, difons-nous, que la Cour, en établiffant la cenfure fur les Mémoires qui fe dif-tribuent dans l'enceinte du Palais, ne reprenne cette diftinction que la fageffe & la confiance avoient méritée aux Jurifconfultes de tous les âges, & qu'elle ne faffe exercer cette efpece d'inf-pection légale par des Députés choifis dans l'Ordre même, pour lui conferver fes antiques ufages, & ramener une jeuneffe incon-fidérée à cet efprit de modération qui a toujours caraĉtérifé une affociation libre, d'hommes exempts de paffion, & qui attendent leur confidération de l'eftime & de la confiance de tout le Public.

S'il eft douloureux pour notre miniftere d'être contraints de relever en ce moment des abus auffi dangereux, c'eft un furcroît d'afflidtion pour nous d'ufer de rigueur contre un jeune Avocat, connu de tous fes Confreres par fon défintéreffement, fa probité & fes fentimens. Nous aimons à lui rendre juftice, même en cen-furant fa conduite. C'eft fans doute une légéreté inconcevable, une indifcrétion grave, un oubli impardonnable de fa part d'avoir autorifé, par fa fignature, l'impreffion du *Mémoire* prétendu *jufti-ficatif*, & d'être ainfi la caufe, peut-être innocente, d'un fcandale inconnu jufqu'à nos jours. Mais enfin malgré toute la force de ce reproche, ne doit-il pas nous être permis de diftinguer l'Au-teur du Mémoire d'avec l'Auteur de la Confultation? Le premier n'a entrepris de défendre la Caufe des trois Accufés que pour avoir l'occafion d'injurier la Loi & les Miniftres de la Loi: le fecond, en accordant fa fignature par un excès de zèle, a cru défendre la Caufe de l'humanité : & il eft au moins à préfumer qu'il a regardé le Mémoire comme néceffaire pour fauver la vie à trois infortunés.

La févérité de notre miniftere eft prefque défarmée par l'efpece d'interdidtion provifoire que l'Ordre des Avocats a prononcée contre un Membre qui n'a pas fenti l'imprudence d'accorder fa fignature pour autorifer l'impreffion d'un Ouvrage plutôt fait pour animer les efprits que pour les éclairer. Nous aimons à nous per-fuader que Mᵉ *Legrand de Lalcu* n'a pas connu le danger de fa complaifance : & s'il a cru faire un aĉte d'humanité envers trois hommes condamnés au dernier fupplice, la modération dont nous ufons envers lui, lui apprendra pour l'avenir à fe défier même de fes bonnes intentions, lorfqu'il en peut réfulter un éclat capable de troubler l'ordre public. Sa faute même pourra tourner à fon avantage, fi fon efprit ne s'eft pas laiffé féduire au preftige d'une célébrité équivoque, & fi reconnoiffant fon erreur, il fe pénetre de cette vérité, que le premier devoir d'un Jurifconfulte, eft de fe conformer aux regles de fon état, de ne laiffer imprimer fur fa fignature que fes propres Ouvrages, de donner l'exemple de l'obéiffance à la Loi, & de ne jamais s'écarter du refpect qu'il doit aux Magiftrats gardiens des Ordonnances & dépofitaires de l'autorité.

Nous devrions terminer ici le compte que la Cour nous a chargés de lui rendre. Mais depuis l'impreffion du *Mémoire* prétendu *juftificatif*, il a paru une Brochure imprimée pour venir à l'appui d'un fyftême auffi dangereux. Ce font les mêmes principes & les mêmes invectives; le même efprit & la même arrogance. L'Ecrivain, en louant le courage de Me *Legrand de Laleu*, n'a pas cru devoir fe nommer : & tout auffi prudent que l'Auteur du *Mémoire* prétendu *juftificatif*, il veut être anonyme comme lui. Semblable à ces hommes perfides, qui, fous le voile de la Religion, & même au pied des Autels, ofent frapper d'un ftilet caché celui qu'ils tremblent d'attaquer à force ouverte & à vifage découvert, ce nouvel Inconnu dirige fes coups contre le Corps entier de la Magiftrature jufques dans le Sanctuaire de la Juftice.

C'eft, dit-il, *l'éloquence du Défenfeur des trois Condamnés, qui a produit cet effet prodigieux dont le Parlement eft irrité & humilié.* Pourquoi la Cour feroit-elle irritée ou humiliée d'un tiffu de phrafes ampoulées & d'amplifications laborieufes, dignes de fon mépris bien plus que de fon animadverfion ?

L'Auteur ajoute *qu'il eft de l'intérêt du Parlement & de fon devoir, de renoncer à fes vues d'ambition odieufes aux bons Citoyens, à des*

Réflexions d'un Citoyen non gradué.

préjugés que la Nation s'indigne de lui voir partager, à une intolé-
rance qui la révolte, à un mépris pour les hommes, à une dureté de
principes, à une négligence de ses devoirs, à une chaleur pour ses
prétentions, qui a altéré notre confiance, & détruit notre antique
respect.

C'est toujours au nom de la Nation que parlent les Réformateurs : on diroit qu'ils sont fondés de ses pouvoirs pour insulter ses
Magistrats. Ce n'est heureusement que dans leurs écrits, que la Nation
s'indigne des préjugés que le Corps de la Magistrature conserve,
parce que ces prétendus préjugés ne sont que les anciens principes,
avoués de la Nation elle-même. Quant à la confiance qu'on prétend altérée, à cet antique respect qui se détruit sous la plume d'un
Ecrivain ulcéré, ce n'est ni de lui, ni de ses Partisans qu'on peut
être flatté de mériter l'approbation. De même que l'hypocrisie est
un hommage que le vice rend à la vertu ; de même les injures de
la calomnie sont un hommage que la Philosophie du siecle rend
à la Magistrature.

L'Auteur demande que *les Juges supérieurs aient un Tribunal qui*
les juge. Son inquiétude lui en feroit bientôt demander un troisieme pour juger les deux premiers. Et, comme nous l'avons déja
dit, la mauvaise foi ne manqueroit jamais de prétexte pour épuiser
tous les degrés. Mais ce nouveau Tribunal n'est pas difficile à
reconnoître.

Le Parlement, dit l'Auteur *, doit garder le silence sur le Mémoire*
prétendu *justificatif. Il n'est pas de sa dignité de combattre l'opinion*
publique par des Arrêts qui lui donneroient plus de force, & de montrer
par une conduite imprudente qu'il sent le prix de l'opinion publique,
mais qu'il aime mieux se soustraire à son jugement, que de la mériter.

Nous l'avons pressenti : c'est à son propre Tribunal que l'Auteur
ne craint point d'appeller le premier Parlement du Royaume. Il
lui trace la marche qu'il doit suivre ; il le menace de la sévérité
de cette opinion publique, dont il doit sans doute dicter le juge-

ment. Mais c'eſt à cette Affemblée toujours ſubſiſtante que nous oſons en appeller.

Qu'eſt-ce que l'opinion publique ? Eſt-ce le ſentiment d'un cenſeur qui ſe cache au milieu de la multitude, & qui s'arroge le droit de parler en ſon nom, qui donne ſon avis particulier pour le vœu général du Public-raſſemblé, qui ſe compoſe un Aréopage ténébreux, dont il ne ſort que des déciſions marquées au coin de l'indépendance & de l'animoſité ? Non, ſans doute, on ne reconnoîtra jamais l'opinion publique à ce caractere de partialité.

L'opinion publique eſt le concours de toutes les lumieres, le produit de toutes les réflexions, le réſultat de tous les ſuffrages, la réunion de tous les ſentimens, un concert d'avis uniformes, & en quelque ſorte le rapprochement de tous les eſprits. C'eſt une voix compoſée de toutes les voix qui rendent les mêmes ſons, qui préſentent les mêmes images, qui tendent au même but. C'eſt un vœu généralement exprimé, & dont l'autorité eſt d'autant plus forte, que ceux qui le prononcent ſe trouvent réunis par la même façon de ſentir & de penſer ſans s'être conſultés, ſe rapprochent ſans ſe connoître, & s'accordent le plus ſouvent ſans le vouloir. Voilà ce qu'on peut appeller l'opinion publique, la ſeule qu'il faut conſulter, la ſeule qu'on peut écouter, la ſeule qu'on doit être jaloux de fixer & d'obtenir.

Un Corps, dont l'eſſence eſt d'être invariable dans ſes principes, ne ſe livre jamais à ces efferveſcences d'un moment, qui peuvent reſſembler quelque temps à l'opinion publique, par la multitude des Enthouſiaſtes qu'elles échauffent, mais dont la lumiere de la raiſon diſſipe le faux éclat. L'homme ſage, étonné d'avoir été ſéduit, rejette des maximes qui tiennent de trop près à l'eſprit de parti : & l'eſprit de parti ne peut jamais être l'eſprit général de la Nation.

Elle enviſagera le *Mémoire* prétendu *juſtificatif* comme un aſſemblage monſtrueux de paradoxes & de fauſſetés. Elle y trouvera le fanatiſme porté au dernier excès ; la liberté de tout écrire pouffée jufqu'à l'aveuglement ; la mauvaife foi déguifée fous une interprétation arbitraire de la Loi , & les principes les plus féditieux voilés fous des proteftations de refpeĉt & de foumiffion.

Ces juftes reproches font les motifs des Conclufions par écrit que nous laiffons à la Cour avec le Mémoire qui nous a été communiqué.

Et fe font les Gens du Roi retirés , après avoir laiffé fur le Bureau lefdits Mémoire & Confultation , & les Conclufions par eux prifes par écrit fur iceux.

Eux retirés.

Vu l'imprimé *in-4°.* intitulé : *MÉMOIRE JUSTIFICATIF pour trois hommes condamnés à la roue* , à Paris, de l'Imprimerie de Philippe-Denys Pierres, premier Imprimeur ordinaire du Roi , M. DCC. LXXXVI. ledit Imprimé fans nom d'Auteur, contenant 249 pages d'impreffion, commençant par ces mots : *Le 11 Août 1785 , une Sentence du Bailliage de Chaumont* , &c. & finiffant par ceux-ci : *Et font innocens comme eux. Vous êtes Roi ;* foufcrit d'une croix, pour tenir lieu de la fignature de Lardoife, & figné Jean-Baptifte Simare & Charles Bradier, à la fuite defquelles trois fignatures fe trouve une note commençant par ces mots : *Nous pourrions répéter ,* & finiffant par ceux-ci : *De connoître la vérité.*

Vu auffi la Confultation étant à la fuite dudit Imprimé , contenant deux pages d'impreffion, numérotées 250 & 251 , commençant par ces mots : *Le Confeil fouffigné , qui a vu le Mémoire ci-deffus ,* & finiffant par ceux-ci : *Combien il aime à épargner les pleurs & le fang des hommes.* Délibéré à Paris le 14 Février 1786 , & figné *LEGRAND DE LALEU.* Conclufions du

Procureur Général du Roi. Oui le rapport de Me Gabriel Tandeau, Conseiller. La matiere mise en délibération.

LA COUR ordonne que lesdits Mémoire & Consultation imprimés seront lacérés & brûlés en la cour du Palais, au pied du grand escalier d'icelui, par l'Exécuteur de la Haute-Justice, comme contenant un exposé faux des faits, & un extrait infidele de la procédure, des textes de Loix aussi faussement rapportés que faussement appliqués, calomnieux dans tous leurs reproches hasardés contre tous les Tribunaux, injurieux aux Magistrats, tendant à dénaturer les principes les plus sacrés, destructifs de toute confiance dans la Législation, & dans les Magistrats qui en sont les gardiens & les dépositaires, tendant à soulever les Peuples contre les Ordonnances du Royaume, & comme attentatoires à l'autorité & à la Majesté Royale : enjoint à tous ceux qui en ont des Exemplaires de les apporter au Greffe de la Cour, pour y être supprimés : fait très-expresses inhibitions & défenses à tous Libraires, Imprimeurs, d'imprimer, vendre & débiter lesdits Mémoire & Consultation, & à tous Colporteurs, Distributeurs & autres, de les colporter & distribuer, sous peine de punition exemplaire : donne acte au Procureur Général du Roi de la plainte qu'il rend contre les Auteurs desdits Mémoire & Consultation : ordonne qu'à sa requête il sera informé, pardevant le Conseiller-Rapporteur, que la Cour commet, pour les témoins qui se trouveront à Paris, & pardevant les Lieutenans Criminels des Bailliages & Sénéchaussées du ressort, poursuite & diligence des Substituts du Procureur Général du Roi esdits Siéges, pour les témoins qui sont hors de ladite Ville, contre les Auteurs desdits Mémoire & Consultation, pour les informations faites, rapportées & communiquées au Procureur Général du Roi, être par lui requis, & par la Cour ordonné ce qu'il appartiendra ; ordonne à cet effet qu'un Exemplaire desdits

Mémoire & Consultation sera déposé au Greffe de la Cour, pour servir à l'instruction du procès. Ordonne en outre que le présent Arrêt sera imprimé, publié & affiché par-tout où besoin sera, & copies collationnées envoyées aux Bailliages & Sénéchaussées du ressort, pour y être lu, publié & registré ; enjoint aux Substituts du Procureur Général du Roi esdits Siéges d'y tenir la main, & d'en certifier la Cour dans le mois. Fait en Parlement, toutes les Chambres assemblées, le onze Août mil sept cent quatre-vingt-six. Collationné LUTTON.

Signé LEBRET.

Et le Vendredi dix-huit Août mil sept cent quatre-vingt-six, lesdits Mémoire & Consultation imprimés, énoncés en l'Arrêt ci-dessus, ont été lacérés & brûlés par l'Exécuteur de la Haute-Justice, au pied du grand escalier du Palais, en présence de moi François-Louis Dufranc, Ecuyer, l'un des Greffiers de la Grand'Chambre, assisté de deux Huissiers de la Cour.

Signé *DUFRANC.*

FAUTES A CORRIGER.

PAGE 14, ligne 3, la triste impossibilité, *effacez* triste, *lisez*, l'impossibilité.

Page 127, ligne 14, le Présidial auroit même excédé, *ajoutez*, son pouvoir.

Page 151, ligne 27, *avant* seul, *lisez*, remarquez que l'Ordonnance parle du Juge seul, car, &c.

Page 226, ligne 4, *au lieu* de tout Ecrivain, *lisez*, que réclament nos grands Ecrivains.

Page 233, ligne 13, *à la place de ces mots*, quatre dispositions principales, *lisez*, plusieurs dispositions.

Page 238, ligne 11, *après* Criminelle *il faut* deux points : *lisez enfuite*, à l'égard des moyens de justification, il y a une gradation dans nos Loix.